의료사회복지론

장수미 · 이영선 · 이인정 · 임정원 · 최경애 · 한인영 공저

Social Work in Health Care

학지사

머리말

　코로나19 대유행은 누구도 예측할 수 없었던 세상으로 우리 사회를 변화시키고 있다. 특히, 노인, 장애인, 만성질환자 등의 취약집단을 더욱 취약하게 하고, 사회경제적 불평등을 심화시키고 있다. 이에 의료사회복지 영역에서도 감염병 이후 사회의 요구를 정확히 파악하고 대비하는 것이 중요해졌다.

　의료사회복지 현장은 최근 두 가지 큰 변화를 맞이하였다. 먼저, 지역사회 통합돌봄 이후 병원과 지역사회를 연결하는 접점으로서 의료사회복지사의 역할이 주목받고 있다는 것이고, 다음으로 의료사회복지사 국가 자격제도의 시행과 세부 기준이 마련됨에 따라 의료사회복지사 양성을 위한 교육과 훈련이 더욱 중요해졌다는 점이다.

　이러한 시점에서 『의료사회복지론』의 출간을 매우 뜻깊게 생각한다. 이 책의 내용은 크게 세 가지 영역으로 구분할 수 있다. 첫째, 의료사회복지실천의 개관으로서, 의료사회복지실천의 개념과 발달과정을 소개한 후, 의료사회복지실천을 이해하기 위한 토대로 의료보장 정책과 제도 그리고 현장을 다루었다. 또한 구체적인 의료사회복지사의 직무와 역할을 설명하였고, 의료사회복지 서비스의 질 관리의 중요성을 언급하였다. 둘째, 의료사회복지실천의 기반이 되는 주요 이론들과 질환별, 이슈별 의료사회복지실천의 실제를 사례와 함께 소개하였다. 셋째, 지역사회에서의 의료사회복지사 역할이 더욱 중요해짐에 따라 지역사회 기반 의료사회복지실천을 포함하였다. 넷째, 의료환경의 변화에 따른 의료사회복지의 과제를 논하였다.

이 책의 저자들은 모두 전, 현직 의료사회복지사이다. 따라서 저자들은 실천 현장에서 상담, 교육, 조정, 프로그램 개발, 자원연결, 행정과 기획 등 의료사회복지사의 다양한 역할을 오랫동안 수행한 경험에 기반하여 실천 지혜와 이론적 내용을 함께 이 책에 담고자 노력하였다. 부디 이 책이 의료사회복지론을 수강하는 학부생과 대학원생, 수련생 등 의료사회복지 영역에 첫발을 내딛는 분들이 의료사회복지사의 정체성을 확립하고 전문적 역량을 갖추어 나가는 데 작은 도움이 되길 기대한다. 출간의 기회를 주시고 기다려 주신 학지사에 감사의 마음을 전해드린다.

2021년 3월
저자 일동

🔲 차례

머리말 _ 3

제1장

의료사회복지실천의 개념과 발달과정

인간의 안녕을 위해서는 건강한 생활이 가장 기본적인 요건으로서, 인간의 건강을 돌보는 의료는 사회복지의 필수요인이다.

건강과 질병의 생심리사회적(bio-psycho-social) 관점을 바탕으로 환자와 가족을 위한 전문적이고 체계적인 의료서비스를 제공하기 위하여 의료사회복지실천의 중요성이 날로 증가하고 있다. 의료사회복지는 질병에 대한 치료적 관점에만 머무를 것이 아니라 질병의 예방과 건강관리, 회복과 재활의 문제를 포괄적으로 다루어야 할 것이다.

정신신체의학 개념의 발달로 과거에는 질병에 대한 생의학적 접근으로는 해결할 수 없었던 심리사회적 문제를 인식하게 되었으며, 질병에 대해 다각적으로 접근하는 새로운 이해가 필요하게 되었다. 세계보건기구(WHO)에서는 건강이란 신체적·정신적·사회적으로 온전한 상태를 말하며, 단순히 병 혹은 질병이 없는 상태를 말하는 것이 아니라고 하였다. 최근에는 영적안녕도 건강개념에 포함시키려는 시도가 있었다. 이를 통해 질병은 단순히 인간의 신체적인 부상이나 장애에 그치는 것이 아니라 사회적 상황 속에서 나타나는 사회적인 문제이며, 사회제도상의 모순이나 결함과도 관련되어 있음을 인식하게 되었다. 이와 같이 질병의 원인과 치료에 대한 견해가 많이 변화되고 보건의료의 심리사회적인 면이 강조되면서 의료사회복지실천 영역은 꾸준히 발전하고 있다.

이 장에서는 의료사회복지의 정의, 의료사회복지실천의 역사에 대해 살펴보도록 하겠다.

1. 의료사회복지의 정의

의료사회복지의 정의는 미시적 차원과 거시적 차원으로 나누어 정의할 수 있다.

미시적 차원의 의료사회복지실천은 병원이나 의료시설 내의 활동을 말한다. 업햄과 매리(Upham & Mary, 1951)는 "의료사회복지의 기능이란 병원에서 제공하는 의료적 치료를 조정, 보강하여 질병의 원인이 될 수도 있고 치료에 방해가 될 수 있는 사회적·정서적인 인간 내면의 문제를 해결하도록 돕고, 환자가 퇴원한 후에 가정이나 지역사회에 복귀하여 정상적으로 사회적 기능을 발휘하도록 돕는 사회복지의 한 분야"라고 정의하고 있다. 이러한 정의는 협의의 의료(medical)개념에 입각하여 질병의 원인과 치료에 방해가 되는 개인 내면의 문제요인 제거에 초점을 두면서, 의료진을 지원하는 입장에서 역할을 정의하고 있다. 이러한 정의는 병원이나 의료시설 내의 진료 과정에서 환자 및 그 가족이 가지고 있는 사회적·경제적·심리적 문제에 대하여 사회복지 원조서비스를 제공함으로써 의료를 보다 효과적이며 능률적으로 전개할 수 있도록 돕는 차원에서 정의하고 있다. 그러나 지나치게 임상 지향적 활동을 강조함으로써 사회복지의 활동 영역을 축소하는 경향이 있다고 지적받고 있다.

거시적 차원의 개념은 건강(health) 차원의 접근으로 질병의 회복뿐 아니라, 예방과 사후 관리를 포함한 일련의 과정으로 인식하며 접근 단위도 병원 내의 활동에 국한하는 것이 아니라 지역사회를 망라한 접근으로 제도와 정책적인 차원의 개념이라 할 수 있다. 유수현(1999: 123-185)은 거시적 개념의 의료사회복지란 질병 예방, 건강 증진 및 지역사회의 의료복지 달성을 목표로 하는 보다 포괄적인 개념의 의료사회복지로서, 의료의 개념이 단지 아플 때만이 아닌 사회적 안녕까지 포함한 건강의 증진을 일컫게 됨에 따라 사회복지의 활동 범위도 확대되어 정의되어야 한다고 하면서 "질병의 예방과 건강의 증진 및 개발 지향적인 지역사회 의료복지를 달성하기 위해 보건 및 의료 분야에 대한 제반 시책 및 시설을 포함한 제도와 정책에서 사회복지사가 수행하는 제반활동"을 거시적 개념의 의료사회복지라고 하였다. 과거 김규수 (1999: 29)도 의료사회복지의 개념을 정책적 차원에서 질병의 예방과 건강 증진 및 향상을 지향하는 의료복지를 목적으로 한 보건 및 의료 영역에서의 사회복지조사, 사회복지정책 및 행정 등의 방법을 통하여 보건의료의 욕구 측정과 의료서비스 전달체계를 평가하고 그 개선과 활용을 용이하게 하며, 의료의 질 향상은 물론 의료보호와 의료부조의 확대와 질적 향상을 기여하는데 참여하는 사회복지의 한 과정으로 정의함으로써 제도와 정책적 차원의 개입을 강조하고 있다. 즉, 미시적 차원의 접근은 의료의 측면에서 병원이나 의료시설 내의 활동을 중심으로 한 의료모형에 가까운 개념으로 사회복지사의 치료자로서의 전문성을 강조하고 있다. 이에 비해 거시적 차원의 접근은 질병의 치료와 회복뿐 아니라 예방과 재활을 포함한 건강에 대한 포괄적 접근과 활동을 가정하고, 병원과 의료시설 내의 개입뿐 아니라 지역사회 단위에서 활동하는 것을 포함하여 필요한 경우 제도와 정책적 차원의 접근을 말한다.

이제 의료서비스는 치료에서 보건의 개념으로 확대되고 있다. 보건사회복지(social work in health care)의 개념은 의료기관에서 임상사회복지실천뿐만 아니라 의료 및 보건을 위한 복지서비스를 제공함으로써 질병예방을 위한 건강관리, 조기치료, 재활을 통한 사회복귀까지를 포함한다. 따라서 현재 우리가 사용하는 '의료사회복지'란 용어는 앞으로 우리가 지향하는 보건사회복지의 의미로 확장되어야 할 것이다.

2. 의료사회복지실천의 역사

영국을 거쳐 미국으로부터 의료사회복지가 도입된 이래로, 1950년대 이후부터는 국내 여러 병원에 의료사회복지사가 활동하게 되었고 제반 사회복지실천 분야와 접목되면서 점차 발전해 왔다. 해방 이후의 초기 의료사회복지는 주로 미시적 접근, 즉 병원에 찾아오는 질병이 있는 환자를 대상으로 주로 활동이 이어졌으며, 점차 나라와 사회가 안정되고 병원들도 지역사회에 특히 취약계층에 관심을 갖기 시작하였다. 거시적 차원의 제도와 정책적 차원에서의 접근은 최근 2010년대 이후 공공보건의료, 재난적 의료비 등에서 의견 자문을 제출하는 등 질병예방과 재활 건강에 관한 포괄적 정책적 접근이 진행 중인 상황이다. 이 절에서는 한국의 의료사회복지 발달과정과 앞으로의 과제를 살펴보기 위하여 우선 구미의 역사에서 시작하여 의료시혜, 자선 등으로 시작한 복지 활동이 사회환경과 의료환경 속에서 법과 제도를 만나 어떻게 변화하였는지를 살펴보고자 한다.

1) 구미의 역사

(1) 영국의 의료사회복지

자선조직협회를 중심으로 의료사회복지의 발전에 선구자적인 역할을 했던 사회복지사들은 적은 인력으로 지역사회의 환자가정을 돌보고, 환경개선을 위해 교육하는 등 의료사회복지의 단단한 기반을 마련하였다.

① 빈곤한 환자를 위한 자선조직협회 조직

19세기 후반 영국은 산업혁명 이후 실업자와 빈곤자를 위한 사회복지시설 및 기관의 자원분배에 대해 어떠한 조정체계도 확립되지 않은 상태였기 때문에 무질서한 원조로 인한 낭비가 많았다. 이러한 배경으로 설립된 것이 자선조직협회이다. 협회를 통해서 체계적인 원조방법을 고안하게 되었고, 도움을 주는 사람과 도움을 받는 사람의 정서적 연계의 필요를 발견하여 우애방문을 통해 인간관계를 맺고 빈민들을 감화 · 갱생시키려고 하였다. 또한 영국은 빈곤한 환자를 위한 의료시설을 많이 건립하였으나 의료서비스 면에서는 만족스럽지 못한 상태였고, 또한 빈민들의 입원 여부를 둘러싸고 여러 가지 문제해결이 필요했다. 그러나 한편으로는 무료치료를 하는 것이 환자에게 도덕심을 잃게 한다는 평가도 공존하였다.

② 예방의학의 대두와 환자의 생활환경 개선

예방의학의 대두와 함께 환자의 생활환경을 개선해야 하는 필요성이 강조되기 시작하였다. 또한 진료과정에서 질병의 생물학적 · 심리학적 · 사회적 측면은 상호불가분의 관련성을 가지고 있으므로 진단이나 치료를 효과적으로 하기 위해서는 질병의 제 측면을 통합적으로 이해하는 것이 필요하다고 인식하게 되었다.

③ 정신질환자를 위한 사후지도

영국에서는 이미 19세기에 정신병원에서 퇴원한 환자의 사후보호를 목적으로 가정방문이 행하여졌고, 1880년 정신질환사후지도협회가 설립되기도 하였다. 그러나 의료사회복지 활동이 전문적으로 조직화된 것은 1895년 런던에서 메리 스튜어트(Mary Stewart)가 영국 왕실시료병원에 사회복지사로 채용되면서부터이다. 19세기 후반에 스위스, 프랑스, 영국 등에서도 정신질환자를 위한 사후지도의 형태가 나타났다.

④ 왕실시료병원과 자선조직협회

록(C. S. Loch)은 자선조직협회의 총 간사로서 매우 헌신적으로 일하면서 개혁의 필요성을 거듭 역설하였다. 그러나 무질서하게 행하여지고 있는 의료를 조직화하기 위해 병원에 오는 환자를 어떻게 사정할 것인가, 누가 치료비를 지불하고 누가 치료를 받을 적격자인가를 판정하는 등의 개혁은 매우 힘들었다.

이에 왕실시료병원은 수련을 받은 사회복지사를 두고, 처음 3개월의 수련기간은 자선조직협회에서 인건비를 부담하도록 하였다. 1898년 그는 『타임스(Times)』에 왕실시료병원에서 실시하고 있는 부녀봉사원의 일을 소개하고 "여기에 모든 의료구제 문제의 해결이 있다."라고 말하기도 하였다.

⑤ 최초의 사회복지사 채용과 임상실습

메리 스튜어트는 당시 자선조직협회의 서기로 근무하다가 왕실시료병원의 사회복지사로 선출되어 1895년부터 근무하기 시작하였다. 그녀는 열악한 환경과 의료기관 직원과의 어려운 관계에서도 일을 주의 깊고 손쉽게 처리하였다. 그녀는 의료비를 부담할 수 있는 사람이 무료진료의 혜택을 받는 것을 막았고, 구제가 필요한 사람은 구빈법의 혜택을 받을 수 있도록 지원하였으며, 실비진료를 받을 수 있는 사람을 소개하기도 하였다.

그녀는 처음 1개월 동안 150명의 환자를 조사하여 그들의 경제적인 상태를 병원관리위원회에 보고하였다. 이를 통해 무료진료를 받기 위해 내원한 환자 중 극소수는 진료비를 지불할 수 있다는 사실을 알게 되었다. 또한 그녀는 의료관리에 대한 확신과 함께 병원에 있는 사람들에게 그녀가 하는 일의 가치를 인식시킬 수 있었다. 그 결과 2명의 의료사회복지사를 더 채용하고 봉사자들도 모여 와서 규모를 갖춘 하나의 사회복지팀을 이루게 되었다. 1903년에는 런던의 7개 병원에서 부녀봉사원을 채용하고 왕실시료병원에서 실습도 실시하였다.

(2) 미국의 의료사회복지

◆ 초기 의료사회복지

① 선구적인 의사와 사회복지사 채용

카보(R. C. Cabot) 박사는 보스턴에 있는 매사추세츠 종합병원의 의사였다. 그는 많은 환자를 진료하면서 환자의 질병은 그 배후에 있는 사회환경과 깊은 관계가 있다는 것을 깨닫게 되었다. 그는 전에 보스턴 아동구제협회와 일하며 전문적인 사회복지실천의 방법을 배웠고, 사회복지사가 아동을 돌보는 법, 생활력을 다루는 법, 조사하는 방법 등에 깊은 감명을 받았다. 카보 박사는 병원의 사회복지사로 펠튼(G. Pelton)을 발탁하였다. 그녀는 당시의 병원상황을 잘 파악하여 결핵환자에게 필요한 서비스를 찾아 연결하거나 직접 제공하였다. 환자는 결핵에 대한 공포, 질병의 본질에 대한 무지, 치료에 대한 의심 때문에 의사의 처방을 이해하지 못하였다. 또한 의사가 장기요양소에 가도록 권장하여도 가정이나 직업 문제 때문에 의사의 지시를 따르지 못하는 환자가 대부분이었다. 이와 같은 환자를 도와서 적절한 치료를 받도록 하는 것이 그녀의 주된 업무였다.

② 종합병원의 사회복지부 설치

카보 박사는 1905년 사업보고에서 그가 맡은 환자의 신체적 상태와 심리사회적 상태 간의 관련성에 대해 말하고, 사회복지사와의 협력으로 어떻게 하면 올바른 진단과 적절한 치료를 할 수 있는지에 대해 발표함으로써 의료관계자에게 깊은 감명을 주었다. 뉴욕 시의 유명한 큰 병원의 관리자들은 그의 연구에 감명을 받아 1906년 사회복지부를 설치하였고, 1908년에는 볼티모어 시의 존스홉킨스 대학원에서도 사회복지부를 설치하게 되었다.

◆ 미국 의료사회복지의 발달

미국 의료사회복지의 발달과정에서는 전문가 협회의 조직과 사회적 요구를 반영한 법과 제도의 마련이 의료사회복지 발달의 계기가 된 것을 알 수 있다.

① 병원 사회복지사의 확장

1905~1930년 사이의 의료사회복지사들은 '의료는 보다 효과적으로'라는 목표를 위해 질병을 동반하는 사회적 빈곤을 구제하고, 간호 및 치료에 대한 제도적 장치를 마련하고자 하였다. 1907년 존스홉킨스병원에서 의료사회복지 활동이 시작된 이래로 1919년에는 미국에 있는 200여 개의 병원에서 사회복지사를 채용하였고, 1930년에는 1,000개 이상의 병원에서 사회복지서비스를 실시하게 되었다. 일부에서는 40~50여 명의 많은 사회복지사를 고용하여 서비스를 제공하였다. 점차 특정한 환자의 신체적·정신적 건강에 영향을 주는 제 문제에 대한 철저한 조사와 치료의 중요성이 강조되었고, 단지 병의 결과만을 치료하는 것보다는 그 원인을 발견해서 치료하거나 제거하려는 노력을 하게 되었다. 처음의 의료사회복지는 심장병, 임신, 신체장애 등의 문제를 가진 환자를 돌보고 이들의 문제를 원조하는 역할을 하였다. 또한 빈민환자에게 봉사함으로써 물질적 원조와 환경적 조정을 하였다.

② 환자의 알 권리와 지지체계의 강조

이 당시 의학영역에서는 새로운 변화가 일어났다. 결핵, 심장병, 당뇨병 등의 무서운 질병도 환자에게 숨기지 않고 적극적으로 병명을 알려서 협력을 얻는 것이 질병의 예방이나 치료에 중요하다는 인식의 변화였다. 이것을 수행하기 위해서는 환자와 가족의 심리사회적 상태를 고려하는 것이 필수적이기 때문에 사회복지사의 역할은 더욱 중요해졌고, 일반 종합병원에서도 사회복지사를 고용하였으며, 정신병원에서도 사회복지사가 환자의 사후지도 계획을 원조하였다. 이때 의사들은 사회복지사가 병원에서 수행하는 가족력 조사가 많은 도움이 된다는 사실을 새로이 깨닫게 되었다. 초기 의료사회복지사의 역할은 의사와 환자 사이, 의사와 지역사회 자원 간의 연결을 제공하는 것과 환자교육을 통해서 의료적 치료계획에 협력하는 것에 초점을 두었다.

③ 미국의료사회복지사협회 발족

종합병원과 정신병원에 근무하는 사회복지사들은 1919년에 미국의료사회복지사협회를 결성하였다. 그 후 협회는 기초지식을 발전시키는 데 주력하고 개입기법을 발전시켰다. 또한 1920년대 중반에는 처음으로 미국병원협회에서 공식적으로 의료사회복지 전문직에 대해 구체적으로 명시하였다. 300여 개의 병원에서는 의료사회복지가 시작되었고, 의료적 치료계획을 방해하는 환자의 사회적 문제를 완화시키려는 노력이 확장되었다.

1925년에는 아동상담소에 사회복지사가 많이 고용되면서 그들도 협회를 만들었다. 1926년에는 정신의료사회복지사들이 미국의료사회복지사협회에서 독립하여 별도로 정신의학사회복지사협회를 결성하여 정신의료 분야의 사회복지활동을 보다 체계적으로 발전시켜 나가는 계기를 마련하였다. 그 후 1955년에 전국사회복지사협회가 결성되면서 두 협회도 모두 통합되었다.

④ 의료사회복지의 수요 증가

• 대공황과 정신의료의 발달

1930년대 경제불황이라는 사회적 상황을 맞고 신체와 정신의 상호관련성에 대한 연구가 집중되면서 정신 상태나 감정이 신체기능에 장애를 가져다줄 수 있다는 생각이 팽배해졌다. 사회복지사는 사회구성원의 일원으로서 환자를 존중하고 환자의 감정상의 요구나 질병과 관련 있는 사회환경을 보다 깊게 이해하려고 노력하였다. 의료사회복지의 수요는 1933년 「연방긴급구제법」과 1935년 「연방사회보장법」의 제정과 함께 증가했으며 연방장애아동서비스에 사회복지서비스가 포함되었다.

한편, 1930년대부터 1940년대까지는 정신분석학의 영향으로 정신건강사회복지가 발달하였다. 이에 따라 의료사회복지와 정신건강사회복지가 독립된 별개의 프로그램으로 운영되었는데, 정신건강사회복지란 용어는 1931년 시카고 대학에서 처음으로 사용되었다. 1940년에는 의료사회복지사가 의료팀의 한 전문가로 인식되었고, 『의료사회복지』잡지가 발간되었다. 1946년에는 「정신보건법」이 통과되었다.

• 세계대전 후 재활의 중요성 강조

제2차 세계대전 이후 미국에서는 재활의 중요성이 강조되었다. 국립 및 주립 직업재활정책과 지도계획이 설정되었고, 전국적으로 발달하게 된 사회복귀시설에 처음으로 사회복지사가 채용되기도 하였다. 절단수술을 받은 사람, 척추장애인 및 심장장애인 대상의 재활서비스에 대한 새로운 과제가 제시되기도 하였다.

1960년대에는 사회복지사에 대한 병원의 인식이 많이 향상되면서 의료사회복지사들은 전문직으로서 자신감을 갖게 되었고, 이에 병원에서 많은 자율성을 갖게 되었다. 또한 의료보험과 의료보호의 혜택을 받는 환자를 위해 많은 사회적 서비스를 제공하게 되었다.

⑤ 공인과 확장

• 의료사회복지 기능의 확대

1950~1960년대에 들어서도 건강문제와 심리사회적 요소와의 연관성과 특정행동이 질병을 유발시킨다는 사실이 알려지면서 사회복지사의 중요성이 다시 확인되었다. 또한 병과 치료에 대한 환자와 가족의 반응, 만성적 질병이나 장애에 적응하는 것, 질병 이전의 상태로 회복하는 것, 한계에 적응하는 것이 심리적 · 환경적 · 사회적 요소에 따라 크게 영향을 받는 것으로 인식되었다.

1961년 미국병원협회 위원회와 미국사회복지사협회는 의료사회복지의 기능을 확대하여 제시하였다. 즉, ① 의료팀이 사회적 · 경제적 · 정서적 요소들을 이해하도록 돕는 것, ② 환자와 가족이 의료적 보호를 적극적으로 이용할 수 있게 하기 위해 이러한 요소를 이해하도록 돕는 것, ③ 환자와 가족의 복지와 윤리를 증진시키도록 돕는 것, ④ 환자에게 더 좋은 치료를 제공하도록 병원을 돕는 것 등으로 그 기능이 확대된 것이다.

이러한 변화와 함께 병원 사회복지사의 역할도 확장되었다. 1966년에는 65세 이상 노인들과 의료적 혜택을 못 받는 21세 이상 청년, 장애인을 위한 의료보호가 실시되면서 병원에서의 사회복지사업에 대한 욕구가 증가하였다. 또한 1960년대 병원 사회복지사들은 지역사회를 기반으로 활동하는 동료들과 함께 사회운동에 관여했고 심리사회적 역기능에 영향을 주는 환경요인의 제거를 강조했다.

• 전문성의 확립

1970년부터 1980년대 초까지의 시기는 사회복지사의 전문성 확립의 기간이라 할 수 있다. 이 기간 동안 병원에서 사회복지실천을 위해 행동수정, 분석치료, 자아심리치료, 위기개입, 가족치료 등과 같은 다양한 접근을 시도하였다. 따라서 가족계획, 태교, 성상담 등과 같이 병원에 오기 전에 실시하는 예방적인 프로그램, 병원에서는 응급실 프로그램이 강조되었고, 임종에 이르는 병이나 심한 정서적 장애가 동반되는 병을 가진 환자나 그 가족에 대한 사회복지사의 역할이 많이 강조되었다(김규수, 1995: 69-72).

1972년 「사회보장법」의 개정으로 전문직 기준심의기구(professional standards review organization)가 소개되었고, 책임 있고 전문적인 역할 수행과 서비스 품질 보장 프로그램 마련 등 전문성 확립을 위한 협회의 노력이 다방면에 걸쳐 시행되었다.

• 포괄수가제의 실시

1984년 새로운 의료비지불체계인 포괄수가제(Diagnosis Related Group: DRG)가 도입됨에 따라 급성치료에 대한 비용의 책임이 제3자 지불에서 서비스 제공자로 이동되었다. 이 제도는 유사한 부가적 요인을 지닌 질병들을 범주화하고 동일한 범주에 속하는 질병에 대해 모두 같은 입원기간과 진료비를 책정하여 관리하는 것으로, 정부는 환자의 입원기간에 상관없이 책정된 만큼만 지불하게 된다.

이 제도로 인하여 퇴원계획은 병원 사회복지의 주요 기능으로 부각되었다. 즉, 초기 사회복지사가 지역사회와 병원 사이의 공유영역에서 개인과 가족이 결정하고 입원할 수 있게 했다면, 포괄수가제의 도입으로 의료사회복지사는 퇴원계획에 개입하는 전문가로서의 역할이 확대되는 계기가 되었다.

⑥ 소비자 중심의 의료서비스

병원은 소비자 중심의 가치와 환자 중심의 접근을 인식하기 시작했다. 1967년부터 미국에서는 만성질환관리중심의 일차진료모형(patient centered medical home)의 필요성을 소아청소년학회, 가정의학회, 내과학회 등에서 지속적으로 주장해 왔다. 이는 미국 내 모든 거주자에게 접근성을 확대하고 저렴한 비용으로 양질의 의료를 제공할 수 있도록 제공체계를 재설계하는 것을 의미한다. 특히, 일차진료모형에서는 환자의 필요와 선호도에 부합하도록 맞춤형 진료를 제공하고 의사결정에서 의료 이용자나 환자의 적극적인 참여를 촉구하며 환자에게 다양한 정보를 제공함으로써 능동적이고 준비된 참여자가 되도록 함으로써 환자의 의사결정을 지원하는 의료사회복지사의 역할이 부각되고 있다.

⑦ 근거기반실천의 필요성 제기

1990년대에 세 개의 중요한 발전, 첫째, 점차적인 의료비의 상승으로 의료서비스 제공자, 의료비 지불자, 병원 그리고 환자 간의 대립이 야기됨에 따라 의료비 절감을 위한 구조조정계획인 'managed care'와 HMO의 성장, 둘째, 영리병원 수의 확대, 셋째, 미국 의료체계 복잡성의 증가는 의료사회복지의 특성을 급격하게 변화시켰다. 이와 같은 발전은 의료사회복지 부서에서의 직원문제와 리더십뿐만 아니라 의료사회복지사의 역할에 상당한 영향을 미쳤으며 이를 'Reengineering(업무 및 프로세스에서의 혁명적 수정)'이라고 언급하기도 한다(Caronna, 2004; Judd & Shefield, 2010). Reengineering 건강체계과정은 탈중앙화를 거쳐, 많은 중간 관리자급 사회복지 포지션이 감소되었고, 이는 슈퍼비전의 질을 떨어뜨리게 하였다. 또한 초기에는 병원 행정체계에서 사회복지 부서의 영향력이 감소되면서 사회복지 리더십의 역할에 문제가 제기되기도 하였다. 다학제 간 접근으로 인해 환자 케어에서 사회복지가 오랫동안 기능해 왔던 것에 대한 중요성이 감소하였으며, 전문직 간 경쟁을 야기하였고, 직원 간 가치와 윤리적 갈등을 가져오기도 하였다. 또한, 근거기반실천의 부족은 전반적으로 건강보호체계에서 사회복지 부서의 위치를 약하게 만들었다.

⑧ 의료사회복지사 역할의 확대

2000년대 초반부터 만성질환자에 대한 관리를 의료사회복지사의 새로운 역할로 규정하기 시작했다. 이는 환자들이 질병을 가진 채 생존하는 기간이 길어지고, 암과 같이 불치병으로 간주되던 질병의 생존율이 높아지면서 삶의 질 문제가 나타나면서부터이다. 또한, 류마티스 관절염처럼 만성적인 질환을 앓는 사람들에게 질병 조건에서 보다 충만한 삶을 살아갈 방법에 대한 지도가 필요하기도 했다. 클라이본과 반덴버그(Claiborne & Vandenburgh, 2001)는 의료사회복지사가 다양한 보건시스템과 관리의료 환경에서 일할 수 있기 때문에 질병관리팀의 핵심 구성원으로 참여할 필요가 있음을 제안하였다.

이와 같은 상황 하에 2010년 3월 「환자보호와 건강보험료 적정 부담법 (Patient protection and affordable care act, 소위 '오바마 의료개혁법')」이 통과되었다. 이 법으로 인하여 미국인의 건강보험 가입률이 획기적으로 높아질 것으로 기대되었다. 2010년 3월에 통과된 '오바마 의료개혁법'은 모든 국민이 연령이나 건강 상태와 관계없이 동등한 조건으로 보험에 가입하는 것이며, 전국민 의료보험을 이루기 위해 오바마케어는 미가입자에 대한 벌금 부과와 일정 소득 이하자에 대한 정부보조, 확장된 메디케어프로그램이라는 정책 수단을 활용하였다. 많은 학자는 이 법이 장차 보건사회복지의 관행을 바꾸고 그 중요성을 부각시킬 것이라고 주장해 오고 있다. 즉, '오바마 의료개혁법'이 의료사회복지의 범위와 특성을 직간접적으로 바꿀 수 있을 것으로 예측하고 있다. 가령, 병원을 더 많은 환자가 이용함으로써 외래 및 입원환자에 대한 접근성이 증가되고, 예방, 치료, 재활에 이르는 다양한 영역에 관여하게 되며, 건강 교육, 정보, 의뢰 체계가 확대될 것으로 예측하고 있다. 또한, 건강관리 전달체계의 복잡성은 사회복지사의 조직간 협력 및 대화에서의 능숙한 기술뿐만 아니라 퇴원계획에서의 전문성을 발휘할 기회가 확대될 수 있을 것으로 바라보고 있다(Reisch, 2012). 더불어 여전히 많은 이민자는 건강보험

혜택을 받지 못할 것으로 추정하면서 의료사회복지사들은 이러한 무보험자들의 중요한 지원자가 되어 환자들이 적절한 서비스를 받도록 연계하고, 서비스 수혜를 받지 못하는 사람들에게 안전망이 제공되도록 하는 과정에서 중요한 역할을 할 것으로 보고 있다(Gehlert & Browne, 2019).

미국의 의료사회복지는 이와 같은 발전을 거쳐 현재는 약 13만 4천 명(Bureau of Labour Statistics, 2012)의 의료사회복지사들이 고용되어 사회복지서비스를 수행하고 있다. 이들은 대학원 수준의 교육을 마친 후 이론적 지식과 실제적인 경험을 바탕으로 질병이나 신체질환을 가진 환자나 가족의 복지를 위해 노력하고 있고, 의료서비스의 효율성과 질적 개선을 위해 계속적인 연구와 실천적 노력을 기울이고 있다(Carlton, 1984: 4).

2) 한국의 역사

한국의 의료사회복지 역사를 다음과 같이 5가지로 분류하여 기술하고자 한다. 즉, 여러 학자가 분류한 것처럼 1990년대 이전의 활동은 첫째, 의료사회복지 태동기로 1958년 이전까지, 둘째, 도입기: 1958년 병원에서 구체적인 활동이 있던 시기, 셋째, 1973년 법적으로 병원에 의료사회복지사를 두도록 한 법제화 시기, 넷째, 전 국민 의료보험실시와 민간 대형병원의 등장, 의료비 지원 조직적인 기부모금 활동이 시작된 시기로서 의료사회복지가 활성화된 1989~1999년의 시기, 다섯째, 2000년 보건복지부에서는 「공공보건의료에 관한 법률」이 마련되었으며, 2012년에는 '취약계층 환자를 돌보아야 하는 역할'을 명시한 공공보건의료가 시작되었으며, 이외 취약계층에 대한 단순 의료비 지원 외에도 희귀난치 및 만성질병치료의 질 향상을 위한 사회복지사의 전문적인 역할은 다양하게 발전한 2000년 이후의 다양화 시기이다. 이상의 내용을 구분하여 정리하면 다음과 같다.

- 의료사회복지 태동기: 1958년 이전
- 의료사회복지 도입기: 1958~1972년(구호와 자선으로서의 의료사회복지)
- 의료사회복지활동 제도화기: 1973~1988년
- 의료사회복지의 활성화: 1989~1999년
- 의료사회복지의 다양화 · 전문화: 2000년~현재

(1) 의료사회복지 태동기: 1958년 이전의 활동

해방 이후 의료사회복지의 역사는 대체로 1958년을 기점으로 구분한다. 그 이유는 1958년 병원에서 의료사회복지 활동이 구체적으로 있었기 때문이다. 1958년 이전의 우리나라에서도 유럽의 구빈원과 같은 제도가 거의 동일한 시대에 이루어졌고, 빈민의 구제와 가난한 병자의 시료를 위해 적절한 제도를 구비해 왔다.

고려시대에는 빈곤한 환자들에게 의료의 혜택을 베풀기 위한 의료구제사업기관이 발달하였는데, 제11대 문종(1046~1083년)은 빈민의 병자를 구호 요양하기 위해 개경과 서경에 의료구제사업기관으로 동 · 서대비원을 창설하였다. 제16대 예종 7년(1112년)에 이르러서는 혜민국을 창설하여 일반 시민에 대한 의료기관의 기능을 수행하면서 빈민환자에게는 의약, 의복을 내주고 무료로 치료를 해 주기도 하였다(김덕준, 1976: 54-55). 그 이후 조선시대에도 빈곤한 환자를 위해 다양한 종류의 자선이나 구제가 시행되었다.

근대적 의미의 의료사회복의 시작은 1883년 캐나다 선교사의 손으로 개설되어 무료진료를 겸했던 세브란스 병원에서 여전도회 회원으로 구성된 자원봉사자들이 'Lady Almoner(부녀 봉사원)'의 역할을 한 것을 그 기원으로 볼 수 있다.

그러나 그 후 의료사회복지의 발달은 1950년대에 와서야 찾아볼 수 있을 뿐이며, 그 사이, 특히 광복 이후의 의료사회복지에 관한 기록은 없는 실정이다.

(2) 의료사회복지 도입기: 1958년 이후~1972년

① 구호와 자선으로서의 의료사회복지 도입

1958년 7월 13일 사회복지를 전공한 전문 사회복지사가 의료시설에서 처음 일하기 시작하였다. 한・노(노르웨이)병원에서 캐나다 유니테리안 봉사회의 사회복지사인 레케보(Diakon Gotfred, Rekkebo)의 지도하에서 결핵환자와 그 가정을 캐나다 유니테리안 봉사회의 인적, 물적 자원의 보조로 돕기 시작하였다는 기록이 있다. 같은 해 세브란스 병원은 기독교사회봉사회의 원조를 받아 결핵환자를 지원하기 위한 활동을 위하여 내과에 김성분 사회복지사를 배치하였고, 1960년에는 재활병원의 전신인 의수족부에 김영혁 사회복지사가 배치되어 최초의 재활의료사회복지 업무를 시작하였다. 또한 같은 해 1958년에는 서울대학교 문리대학 사회복지학과 초대 학과장인 하상락 교수가 서울대학교병원 정신신경과(현 정신건강의학과) 병동에 사회복지실을 배치 받아 정신질환자에게 무료 상담을 시행하였다.

그다음 해인 1959년 국립중앙의료원, 1962년 국립정신병원, 가톨릭대학교 병원 등에서도 사회복지사가 일하기 시작하였으며, 1964년 1월, 연세의대 부속 세브란스병원에서는 미 감리교 세계선교부에서 파송한 미국인 전문 의료사회복지사 Junita R. Shaw를 과장으로 병원전도사 1명과 미 감리교세계선교부에서 파송한 한국인 여비서 1명을 채용하여 사회복지과를 설치하고, 국내 최초로 전문적인 의료사회복지활동을 시작하였다. 이후 복지실은 정신과, 소아과, 정형외과, 재활원 환자를 대상으로 한 서비스를 제공하였으며, 연희 보건관리소에 사회복지사 1명을 파견하는 등 지역사회 의료사회복지활동도 전개하였다. 기존의 물질적인 원조뿐 아니라 의료사회복지의 심리사회적 접근과 다학제적 팀워크를 시도하였고, 이를 위하여 선진의료사회복지를 경험한 미국인 과장으로부터 팀 사례회의 등을 통한 학문적 전수가 이루어졌다.

이 시기의 특징으로는 법률적, 제도적 근거가 없는 상황에서 선교사 등에 의해 사회복지사가 채용되어, 정식 직원 혹은 병원 내 부서로서 자리를 잡는 특성을 보여주고 있다. 이후로도 의료사회복지를 시작하는 병원이 계속적으로 늘어났지만, 초창기에는 의료사회복지에 대한 병원 측의 이해 부족 등으로 어려움이 있었고 독립된 부서로 존재해도 전문직으로 발전하기에 힘든 점이 많았다(김규수, 1995: 73-74). 따라서 미국과 같이 의료분야에서 자생적인 필요성에 의해 시작되어 사회적인 변화와 함께 발전하고 전문화가 이루어졌다기보다는 이미 상당한 발전을 이룬 미국의 임상사회복지실천이 아직 사회복지의 개념조차 생소한 우리나라 병원에 그대로 도입되었다고 할 수 있다.

이 시기에 사회복지사가 수행한 업무는 주로 결핵약품이나 물자 지원 등 자선업무를 하였으며, 지역사회의 공중위생문제나 빈곤의 경제적 지원에 초점을 두었다. 그리고 정신신경과에서 사회복지사를 요청하거나 사회복지학과가 있는 대학에서 사회복지사를 배치하여 정신질환자를 위한 상담 업무에 개입하도록 한 것이 특징적이다. 이는 특히 당시 선진국(대표적으로 미국)의 사회복지(social work)이 임상개입에 활발했던 시기와 맞물려 당시 해외에서 공부한 사회복지과 교수들이 학생들에게 임상업무를 가르치고 자신의 학생들을 의료기관 정신신경과에 취직시켰고, 상대적으로 사회복지과에 대한 이해가 있었던 정신신경과 의사들도 사회복지사를 요청하여 정신신경과에서 임상적인 사회복지 업무가 시작된 것을 알 수 있다. 이는 사회복지사의 임상업무 개입에 대한 시초가 되며, 의료기관에서 사회복지사 행위에 대한 수가 처방에 대한 계기가 되었다.

(3) 의료사회복지활동 제도화기: 1973~1988년

① 의료법에 따른 법적 근거

1973년 9월 20일 대통령령 제6863호로 공포된「의료법 시행령」제24조 2항

5호에 따라 의료사회복지를 법적으로 인정하게 됨으로써 의료사회복지는 좀
더 활발한 움직임을 보이기 시작했다. 이 시행령에는 '종합병원에는 사회복
지사업법 규정에 의한 사회복지사업 종사자 자격을 가진 자 중에서 환자의
갱생, 재활과 사회복귀를 위한 상담 및 지도업무를 담당하는 요원을 1인 이
상 둔다.'고 되어 있다.

　1973년 의료사회복지의 전문화를 위하여 대한의료사회복지사협회가 창립
되었고, 1974년 이화여대 부속병원, 서울기독병원, 안양정신병원, 고려대의
대 부속병원, 1975년 성분도병원, 1976년 가톨릭의대 부속 산업재해병원, 서
울 백제병원, 1977년 대구 파티마병원, 국립보훈병원 등에서도 의료사회복
지가 병원 내 하나의 부서로 활동하기 시작했다.

② 의료보험수가의 인정

　1977년에는 의료보험제도의 확대실시로 정신의학적 사회복지 부문에서
치료활동에 대한 보험수가를 청구할 수 있는 근거가 마련되었다(대한의료사
회복지사협회, 1999: 2). 그 후 의료사회복지가 확대 실시되고 부서가 신설되
었는데, 1978년 부산 한병원, 1979년 부산 메리놀병원, 1980년 부산 아동병
원, 1981년 한림대부속 신림종합복지관, 1982년 인제대 부속 부산 백병원,
1983년 서울 적십자병원, 연세대의대 부속 영동병원, 목포 성골롬반병원, 마
산 고려병원 등에서 의료사회복지의 활동이 시작되어 오늘에 이르고 있다.

③ 병원표준화 심사제도

　대한병원협회에서는 1981년 2월부터 시범적으로 외국의 모델을 도입하여
종합병원에 대한 '병원표준화 심사제도'를 실시하였다. 이 심사요강의 의료
사회복지 부문에는 의료사회복지부서의 편성, 업무규정, 직원의 수와 자격
및 교육과 훈련, 실천 내용, 연간 예산 등이 평가항목으로 규정되어 있어 의
료사회복지 서비스의 질과 직무수행 정도를 평가하는 제도가 마련되었고, 이

는 한국의료사회복지 전문화를 위한 큰 계기가 된 것으로 본다.

이 제도의 목적은 의료기관의 보건의료서비스 향상을 도모하고 사후관리를 강화하는 데 있다. 2002년 법적 조항이 신설되었고, 2003년 「의료법 시행규칙」 개정을 거쳐 2004년 5월부터 500병상 이상의 의료기관 78개를 대상으로 평가를 실시하고 있다(송효석, 2005: 62-68).

④ 의료보험제도의 개선

우리나라 의료보험제도는 1963년 의료보험법의 제정과 함께 시작된 제1기 임의보험시기, 1977년 의료보험법이 전면개정되어 실시된 제2기 의료보험 확대실시시기, 1989년 전국민의료보험을 실시한 제3기 전국민의료보험시기로 나누어진다. 전국민의료보험 실시 이래 양적 증가는 달성하였으나 의료의 질적 수준은 크게 미흡하였으며, 의료보험의 확대실시로 피보험자의 병원 이용도가 증가하게 되면서 이들에게 적절한 서비스와 자원을 연결하고, 치료에 도움이 되는 서비스를 제공하는 의료사회복지의 역할이 점차 중요하게 인식되었다.

(4) 의료사회복지의 활성화: 1989~1999년

① 전 국민 의료보험이 실시된 후 의료비 부담 변화

전 국민 의료보험 실시는 의료계에 많은 변화를 가져왔다. 특히, 의료사회복지 분야에서는 이제 더 이상 의료비 지원문제 등에 대해 개입하지 않아도 될 것이라는 핑크빛 그림도 그려져 새로운 역할에 대해 모색해야 한다는 세미나도 개최되었다. 그러나 의료이용에 따른 경제적 부담이 없어지리라는 기대는 실현되지 않았다. '본인부담금'이라는 비율 때문에 병원의 문턱을 넘지 못하는 환자들이 존재하였고, 충분한 치료를 위해서는 여전히 저소득층 환자에게는 치료비 부담 고통이 남아있었다. 특히 저소득층이 밀집해 있는 지역에는 여전히 병원문턱이 높아 병원을 찾지 못하는 시민들이 있었다. 이들 취약지역에서는 종합병원들이 가까운 지역으로 직접 나가 무료의료봉사활동을 하였다. 순회 무료진료는 일개 병원만 실시한 것이 아니라 대부분 종합병원이나 대학병원에서는 행했던 일이고, 이때 사회복지사들이 주로 이 업무를 담당하였다.

② 대기업 병원의 출현, 민간병원의 의료봉사활동 활발(1990~1999년)

1990년대 이후 의료계의 뚜렷한 변화 중 하나는 대기업이 병원 사업에 참여하게 된 것이다. 현대 아산병원, 삼성병원과 같은 기업병원은 기존에 공급되었던 의료사회복지사업에도 많은 변화를 야기하게 되었다. 이들 기업형 병원은 개원 당시부터 사회복지 부서를 정규부서로 설치하였고 그 규모도 한 명이 아닌, 3~4명의 인원으로 출발함으로써 의료사회복지서비스의 적정 규모화를 자극하게 되었다. 이러한 기업형 병원의 등장과 함께 1995년 WTO체제에 의한 의료분야의 시장 개방 압력은 환자를 전인적으로 처우하며, 환자의 심리사회적 서비스를 제공하는 사회복지 부서에 대한 인식을 새로이 하는 계기가 되었다. 무료진료의 경우에도 이전에는 각 병원의 한정된 재원과 자원으로 이루어져 무료진료의 질(質)에 한계가 있었으나, 막대한 자본을 가진 대기업 병원의 참여로 병원이 지방 오지 구석구석을 현대화된 무료진료 차를 가지고 다니며 진료하기 시작하였다. 물론 무료진료 혜택을 받는 시민들에게뿐만 아니라 당시 사회전반에 큰 호응을 얻었다. 그러나 상대적으로 지역 병원의 무료진료 활동은 위축되었으며, 특히 1998년 IMF사태를 정점으로 2000년 의약분업 그리고 공공보건의료 강화, 보건소 기능 강화 등으로 소위 의료소외계층 지역의 순회 무료진료는 크게 감소하였다.

③ 다양한 민간후원단체의 출현 및 활성화

법적으로 사회복지사가 채용되기 시작하고 의료사회복지 활동을 할 독립

된 부서가 신설되기 시작했지만 그동안 재원의 한계로 사회복지팀(의료사회
복지과)의 진료비 지원(후원) 규모는 크지 않았다. 가톨릭 성모병원이나, 세
브란스 병원 등 종교단체에서 설립한 병원은 재단이나 법인으로부터 오는 무
료(자선)진료 예산이 있어 이를 통해 환자의 치료비를 지원하였다. 서울대학
교병원의 경우에는 '서울대학교병원 불우 환자 돕기 함춘후원회'를 1992년
발족하였고, 병원 내 후원회를 통해 환자를 지원할 수 있는 기틀을 마련하였
다. 의료사회복지사는 후원회 업무를 담당하였다. 또한 대기업 병원 경우, 사
회복지법인으로써 기업 수익금의 일부를 사회공헌으로 어려운 환자를 지원
하였다.

　그러나 이런 종교단체에서 설립한 병원이나 기업병원 이외의 병원들은 환
자지원을 위한 재원 마련에 어려움이 있었다. 각 병원마다 병원 행정당국이
나 원무팀에서 자체 할인이나 미수금으로 처리되는 경우가 대부분이었지만
이것도 한계가 있었다. 이로 인해 병원에서는 경제적 문제가 예상되는 의료
급여(영세민)환자는 입원치료를 꺼리거나 거부하는 상황이 발생하였고, 급
기야 이 병원 저 병원을 돌아다니다 사망하는 일까지 생겼다. IMF가 발생한
1998년 전후, 다행히 우리사회는 불우이웃에 대한 사회적 관심이 높아지면
서 의료비 지원 재원이 크게 증가하기 시작했다. 당시 사회복지공동모금회,
한국복지재단, 한국심장재단, 한국실명예방재단, 백혈병 어린이 후원회 등
민간후원기관이 늘어나면서 의료비 지원금이 급격히 늘어난 덕분이다. 또한
이 시기에는 언론 방송매체의 모금활동도 활발해졌는데, 1997년 〈KBS 사랑
의 리퀘스트〉〈MBC 지금은 라디오시대〉와 같은 후원 모금 방송은 투병 중
인 환자들을 소개함으로써 국민들에게 기부에 대한 새로운 인식을 심어주었
다. 방송모금은 어려운 환자를 돕는 기금모금에도 의미가 있었지만, 우리 사
회에 미쳐 알려지지 않았던 환자와 가족의 고통을 알리는 계기가 되었고, 그
로 인해 그동안 알려지지 않았던 희귀질환이나 만성질환으로 인한 어려움이
널리 알려져 의료복지정책을 입안하는 데도 영향력을 미쳤다.

④ 의료사회복지사 활동의 법적 제도적 기준 확대

앞에서 언급하였듯이 우리나라의 의료사회복지는 1973년도 「의료법 시행령」이 제정되면서 제도화의 기틀을 마련하였고, 1977년 신경정신과에 이어 재활의학과, 장기이식 등에서 법적 기준이 마련되어 의료사회복지사의 활동영역이 제도화 확대되었다.

• 재활의학적 사회복지 수가기준 마련(1994년)

1977년 의료보험제도의 도입과 더불어 정신과에 근무하는 사회복지사의 활동에 대하여 정신의학적 사회복지(아-11)수가로 하여 4개 항목에 대하여 보험급여를 인정받게 되었다.

• 병원표준화 심사제도(1995년)

1977년 의료보험제도가 시행되면서 의료 수요가 급격히 증가함에 따라 의료기관의 증설 현상이 나타났다. 이때 의료의 수요와 공급이 급격히 증가하는 과정에서 의료의 질적 저하가 우려되었고, 이에 대해 의료계의 자율적 관리가 필요하다는 의견이 대두됨에 따라 '병원표준화 심사제도'를 실시하였다. 1981년도에 118개의 수련병원을 대상으로 한 최초의 병원표준화 심사가 수련병원 실태 조사와 병행 실시되었으며, 초기에는 표준화 심사의 필요성을 인식시키는 데 주력하였다. 병원표준화 심사가 수련병원 지정과 연계되면서 참가 병원의 수가 급속하게 증가하였다. 여기에 의료 복지분야도 내용이 있어 병원에서 의료사회 사업의 질을 확보할 수 있도록 구조, 과정, 결과에 관한 내용을 평가할 수 있도록 하였다.

• 「정신보건법」· 정신보건사회복지사 자격 제정(1997년 시행)

정신보건 사회복지사의 또 다른 활동 근거는 1995년 제정되어 1997년부터 시행된 「정신보건법」과 정신보건전문요원(법 제7조 시행령 제2조 제1, 2, 4항)

에 관한 규정이다. 이후 정신과 영역의 사회복지사로 활동하기 위해서는 정신보건사회복지사 자격증을 소지하지 않으면 안 되게 되었다. 이 법에서 사회복지사 외에 정신보건 전문 요원으로 정신보건 임상심리사, 정신보건 간호사를 인정하고 있다. 이를 계기로 의료사회복지사협회에서는 기존에 정신과를 담당하는 사회복지사 협회가 독립되어 현재 정신건강사회복지사협회로 조직을 갖추어 지역사회 정신건강을 함께 아우르는 활동으로 발전하였다.

• 장기이식 의료기관 사회복지사 배치 지정(1999년)

1992년 4월 백혈병 환자를 비롯한 혈액암 환자를 대상으로 골수이식을 확대 실시하기 위하여 [골수이식 실시기관 인정 등 기준-인력·시설 및 장비 기준 제3항 제3호]를 제정하게 되는데, 이 기준에 의하면 골수이식병원으로 지정받기 위해서는 훈련된 사회복지사를 상근하도록 규정하고 있다. 또한 장기이식에 대한 업무를 국가가 관장하면서, 1999년 2월 8일 제정되어 2000년 2월 9일 시행한 「장기 등 이식에 관한 법률 시행령」 제17조(장기이식 의료기관의 요건)에서 장기이식 의료기관으로 지정을 받고자 하는 의료기관이 갖추어야 할 시설, 장비, 인력 등에 사회복지사를 두도록 규정하고 있다. 이 두 가지 기준에 의거, 골수이식과 장기이식을 담당하는 사회복지사의 활동 근거가 마련되었다. 그러나 이들의 활동이 수가화되지 않고, 신규 인력을 충원한 것이 아닌 기존의 사회복지사를 배치하여 실제적으로 의료사회복지사의 양적 확대 기여도는 높지 않았다.

⑤ 임상전문가로서 활동

이 시기는 경제적위기로 인한 다양한 지원재원이 나타난 시기이기도 하지만, 보험수가가 인정된 신경정신과, 재활의학과에서의 활동과 함께, 다양한 임상적 활동이 두드러진 시기이다. 병원 내 각 임상과에서는 전문가로서 환자 보호자 상담은 물론 치료진과 함께 교육프로그램 개발 및 교육을 시작하였다.

　　서울시 주요 대학 병원 급에서는 당시 우리나라에서는 희귀병으로 알려진 소아당뇨병 환자와 가족들에게 상담교육과 캠프 등을 시작하였고, 신경과의 뇌졸중교육, 말기암환자와 가족을 위한 교육, 말기신부전환자를 위한 교육, 소아성형외과 환자와 부모를 대상으로 한 부모교육과 상담, 인공와우이식환자에 대한 상담 및 지원활동, 신경정신와 낮병동에서는 사이코드라마와 단주교육(AA), 사회기술훈련, 재활의학과에서는 재활상담, 퇴원준비상담, 지역사회 재활기관 연계 업무 등을 시작하였다. 산부인과에서는 미혼모가 출산한 경우, 신생아를 거부하거나 퇴원 후 유기하는 일이 생겨 입양의사를 밝히는 경우 일차적으로 담당 사회복지사가 상담 후 홀트나 동방아동복지회, 대한사회복지회 입양기관을 연결하는 역할을 하였다. 반면, 불임부부의 경우도 산부인과로부터 의뢰되어 입양정보와 절차에 관한 정보를 제공하고, 입양을 원할 경우 입양기관과 연계해 주는 역할을 하였다. 그 밖에 암환자를 위한 호스피스 활동이 종교계를 비롯하여 가톨릭성모병원 중심으로 시작하였으며, 화상환자를 위한 개입이 한강성심병원 중심으로 확대되었다. 또한 서울대학병원에서는 '가정폭력피해자 보호 규정' 제정과 더불어 병원 내 학대아동보호팀을 구성하여 사회복지사가 '학대아동보호팀'의 간사활동을 시작하기도 하였다.

(5) 의료사회복지의 다양화·전문화: 2000년~현재

① 활동 진료과의 확대

　　의료사회복지는 점차 행정적·사무적인 직무나 환자의 경제적 문제해결 직무가 지배적이었던 초창기의 역할에서 점차 전문성을 요구하는 직무가 증가하는 현상을 보이고 있다. 정신과에 전체 의료사회복지사의 60%가 활동하고 있으며 그 외, 임상 각 과의 환자상담은 물론 장기이식팀과 호스피스팀에 참여하고 있고, 응급의학과의 자살기도 환자, 화상환자나 절단환자, 당뇨병 환자, 심장질환자, 심장이식 환자, 뇌성마비와 뇌손상 환자, 백혈병 환자, 신부전 환자 등 대상 환자의 범위가 확대되고 있다.

② 공공보건의료 확대

1990년대 이후 대기업 병원의 건립과 그들의 사회공헌 활동으로서 무료진료가 활성화되고, 90년대 말 IMF 경제위기로 기부문화가 활성화되면서 의료비지원이 활발해져 정부가 미처 하지 못하는 일을 민간기관이 해 왔다고 할 수 있다. 2000년부터는 두드러지게 공공성과 공공보건의료에 대한 관심이 확대되기 시작하였다.

「공공보건의료에 관한 법률」(이하 법률)은 2000년 1월, 공공보건의료의 기본적인 사항을 정하여 국민에게 양질의 공공보건의료를 효과적으로 제공함으로써 국민보건의 향상에 이바지함을 목적으로 제정되었다. 이는 공공보건의료기관이 본래의 기능을 발휘하여 국민들이 필요로 하는 보건의료서비스를 제공함은 물론, 국가차원에서 보건의료 자원의 개발 및 관리기능을 효과적으로 수행할 수 있는 방안을 제도화하여 국민 보건향상 및 국가 경영의 효율성 제고에 기여할 필요가 있다는 논의에 따른 것이다. 공공보건의료기관의 의무로서 제공해야 하는 사업들을 명시하고 있는데, 그중에서도 의료급여 환자 등 취약계층에 대한 보건의료, 아동과 모성, 장애인, 정신질환, 감염병, 응급진료 등 수익성이 낮은 보건의료, 질병 예방과 건강 증진에 관련된 보건의료를 제공하도록 하고 있다. 공공보건의료기관이 이러한 사업들을 수행하기 위해서는 지역사회 또는 대상자에게 직·간접적인 서비스를 제공하게 되는데, 이 과정에서 의료기관에 근무하는 의료사회복지사의 역할이 강조된다. 2009년 이후 국립대학교병원을 중심으로 공공보건의료 전담조직이 설치되면서 의료사회복지 업무를 담당하는 부서가 공공보건의료 전담조직 내로 편제되고, 의료사회복지사의 역할에 대한 구체적 논의도 함께 진행되기 시작하였다. 점차 공공보건의료 전담조직의 내실화와 함께 의료취약계층에 대한

의료 안전망 기능 강화에 대한 계획을 포함하도록 함으로써 그동안 의료사회
복지사가 의료기관에서 제공하고 있던 서비스의 많은 부분이 공공보건의료
영역의 사업계획에 포함되었다고 볼 수 있으며, 의료사회복지사의 역할이 중
요하게 인식되는 계기가 되었다.

③ 의료사회복지사 국가자격의 신설

2018년 12월 사회복지사업법 개정에 따라 정신건강, 의료, 학교 등 특정 영
역에서 활동하고 있는 사회복지사의 전문성을 바탕으로 국가자격이 신설되
었다. 국가자격 신설의 배경으로 의료사회복지사는 종합병원 등 이용하는
환자들에게 재활과 사회복귀를 위한 상담 및 지도 업무를 수행하여 환자에
게 보다 적합한 의료서비스를 지원하는 업무를 담당하며, 특히 보건복지부가
추진 중인 '지역사회 중심 통합 돌봄 계획(커뮤니티 케어)'과 관련하여 의료기
관 내에서 의사, 간호사 등 다직종으로 구성된 연계팀을 구성, 퇴원계획을 수
립하고 지역 돌봄 자원을 연계하는 등 입원환자의 지역사회 정착을 지원하는
과정에서 주요 역할을 수행할 필요성이 명시되었다.

의료사회복지사 자격증 취득을 위해서는 「사회복지사업법」 제11조 3항에
따른 의료사회복지사 수련기관에서 1년의 기간에 걸쳐서 이론 80시간, 실습
900시간, 학술활동 20시간 등 총 1,000시간의 수련을 거쳐야 한다. 수련과 보
수교육의 운영은 대한의료사회복지사협회, 자격증 발급은 「사회복지사업법」
에 따라 사회복지사 자격발급 업무를 위탁받은 한국사회복지사 협회에서 발
급한다.

④ 정신건강사회복지의 발달

1995년 「정신보건법」의 제정 이후 정신건강전문요원의 활동으로 정신건강
사회복지가 발달하는 계기가 되었다. 정신건강사회복지의 발달을 살펴보면
(권진숙, 윤명숙, 1999: 71-87), 1945년 대한신경정신의학회가 조직된 것을 기

점으로, 1958년 서울시립아동상담소가 개설되면서 정신의학자, 정신건강사회복지사, 심리학자, 법률학자가 함께 팀 접근을 시도하였다. 1973년에는 대한의료사회복지사협회가 결성되었고, 1976년에는 총 45명의 의료사회복지사 중 14명이 정신건강사회복지사로 활동하였다.

1973년에는 법률에 의해 종합병원 단위의 의료기관에 사회복지사 자격증 소지자 채용을 의무화하는 규정이 생겨난 이후 주로 정신과에 많은 사회복지사들이 채용되었다. 1977년 의료보험수가가 책정된 4개 항목의 정신건강사회복지서비스가 인정받게 되었고, 이를 계기로 정신건강사회복지사의 수는 점차 증가하였다.

1993년에는 정신건강사회복지사들이 대한의료사회복지사협회에서 분리되어 한국정신건강사회복지학회를 결성하였고, 1995년 12월 「정신보건법」의 제정으로 지역사회 정신건강 영역으로 확대되었다. 1997년에는 183명의 정신건강사회복지사가 국가자격증을 받게 된 이후 정신건강전문요원 수련제도에 따라 훈련을 강화하게 되었다.

1997년 정신건강사회복지사협회가 조직되었고, 정신건강사회복지학회와 함께 정신건강사회복지사 교육과 전문성 강화를 위해 노력하고 있다. 병원 세팅은 물론 지역사회 정신건강 영역에서의 역할이 커지고 있으며, 의료기관과 지역사회 간의 연계와 조정 활동이 앞으로 더욱 중요해질 전망이다. 특히, 「정신보건법」은 2017년 「정신건강복지법」으로 개정된 후, 강제입원 절차가 개선되고 동의입원이 신설되는 등 정신장애인의 인권과 복지영역이 강조되고 있으며, 이에 따라 정신건강사회복지사의 역할이 더욱 확대될 전망이다.

제2장

의료보장 정책과 제도

1. 의료보장제도

　의료보장제도는 국민의 건강권을 보호하기 위하여 요구되는 필요한 보건의료서비스를 국가나 사회가 제도적으로 제공하는 것을 말하며, 우리나라는 의료보험방식의 의료보장을 취하고 있다.

　사회계층 간 의료수혜의 불평등이 심화되고, 소득계층별, 지역별, 성별, 직업별, 연령별 의료이용도 차이가 사회적 불만의 한 원인으로 대두되고 있다. 또한 보건의료서비스가 의·식·주 다음 제4의 기본적 수요로 인식됨에 따라 사회보장[1]에서 의료보장의 중요성과 필요성에 대한 인식이 높아지고 있다.

---

1) 우리나라에서 사회보장이라는 용어는 「사회보장에 관한 법률」(1963)에서 처음 사용되었으며, 이후 산재보험법과 의료보험법이 제정되고, 1977년 7월 1일 강제적용형 의료보험이 실시되면서 보

의료보장제도는 의료수혜 불평등을 해소하기 위한 사회적·국가적 노력
이라는 점, 예측할 수 없는 질병의 발생 등에 대한 개인의 부담능력의 한계를
극복하기 위한 제도라는 점, 개인의 위험을 사회적·국가적 위험으로 인식
하여 위험의 분산 및 상호부조인식을 제고하기 위한 제도라는 점에서 의의를
가진다.

의료보장제도의 유형은 크게 의료보험방식과 국가보건서비스 방식으로
구분한다.

의료보험방식(National Health Insurance)은 일명 비스마르크(Bismarck)형
의료제도라고 하는데, 개인의 기여를 기반으로 한 보험료를 주재원으로 하는
제도이다. 사회보험의 낭비를 줄이기 위하여 수진 시에 본인 일부 부담금을
부과하는 것이 특징이라 할 수 있으며, 한국, 독일, 프랑스, 일본 등이 이에 해
당된다.

국가보건서비스(National Health Service) 방식은 일명 조세방식, 베버리지
(Beveridge)형 의료제도라고 하며, 국민의 의료문제는 국가가 책임져야 한다
는 관점에서 조세를 재원으로 모든 국민에게 국가가 직접 의료를 제공하는
의료보장방식이다. 부담의 형평이라는 측면에서는 사회 보험형보다 우수하
지만 의료의 질 저하 및 관리 운영상의 비효율이 나타날 수 있다.

한국의 의료보장 적용대상은 전 국민으로, 공적부조인 의료급여와 사회보
험인 건강보험으로 구분할 수 있으며, 국내에 거주하는 전 국민을 포괄하고
있다. 건강보험 대상자는 경제적 상황에 의하여 의료급여 대상자로, 혹은 연
령과 건강상태에 의하여 장기요양보험 대상자로 전환된다.

편적으로 사용된 것으로 볼 수 있다. 사회보장제도의 기본적 사항을 규정한 「사회보장기본법」
(1995. 12. 30. 법률 제5134호)에 의하면 우리나라의 사회보장제도는 국가의 연대성 원리를 기초
로 하는 공공부조제도(예: 의료급여제도), 특정 동종집단의 연대성을 기초로 조직되고 운영되는
사회보험제도(예: 국민건강보험제도) 그리고 국민의 정상적인 사회생활을 위해 제공되는 사회서
비스제도로 구분한다.

표 2-1 의료보장제도 유형

구분	의료보험방식(NH)	국가보건서비스방식(NHS)
기본이념	의료비에 대한 국민의 1차적 자기 책임의식견지(국민의 정부의존 최소화)	국민의료비에 대한 국가책임 견지(국민의 정부의존 심화)
적용대상관리	국민을 임금소득자, 공무원, 자영자 등으로 구분관리 (극빈자 별도 구분)	전 국민 일괄 적용(집단구분 없음)
재원조달	보험료, 일부 국고 지원	정부 일반조세
진료보수 산정방법	행위별수가제 또는 총액계약제 등	일반 개원의는 인두제 병원급은 의사 봉급제
관리기구	보험자(조합 또는 금고)	정부기관(사회보장청 등)
재택국가	한국, 독일, 프랑스, 일본 등	영국, 스웨덴, 이태리 등
보험료 형평성	보험자 내 보험료 부과의 구체적 형평성 확대가능	조세에 의한 재원 조달로 소득 재분배 효과강함(선진국)
	보험자가 다수일 경우 보험자 간 재정 불균형 발생 우려	(단, 조세체계가 선진화되지 않은 경우 소득역진 초래)

출처: 건강보험심사평가원.

1) 건강보험

건강보험제도는 일상생활에서 발생하는 우연한 질병이나 부상으로 일시에 고액의 진료비가 소요되어 가계가 파탄되는 것을 방지하기 위해서, 보험원리에 의거 국민이 평소에 낸 보험료를 보험자인 국민건강보험공단이 관리운영하다가 국민이 의료를 이용할 경우 보험급여를 제공함으로써 국민 상호간에 위험을 분담하고 의료서비스를 제공하는 사회보장제도다.

우리나라의 건강보험은 1977년 500인 이상 사업장을 대상으로 출발했다. 1987년 농어촌지역 건강보험이 시행되었으며, 1989년 도시지역 건강보험이 시행되어 전 국민 건강보험이 도입되었다. 이는 제도 도입 12년 만에 달성되었는데 독일의 경우 127년, 일본의 36년 소요된 것에 비하면 매우 빠른 속도다. 2000년에는 직장과 지역 조직이 통합되며, 현재 이름인 「국민건강보험법」의 시대가 열렸다. 한편으로는 2008년에는 노인장기요양보험제도가 시행되며, 국민건강보험을 보완하였다.

「국민건강보험법」에 제시된 건강보험의 목적은 국민의 질병·부상에 대한 예방·진단·치료·재활과 출산·사망 및 건강증진에 대하여 보험급여를 실시함으로써 국민보건을 향상시키고 사회보장을 증진하는 것이다(「국민건강보험법」 제1조).

우리나라의 건강보험은 법률에 의한 강제가입으로 일정한 법적요건이 충족되면 본인의 의사에 관계없이 강제 적용된다. 그 이유는 보험가입을 기피할 경우 국민상호 간 위험부담을 통하여 의료비를 공동으로 해결하고자 하는 건강보험제도의 목적 실현이 어렵기 때문이다. 또한 선택적으로 질병위험이 큰 사람만 보험에 가입할 경우에는 보험재정이 파탄되어 원활한 건강보험 운영이 불가능하게 된다. 「국민건강보험법」에 제시된 가입자의 범위는 '국내에 거주하는 국민'이며, 「의료급여법」에 따른 의료급여 수급권자, 「국가유공자의 예우 및 지원에 관한 법률」에 따른 국가유공자 중 의료보호를 받는 자는 제외된다. 건강보험에서 피부양자는 직장가입자에 의하여 주로 생계를 유지하는 자로서 보수 또는 소득이 없는 자로 직장가입자의 ① 배우자, ② 직계존속(배우자의 직계존속을 포함한다), ③ 직계비속(배우자의 직계비속을 포함한다) 및 그 배우자, ④ 형제·자매가 해당된다.

한편, 건강보험은 부담능력에 따른 보험료의 차등부담(형평부과)의 특성을 가진다. 민간보험은 급여의 내용, 위험의 정도, 계약의 내용 등에 따라 보험료를 부담하지만, 사회보험 방식인 건강보험에서는 사회적인 연대를 기초로 의료비문제를 해결하려는 것이 목적이므로 소득수준 등 보험료 부담능력에 따라 차등적으로 부담한다. 그러나 민간보험은 보험료 부과수준, 계약기간 및 내용에 따라 차등급여를 받지만 사회보험은 보험료 부과수준에 관계없이 관계법령에 의하여 균등하게 보험급여가 이루어지는 특징을 가진다.

보험급여란 가입자 및 피부양자의 질병·부상에 대한 예방·진단·치료·재활과 출산·사망 및 건강증진에 대하여 법령이 정하는 바에 따라 공단이 현물 또는 현금 형태로 제공하는 서비스를 말한다. 현물급여는 가입자 및 피부양자에게 요양기관을 통하여 직접 의료서비스를 제공하는 것으로 요양급여와 건강검진이 있으며, 현금급여에는 요양비, 본인부담액 보상금, 장애인 보장구급여비 등이 있다

요양급여는 피보험자 및 피부양자의 질병·부상·출산 등에 대하여 실시하며, 요양급여의 종류는 진찰·검사, 약제·치료재료의 지급, 처치·수술 기타의 치료, 예방·재활, 입원, 간호, 이송이 포함된다. 「국민건강보험요양급여기준에 관한 규칙」 제8조 제1항에서는 비급여 대상을 제외한 일체의 사항을 요양급여 대상이라고 규정하고 있으며, 제9조에서는 비급여 대상기준과 구체적인 항목을 나열하고 있다.

요양급여 항목에서 본인부담금은 입원치료인지 외래치료인지에 따라 다르며, 외래치료인 경우는 병원 종별에 따라, 경증, 중증질환의 여부에 따라[2], 연령에 따라[3] 다르게 적용된다. 이상의 급여는 요양급여에 해당하는 항목에 한하여 적용되며 비급여 항목은 적용대상에서 제외된다. 구체적인 정보를 확인하기 위해서 영수증을 이해할 필요가 있다.

---

2) 암과 같은 중증질환자의 경우에는 2009년 12월 1일부터 총진료비의 5%를 본인부담하면 된다. 감기 등 경증질환(52개)으로 외래진료 후 약국 요양급여비용 본인부담률은 상급종합병원이 30%에서 50%로, 종합병원이 30%에서 40%로 상승(경증질환 52종은 고시)

3) 6세 미만의 아동의 경우 외래는 성인 본인부담률의 70% 적용, 입원은 요양급여비의 10%, 약국은 요양급여비용 총액의 30%인데, 단 65세 이상 요양급여비용 총액이 10,000원 이하이면 1,200원을 적용한다. 6세 미만 아동의 경우 상기 본인부담률의 70% 적용하는데, 단 보건소·보건지소·보건진료소 정액제 및 약국 직접조제는 경감 대상에 해당되지 않는다.

📑 영수증의 이해

　　진료비 영수증에는 환자가 진료받은 내역에 대한 비용이 적혀 있으며, 진료비 영수증은 진료비가 정확히 계산되었는지 확인할 수 있는 중요한 정보를 담고 있다. 진료비 영수증의 바른 이해는 병원과 환자 간 신뢰 구축을 위하여 필요하다.

　　우선 진료비 영수증을 구성하고 있는 요소를 크게 나눠 보면, 외래와 입원, 야간, 공휴일 진료, 진료기간, 진료과목 등 일반적인 사항이 기재된 부분과 각 세부항목 및 비용으로 구성되어 있다. 또한 이 전체항목들은 다시 보험적용이 되는 요양급여와 보험적용이 안 되는 비급여로 나누어진다. 급여는 다시, 진료비의 일부를 환자가 내는 일부본인부담과 정해진 금액 전부를 환자가 내는 전액본인부담으로 구분되고, 일부본인부담은 또 본인부담금과 공단부담금으로 나뉜다. 전액본인 부담의 경우 건강보험이 적용되는 급여항목이더라도 동네 의원이나 병원의 진료의뢰서 없이 대학병원을 간다거나, 응급 상황도 아닌데 응급실을 이용했을 때, 발생한다. 비급여의 경우 건강보험대상에 해당되지 않아 병원에서 정한 금액에 따라 환자 본인이 진료비 전부를 내야하는 항목이다. 업무나 일상생활에 지장이 없는 진료비, 미용 목적의 성형수술비, 1, 2, 3인실과 같은 상급병실료 등으로 구분된다.

　　진료비는 입원 진료냐, 외래 진료냐에 따라 환자가 부담하는 비율이 달라진다. 우선, 단순한 외래진료의 경우, 병원의 종류나 지역에 따라 진료비에 차이가 있으며, 의원보다 병원이, 병원보다는 종합병원이 종합병원보다는 상급종합병원이 더 비싼 진료비를 받는다. 반면 입원은 의료기관의 종류에 관계없이 보험급여가 되는 총금액의 20%를 본인이 부담하면 된다.

　　의료기관의 종류는 보유한 병상의 수에 따라 종류가 나눠진다. 100개 이상의 병상은 종합병원, 30개 이상의 병원, 그 이하는 의원으로 분류할 수 있다. 이렇게 병원의 종류가 나눠지는 이유는 병원별 가산율 때문인데 상급종합병원은 30%, 종합병원은 25%, 병원은 20%, 의원은 15%의 비용을 더 받는다. 가산율을 받는 이유는 규모가 커지면 당연히 시설에 대한 투자가 이어지고, 중증환자의 대한 치료가 원활해지고, 그에 대한 추가비용이 책정된 것이라 볼 수 있다. 그렇기 때문에 감기 같은 가벼운 병일 경우 가까운 동네의원을 방문할 때 진료비가 적게 든다. 상급종합병원은 종합병원의 상급개념으로 대학병원을 들 수 있다.

　　한편, 야간, 공휴일 진료에 대한 부분이 영수증에 표시되어 있으며, 평일 저녁이나 일요일을 포함한 공휴일의 진료는 기본진찰료에 30%를 더 내야 한다.

영수증에서 보이는 질병군, DRG 번호는 질병군별 수가제(포괄 수가제)에 해당하는 안과, 이비인후과, 외과, 산부인과에 입원한 환자가 수술을 했을 경우 해당된다. 이 경우 입원에서 퇴원까지 일정금액의 진료비를 지불한다.

본인이 낸 진료비에 의문이 있을 경우는 건강보험심사평가원의 진료비 확인요청제도를 활용할 수 있다. 이는 책정된 비급여 진료비가 법에서 정한 기준에 맞는지 확인해 주는 제도로, 확인 결과 진료비가 잘못 부과되었다면 진료비를 환불해 의료소비자의 권리를 보호하는 제도다. 건강보험이 적용되는 급여 진료비에 대해서는, 병원에서 직접 건강보험심사평가원에 심사를 요청하고, 건강보험심사평가원에서는 이 급여 진료비가 기준에 맞게 제대로 책정되었는지 심사한다.

(2017년 6월 29일 개정된 영수증 기준)

2) 의료급여

의료급여제도는 생활이 어려운 자에게 의료급여를 실시함으로써 국민보건의 향상과 사회복지의 증진에 이바지함을 목적으로 한다(「의료급여법」 제1조). 생활유지 능력이 없거나 생활이 어려운 저소득 국민의 의료문제를 국가가 보장하는 공공부조제도이며, 건강보험과 함께 국민 의료보장의 중요한 수단이 되는 사회보장제도로 개인의 질병, 부상, 출산 등에 대한 의료서비스(진찰, 검사, 치료) 등을 제공한다.

지원대상은 1종 수급권자, 2종 수급권자로 분류되며 1종 수급권자는 국민기초생활보장 수급권자, 「의료급여법」에 의한 수급권자인 행려환자, 타법에 의한 수급권자인 이재민, 의상자 및 의사자의 유족, 입양아동(18세 미만), 국가유공자, 중요무형문화재 보유자, 북한이탈주민, 5·18 민주화운동 관련자가 포함된다. 2종 수급권자는 국민기초생활보장 대상자 중 1종 수급 대상이 아닌 가구가 포함된다.

표 2-2 의료급여 수급권자

1종 수급권자	**국민기초생활보장수급자** 근로무능력가구, 희귀난치성질환등록자, 중증질환자, 시설수급자 **타법적용자** 이재민, 의상자 및 의사자의 유족, 입양아동(18세 미만), 국가유공자, 중요무형문화재 보유자, 북한이탈주민, 5·18 민주화운동 관련자, 노숙인 **행려환자**
2종 수급권자	국민기초생활보장 수급권자 중 의료급여 1종 수급권자 기준에 해당되지 않는 자

　의료급여 수급권자에 대한 급여의 내용은 진찰·검사, 약제·치료재료 지급, 처치·수술, 예방·재활, 입원, 간호, 이송 등이 포함되며(「의료급여법」 제7조), 급여범위 및 급여비용은 건강보험과 유사하다. 단, 정신과 등 일부는 건강보험과 의료급여 수급권자에게 상이한 수가체계가 적용된다.

　수급권자가 의료기관 등을 이용할 때 본인이 부담해야 하는 금액은 의료급여 1종의 경우 요양급여항목에 대하여 입원비는 무료이나 외래의 경우는 병원종별에 따라 1,000~2,000원의 본인부담금을 부담한다. 2종 수급권자의 경우 입원은 10%, 외래의 경우는 1,000원~외래비용의 15%까지 부담한다. 단, 급여청구분일 경우 해당되며 비급여 청구분의 경우 위 기준이 적용되지 않고, 전액 본인 부담해야 한다.

　급여 절차의 경우 「의료급여법 시행규칙」 제3조에 따르며, 건강보험 대상자일 때 2단계만 거쳐도 가능하지만 의료급여 수급권자의 경우 3단계의 절차를 거친다([그림 2-1] 참조). 의료급여의 절차에 의하지 않고(의료급여의뢰서 없이) 의료급여기관을 이용한 경우 소요비용은 전액 본인부담이다. 단, 〈표 2-3〉와 같은 예외의 경우는 급여가 제공된다.

[그림 2-1] 의료급여 수급권자 급여절차

표 2-3 의료급여 단계별 진료 예외 사항

대상자	의료급여기관
• 「응급의료에 관한 법률」 제2조 제1호에 해당하는 응급환자인 경우 • 분만의 경우 • 제3조 제2항 제1호 라목에 따라 보건복지부장관이 정하여 고시하는 등록 결핵질환, 희귀난치성질환 또는 중증질환을 가진 사람이 의료급여를 받고자 하는 경우 　-중증의 경우 등록된 중증 환자만 해당 • 제2차의료급여기관 또는 제3차의료급여기관에서 근무하는 수급권자가 그 근무하는 의료급여기관에서 의료급여를 받고자 하는 경우 • 「장애인복지법」 제32조에 따라 등록한 장애인이 장애인 보장구를 지급 받고자 하는 경우 • 감염병의 확산 등 긴급한 사유가 있어 보건복지부장관이 정하여 고시하는 기준에 따라 의료급여를 받고자 하는 경우 • 「장애인복지법」 제32조에 따른 등록 장애인이 「구강보건법」 제15조의2에 따른 장애인구강진료센터에서 의료급여를 받고자 하는 경우	제2차 의료급여기관 또는 제3차 의료급여기관에 의료급여 신청 가능
• 단순물리치료가 아닌 작업치료·운동치료 등의 재활치료가 필요하다고 인정되는 자가 재활의학과에서 의료급여를 받고자 하는 경우 • 한센병 환자가 의료급여를 받고자 하는 경우 • 「장애인복지법」 제32조에 따라 등록한 장애인이 의료급여를 받고자하는 경우 • 「국민건강보험법 시행령」 제45조 제1호에 해당하는 지역의 의료급여 수급권자가 의료급여를 받고자 하는 경우 • 「국가유공자 등 예우 및 지원에 관한 법률 시행령」 제14조에 의한 상이등급을 받은 자가 의료급여를 받고자 하는 경우 • 15세 이하의 아동이 의료급여를 받고자 하는 경우	제2차 의료급여기관에 의료급여 신청 가능

표 2-4 건강보험과 의료급여 비교

	건강보험	의료급여
종별가산율	상급종합병원 30%	상급종합병원 22%
	종합병원 25%	종합병원 18%
	병원 20%	병원 15%
	의원 15%	의원 11%
법정본인부담금	입원 20%	입원 0~10%
	외래 30~60%	외래 0~15%
급여절차	2단계	3단계
재원조달	보험료(일부 국고)	조세(국고+지방세)

3) 노인장기요양보험

노인장기요양보험이란 고령이나 치매·중풍·파킨슨 등 노인성 질병으로 일상생활을 혼자서 수행하기 어려운 노인 등이 장기요양 수급자로 인정받은 경우, 수급자의 가장이나 장기요양기관(입소시설, 주·야간보호, 단기보호)에서 신체활동이나 가사활동 지원 등의 장기요양서비스를 제공받을 수 있는 제도다. 우리나라 「장기요양보험법」은 2007년 4월 27일 제정하여 2008년 7월 1일부터 시행하고 있다.

노인장기요양보험제도는 만성질병에 의한 일상생활장애를 가진 노인에게 건강증진과 생활안정을 제고하고 가족의 부양부담을 줄여 주는 것이 목적이다. 또한 각종 질환과 보건복지 욕구를 종합적으로 평가하여 포괄적 서비스를 적절히 제공하고 건강이 악화되지 않도록 의료서비스와 연계하는 것이 기본 원칙이다. 건강보험과 노인장기요양보험의 급여범위를 비교하면 건강보험은 질병·부상이 있는 자에 대한 치료(의료서비스) 및 건강증진을 목적으로 하고, 노인장기요양보험은 노인성 질병으로 인한 신체·정신 기능의 쇠퇴로 인한 거동 불편자에 대한 신체활동 및 일상가사 지원(주로 복지서비스)을 주

목적으로 한다는 점에서 차이가 있다.

　노인장기요양급여를 신청할 수 있는 대상자는 소득수준과 관계없이 65세 이상 노인 및 치매, 뇌혈관질환, 파킨슨병 등 보건복지부장관이 정하여 고시한 질병을 가진 65세 이하의 가입자이며, 이 중 6개월 이상 혼자 일상생활이 어려운 자로서 장기요양등급판정위원회에서 등급판정을 받은 사람을 급여대상자로 선정한다. 등급판정항목은 신체기능, 인지기능, 행동변화, 간호처지, 재활 등 5개 영역 52개 항목으로 구성되며, 등급별 판정기준 및 상태가 정해져 있다.

　장기요양급여는 시설급여, 재가급여, 특별현금급여로 구분한다. 재가급여는 가정을 방문하여 서비스를 제공하는 것으로 방문요양, 방문목욕, 주ㆍ야간보호, 단기보호 기타 재가급여로 구성된다. 시설급여는 요양시설에 장기간 입소시켜 신체활동 지원 심신기능 유지 및 향상을 위한 교육ㆍ훈련 등을 제공하며, 보완적 기능을 수행하는 특별현금급여는 가족요양비, 특례요양비, 요양병원 간병비로 구성되어 있다. 장기요양급여는 재가급여, 시설급여, 특별현금급여 중 한 가지만 이용이 가능하다. 다만, 재가급여와 특별현금급여의 가족요양비 대상자는 복지용구를 추가로 이용할 수 있다.

　인정절차의 경우 노인장기요양보험은 장기요양급여가 필요하다고 인정을 받은 자(수급자)만이 급여를 받을 수 있으므로 장기요양인정 신청이 필요하다.

① **인정신청**: 거동이 불편한 자(65세 이상 어르신과 65세 미만의 노인성질환을 가진 자)는 국민건강보험공단에 장기요양인정신청서를 제출하는 것을 말한다. 신청방법은 우편, 방문, 팩스 및 인터넷이 있으며 65세 미만 노인성질환자의 경우 인터넷신청은 불가하며, 장기요양인정신청서와 의사소견소 또는 진단서를 같이 제출하여야 한다. 65세가 도래되기 30일 이후부터 장기요양 인정신청을 할 수 있으며, 다만, 장기요양급여는 65세가 되는 날부터 이용할 수 있다.

② 방문조사: 공단직원이 방문하여 장기요양 인정조사표에 따라 어르신의
  심신상태 등을 확인한다. 신청자는 공단직원의 장기요양인정조사 후
  의사소견서 제출안내에 따라 제출기한까지 의사소견서를 공단에 제출
  하여야 한다.

③ 등급판정: 시·군·구 장기요양등급판정위원회에서 방문조사 결과와
  의사소견서 등을 토대로 장기요양등급을 판정한다.

④ 결과통보: 수급자에게 장기요양인정서와 표준장기요양이용계획서를 송
  부한다.

⑤ 급여이용: 수급자가 장기요양인정서에 기재된 유효기간과 급여종류 및
  월 한도액의 범위 내에서 장기요양기관과 계약을 체결하고 급여를 이
  용한다. 장기요양 인정을 받은 자의 장기요양인정서에 기재된 장기요
  양등급, 유효기간과 급여 종류 및 내용에 따라 장기요양급여서비스를
  받을 수 있다. 수급자는 적절한 장기요양기관[4]을 선정하여 급여계약
  체결 후 장기요양급여를 이용할 수 있다.

2. 진료비 지불제도

1) 진료비 지불제도 개념 및 유형

진료비 지불제도는 진료의 대가로 의료공급자에게 지불되는 보상 방식을 말
하는 것으로 일반적으로 의료의 질, 의료비, 진료비 심사 및 관리방식에 결정적
인 영향을 미치게 된다. 대체로 한 나라의 지불제도는 지불제도의 기본형 하나

---

4) 장기요양기관: 수급자에게 장기요양급여를 제공하는 기관을 말하며, 노인요양시설, 노인요양공
  동생활가정, 재가장기요양기관 등이 있다.

에 속하기보다는 그 나라의 실정에 맞게 변형된 것이나 혼합형태로 존재한다.

* **행위별수가제**(fee-for-service): 행위별수가제는 진료에 소요되는 약제 또는 재료비를 별도로 산정하고, 의료인이 제공한 진료행위 하나하나마다 항목별로 가격을 책정하여 진료비를 지급하도록 하는 제도이다. 가장 보편적이고 시장접근적인 방법으로서 대부분의 자본주의 경제체제를 가진 국가에서는 이 행위별수가제를 많이 채택하고 있다. 의료인이 제공한 시술내용에 따라 값을 정하여 의료비를 지급하는 것으로서 전문의의 치료방식에 적합하다. 즉, 위중하거나 진료에 시간이 많이 걸리며 특별한 기술을 요하는 질병이나 진료재료가 많이 소요되는 질병에 대하여는 정확히 그만큼 많은 진료비를 의료인에게 지급하게 되며, 이는 일반 상행위의 원칙이 가장 많이 적용되는 방식으로서 의료인이 가장 선호하는 방식이기도 하다. 적은 횟수의 더 철저한 검사보다는 짧고 빈도가 많은 진료를 유도하게 된다.

* **포괄수가제**(bundled-payment): 포괄수가제는 한 가지 치료행위가 기준이 아니고, 환자가 어떤 질병의 진료를 위하여 입원했는가에 따라 질병군(또는 환자군)별로 미리 책정된 일정액의 진료비를 지급하는 제도이다. 미국에서 의료비의 급격한 상승을 억제하기 위하여 1983년부터 DRG에 기초를 둔 선불상환제도로 개발하였고 연방정부가 운영하는 메디케어 환자의 진료비지급방식으로 사용되고 있다. DRG지불제도하에서는 현재와 같은 행위별 심사는 약화되는 대신에 의료기관들의 진단명조작이나 의료의 질 저하를 방지하기 위한 활동(모니터링 등)을 담당하는 기능이 필요해지며 이것을 현재의 심사기구가 수행하게 된다. DRG코드의 조작에 대한 감시와 조정은 포괄수가제의 안정적인 정착을 위해 꼭 필요한 조치이다.

* **인두제**(capitation): 인두제는 문자 그대로 의사가 맡고 있는 환자 수, 즉 자

기의 환자가 될 가능성이 있는 일정지역의 주민 수에 일정금액을 곱하여 이에 상응하는 보수를 지급받는 방식이다. 주민이 의사를 선택하고 등록을 마치면, 등록된 주민이 환자로서 해당 의사의 의료서비스를 받든지 안 받든지 간에 보험자 또는 국가로부터 각 등록된 환자 수에 따라 일정 수입을 지급받게 된다. 인두제는 기본적이고 비교적 단순한 1차 보건 의료에 적용되며, 의료전달체계의 확립이 선행되어야 한다. 따라서, 주치의 또는 가정의의 1차 진료 후에 후송의뢰가 필요한 경우에만 전문의의 진료를 받을 수 있다(영국의 일반가정의에게 적용되는 방식).

* **봉급제(salary):** 사회주의국가나 영국과 같은 국영의료체계의 병원급 의료기관의 근무의에게 주로 적용되는 방식으로 농·어촌 등 벽·오지에 거주하는 국민이라도 쉽게 필요한 때 의료서비스를 제공받을 수 있으나 그 진료수준은 낮은 편이다. 법·제도상으로 공공의료의 혜택을 모든 국민이 받을 수 있게 되어 있으나, 제한된 의료시설 및 인력 때문에 의사의 윤리적 기준이 낮은 나라의 경우 개인적인 친밀관계나 뇌물수수관계에 따라 의료혜택의 기회가 부여될 여지가 있다.

표 2-5 진료비지불제도 장·단점

지불방식	장점	단점
행위별수가제 (fee-for-service)	−환자에게 충분한 양질의 의료서비스 제공 가능 −신의료기술 및 신약개발 등에 기여 −의료의 다양성이 반영될 수 있어 의사·의료기관의 제도 수용성이 높음	−환자에게 많은 진료를 제공하면 할수록 의사 또는 의료기관의 수입이 늘어나게 되어 과잉진료, 과잉검사 등을 초래할 우려가 있음. −과잉진료 및 지나친 신의료기술 등의 적용으로 국민의료비 증가 우려, 수가 구조의 복잡성으로 청구오류, 허위·부당청구 우려

포괄수가제 (burdled-payument)	−경영과 진료의 효율화 −과잉진료, 의료서비스 오남 용 억제 −의료인과 심사기구·보험 자간의 마찰 감소 −진료비 청구방법의 간소화 −진료비 계산의 투명성 제고	−비용을 줄이기 위하여 서비 스 제공을 최소화하여 의료 의 질적 수준 저하와 환자와 의 마찰 우려·조기 퇴원 −DRG코드조작으로 의료기관 의 허위·부당청구 우려 −의료의 다양성이 반영되지 않으므로 의료기관의 불만이 크고 제도 수용성이 낮음
봉급제 (salary)	−의료서비스 제공을 위한 직 접비용이 독립계약 하에서 보다 상대적으로 적음	−개인적 경제적 동기가 적어 진료의 질을 높인다거나 효 율성 제고 등의 열의가 낮음 −관료화, 형식주의화, 경직화 등 우려 −진료의 질적 수준 저하
인두제 (capitation)	−진료비 지불의 관리 운영이 편리지출 비용의 사전 예측 가능 −자기가 맡은 주민에 대한 예방의료, 공중보건, 개인 위생 등에 노력 −국민의료비 억제 가능	−의사들의 과소 진료 우려 −고급의료, 최첨단 진료에 대 한 경제적 유인책이 없어 신 의료기술의 적용 지연 −중증 질병환자의 등록기피 발생 우려

2) 우리나라 수가제도

건강보험 행위별수가제(fee-for-service)는 의료기관에서 의료인이 제공한 의료서비스(행위, 약제, 치료재료 등)에 대해 서비스 별로 가격(수가)을 정하여 사용량과 가격에 의해 진료비를 지불하는 제도로, 우리나라는 의료보험 도입 당시부터 채택하고 있다. 또한, 행위별수가제의 보완 및 의료자원의 효율적 활용을 위하여 '질병군별 포괄수가제(DRG)' 등도 병행하여 실시하고 있다.

표 2-6 국가별 지불 방식

지불방식	의원급	병원급
한국	−행위별수가제 −일부 포괄수가제 실시	−행위별수가제 −일부 포괄수가제 실시
일본	−행위별 수가제	−행위별 수가제 −포괄수가제 시범 사업 중
대만	−총액 계약제 −인두제, 포괄수가제	−행위별 수가제 −일부 포괄수가제 실시
미국	−행위별 수가제 −인두제	−포괄수가제
영국	−인두제	−병원 근무의는 공무원으로서 봉급제 −포괄수가제

　행위별 진료수가는 진료행위 별로 분류된 각 상대가치점수에 요양기관 유형별 환산지수를 곱하여 금액으로 나타낸다. 상대가치점수는 의료행위(요양급여)에 소요되는 시간·노력 등의 업무량, 인력·시설·장비 등 자원의 양, 요양급여의 위험도 및 생빈도를 종합적으로 고려하여 산정한 가치를 의료행위 별로 비교하여 상대적인 점수로 나타낸 것을 의미한다. 행위별 수가에 해당하는 행위의 목록 수는 1977년부터 2017년 1월까지 40년에 걸쳐 수가 항목은 10배 이상 증가하여 현재 8,699항목(2020. 1. 기준)에 이른다.

표 2-7 상대가치점수의 구성요소

업무량 (의료서비스)	주시술자(의사, 약사)의 전문적인 노력에 대한 보상으로 시간과 강도를 고려한 상대가치
진료비용 (임상인력·의료장비·치료재료)	주시술자(의사)를 제외한 보조의사, 간호사, 의료기사 등 임상인력의 임금, 진료에 사용되는 시설과 장비 및 치료재료 등을 고려한 상대가치
위험도 (의료분쟁해결비용)	의료사고 빈도나 관련 비용조사를 통하여 의료사고 관련 전체비용을 추정하고, 진료과별 위험도를 고려한 상대가치

포괄수가제는 환자가 입원해서 퇴원할 때까지 발생하는 진료에 대하여 질병마다 미리 정해진 금액을 내는 제도이다. 적용되는 범위는 입원환자의 치료에 필요한 의료행위, 치료재료, 약제비용까지이며, 우리나라는 4개 진료과 7개 질병군에 대해서 포괄수가제를 적용한다. 2013년 7월부터 전국 모든 의료기관(의원, 병원 , 종합병원, 상급종합병원)에서 시행되었다. 단 같은 질병이라도 환자의 합병증이나 타상병 동반여부에 따라 가격은 달라질 수 있다.

안과: 백내장수술(수정체 수술)
이비인후과: 편도수술 및 아데노이드 수술
외과: 항문수술(치질 등), 탈장수술(서혜 및 대퇴부), 맹장수술(충수절제술)
산부인과: 제왕절개분만, 자궁 및 자궁부속기(난소, 난관 등)수술(악성종양 제외)

3) 건강보험 보장성 강화

건강보험은 경제적인 문제로 의료 접근성이 저해되는 것을 방지, 감소하고 질병으로 인해 경제적 부담이 생기는 것을 최소화하여 보장성을 높이는 것을 목적으로 한다. '건강보험 보장성 강화'는 건강보험 보장률을 높여 가계의 병원비 부담을 낮추기 위한 국민 의료비 부담 완화 정책이다. 2017년 문재인 대통령이 발표하였으며, 2022년까지 전 국민의 의료비 부담을 평균 18% 낮추는 '건강보험 보장성 강화정책'을 발표하면서 시작됐다.

추진배경을 보면, 건강보험 시작 이후 건강보험 적용 범위를 지속적으로 확대해 왔으나, 보장률은 60% 초반에서 정체해 있고(2004년 61.3% → 2008년 62.6% → 2011년 63% → 2015년 63.4% → 2017년 62.7%), 보험혜택을 받는 급여보다 받지 못하는 비급여 진료가 더 빠르게 증가하였다. 우리나라의 가계부담 의료비는 33.3%로 OECD 평균 20.3% 보다 1.8배 높다. 의료비 부담은 민간 의료보험 의존도를 높이는 악순환으로 이어진다. 건강보험 보장성이 강화를 통하여 비급여 영역을 1/3로 줄이고 본인부담상한제, 재난적 의료비 지원을 통해 고액의료비로 인한 가계의 어려움을 덜도록 하는 계획이다. 「국민건강보험법」을 개정(2018년 12월)하고 시행(2019년 6월)하면서 대책은 '제1차 건강보험종합계획'으로 구체화되어 진행 중이다(2019년 4월).

2019년까지의 주요 성과와 내용으로는, 첫째, 의료비 경감으로 치료에 꼭 필요한 비급여는 물론 특진비 등 원하지 않게 추가로 부담하였던 부분까지 의료비 부담을 줄이는 것을 목표로 한다. 성과로는 미용·성형·라식같이 생명과 크게 상관없는 의료행위 외에는 모두 건강보험을 적용하고(건강보험 보장률 2017년 62.7% → 2022년까지 70%), 환자의 부담이 큰 3대 비급여(특진·상급병실·간병)를 단계적 해결 등이다. 둘째, 대상별·분야별 특성에 맞는 관리로 노인, 아동, 여성, 장애인 등 대상별 혜택을 더하고 가계 부담능력 이상의 의료비는 건강보험이 책임지는 것을 목표로 하며, 각 소득수준에 비례한 연간 본인부담 상한액 적정관리, 취약계층(노인·아동·여성·장애인 등) 의료비 부담 완화의 내용을 담고 있다. 셋째, 촘촘한 사회 안전망의 역할로 과도한 의료비로 가계가 어려워지지 않는 것을 목표로 하며, 재난적 의료비 지원 대상 확대(소득하위 50%까지), 본인부담 상한액을 낮추는 것(소득분위에 따라 연소득 10%까지 낮춤) 등 내용을 담고 있다.

이후 향후 대책으로는 ① 비급여의 급여화 단계적 이행, ② 의료체계 개선[5]을 두고 있다.

---

5) 2019년 제시된 건강보험 보장성 강화 계획(http://medicare1.nhis.or.kr/)
    −경증환자는 동네병의원, 중증환자는 대형병원을 이용하도록 유도, 상급종합병원 지정기준 개선(중증환자비율 강화 등), 동네의원−대학병원 간 진료 의뢰·회송 활성화, 의료기관간 정보 전송·공유, 건강보험 수가 개편 등 망라
    −지역중심의 공공의료체계 강화: 전국을 17개 권역 70여 개 지역으로 구분하고 권역·지역별 책임의료기관 지정 및 육성
    −필수 분야 의료체계는 지원 확대: 중환자실 전담전문의 가산, 응급실 환경개선(인력확보·대기

3. 의료비 지원

1) 의료비 지원제도

1 · 2차 의료안전망의 보호 수준 이상의 대상자에게 필요한 3차 의료안전망은 정부가 지원하는 의료비 지원서비스 등을 들 수 있으며, 긴급복지 의료지원, 재난적 의료비 지원사업 등을 들 수 있다.

긴급복지 의료지원은 중한 질병이나 부상으로 위기상황에 처하여 생계가 곤란한 자에게 일시적으로 의료비를 지원하여 위기상황에서 벗어날 수 있도록 지원한다. 지원대상은 중대한 질병 또는 부상으로 인해 발생한 의료비를 감당하기 곤란한 자이며, 지원을 요청한 후 사망한 경우에도 지원한다. 선정기준은 2019년 현재 기준 중위소득 75%(1인 기준 1,318천 원, 4인 기준 3,562천 원) 이하일 경우 선정한다, 지원내용은 의료기관 등이 입원에서부터 퇴원까지 긴급지원 대상자에게 제공한 검사, 치료 등의 본인부담금 및 비급여 항목을 300만 원 범위 내에서 지원하며, 비급여 입원료와 비급여 식대 항목에 대하여는 지원하지 않는다. 또한 지원이 결정된 질병에 대한 검사, 치료에 소요된 비용을 지원하되 퇴원 전에 긴급 의료지원을 요청해야 지원이 가능하다. 지원절차는 ① 위기상황 발생할 경우 시/군/구청 및 보건복지부 콜센터로 긴급지원을 요청, ② 긴급지원 요청: 시/군/구청 및 긴급지원담당공무원이 현장에 방문하여 상황을 확인, ③ 현장확인 후 선지원 ④ 시/군/구청에서 사후조사 후 심사, ⑤ 긴급지원심의위원회에서 지원 적정성을 검사, ⑥ 기초생활보장 등 사후 서비스를 연계하는 절차로 진행된다.

시간 감소 · 수가개선 · 인센티브 강화 등)
 −분만 및 중증소아환자 시설 유지를 위한 수가 개선: 어린이 공공전문진료센터, 분만, 중증소아환자 특화 수술팀 등 수가 가산 검토

재난적 의료비 지원은 과도한 의료비로 경제적 부담을 겪는 가구에게 의료
비를 지원하는 제도이다. 지원대상은 과도한 의료비로 인한 경제적 부담을
겪는 가구이며, 의료기관 등에서 입원 진료를 받는 경우(모든 질환 적용)와 중
증질환(암, 뇌혈관질환, 심장질환, 희귀질환, 중증난치질환, 중증화상질환)으로 의
료기관 등에서 외래 진료를 받은 경우 해당된다. 선정기준은 기초생활 수급
자·차상위계층, 기준중위소득 100% 이하인 경우이며, 지원요건을 미충족
하였으나 지원 필요 시에는 개별심사하여 지원할 수 있다. 신청은 국민건강
보험공단에서 할 수 있다.

　　이 외에도 구체적인 복지정보는 보건복지부에서 매해 매뉴얼을 발간하며,
복지로 웹사이트(bokjiro.go.kr)에서도 확인할 수 있다.

표 2-8　의료비 지원 중앙부처 복지서비스

고위험 임산부 의료비 지원: 고위험 임신의 치료와 관리에 필요한 진료비를 지원하여
경제적 부담을 줄이고, 건강한 출산을 보장

농어업인 건강보험료 지원: 의료 이용 접근성이 낮은 농어촌 거주 농어업인에 대해 건
강보험료 일부를 지원

치매 치료관리비 지원사업: 노후에도 안정적인 삶을 누릴 수 있도록 치매를 조기에 치
료하고 지속적으로 관리하여 증상을 호전시키거나 심화를 예방

외국인근로자 등 의료지원: 의료 혜택을 받지 못하는 외국인 소외계층에게 의료비를
지원해서 최소한의 건강한 삶을 살 수 있도록 도움

난임부부 시술비 지원: 체외수정 시술 등 특정 치료를 통해서만 임신이 가능한 저소득
층 부부에게 시술비 일부를 지원하여 경제적 부담을 경감시키고, 출산율을 높임

가정폭력 피해자 치료회복 프로그램 및 의료비 지원: 가정폭력으로 상처받은 몸과 마
음을 치료하고 회복하기 위한 프로그램과 의료비를 지원

장애입양아동 의료비 지원: 장애아동을 입양한 국내입양가정에 의료비를 지원하여 장
애아동의 국내입양을 활성화하고, 건전한 양육이 이루어지도록 함

미숙아 및 선천성이상아 의료비 지원: 보건소에 등록하여 관리하고 있는 미숙아 및 선
천성 이상아 치료에 소요되는 의료비를 지원

한센인 피해자 지원: 한센인 피해사건에 대한 진상을 파악하고, 피해자에게 의료지원과위로지원금을 지원하여 생활 안정을 도모

선천성 대사 이상 검사 및 환아관리 지원: 사전 예방적 입장에서 신생아를 건강관리

청소년산모 임신 · 출산 의료비 지원: 청소년 산모에게 임신 및 출산에 필요한 의료비를 지원하여 청소년 산모와 태아의 건강증진을 도움

범죄피해자에 대한 경제적 지원 사업: 범죄로 인해 신체적 · 정신적 상해를 입은 피해자에게 치료비와 심리치료비를 지급하고, 생계가 곤란해진 피해자에게는 생계비 · 학자금 · 장례비 등을 지급함으로써 피해회복 및 재활을 도움

의료급여 틀니 · 치과임플란트: 노인 수급권자의 경제적 부담을 완화하고, 치아건강증진을 위해 틀니 및 치과 임플란트에 대하여 의료급여를 지원

암환자 의료비 지원: 저소득층 암환자와 소아암환자의 경제적 부담을 줄이고 국가의 암검진율과 치료율을 높이기 위하여 의료비를 지원

선천성 난청검사 및 보청기 지원: 선천성 난청을 조기진단하고 조기재활을 통해 난청으로 인해 발생할 수 있는 언어 지능 발달장애 사회부적응 등을 예방하고 건강한 성장을 도모

희귀질환자 의료비 지원사업: 희귀질환자 중 저소득층 건강보험가입자에게 의료비를 지원하여 경제적 부담을 낮춤

장애인 의료비 지원: 저소득 장애인이 안정적이고 건강한 생활을 영위할 수 있도록 의료비를 지원.

출처: 복지로(bokjiro.go.kr).

2) 사회복지사의 의료비 지원업무

경제적으로 어려운 클라이언트에 대하여 부족한 의료비를 연결하는 사회복지사의 역할은 의료현장의 타 전문직이 가장 기대하는 역할 중의 하나일 것이다. 또 다른 전문직보다 지역사회자원의 전문가인 사회복지사가 가장 잘 할 수 있는 일이기도 하다.

강흥구(1995)는 의료사회복지사에게 경제적 문제를 가진 환자가 의뢰되는 이유를 다음과 같이 설명하였다.

첫째, 경제성장에 따른 국민생활 수준의 향상은 절대적 빈곤의 문제를 상당 부문 해결하였다. 그러나 그럼에도 불구하고 의료비가 커다란 부담이 되는 집단이 여전히 존재한다.

둘째, 국민 모두가 의료보험의 수혜자가 되었으나 보험급여에서 제외되는 의료장비의 사용이나 특정 진료행위 등으로 의료비가 커다란 부담이 되는 환자가 발생하고 있다.

셋째, 교통사고 환자, 산재환자 등 장기치료가 필요한 사례가 지속적으로 증가하고 있으며, 이런 환자들의 경우 제도나 법의 보호 밖에 방치되어 있는 경우가 있어 이들에 대한 경제적 지원이 필요하다.

최근에는 외국인 노동자, 가정폭력 피해여성 및 아동학대 피해 클라이언트 등 스스로 의료비를 부담하기 어려운 집단이 증가하고 있다. 따라서 의료사회복지사는 다양한 기관 내외의 의료비 지원기금에 대한 자원을 파악하고 계속적인 모니터링을 통해 최신 정보를 확보해야 할 것이다. 의료비 지원을 위한 기금은 크게 기관 자체에서 지원하는 기금과 신청에 의한 외부지원기금으로 나눌 수 있다. 기관지원기금의 경우 개인기부나 직원, 바자회와 같은 자체 행사를 통해 기금이 조성된 경우다. 외부지원기금은 공동모금회나 한국복지재단과 같은 여러 가지 재단법인이나 사단법인, 기업재단 등을 통해 기금조성이 이루어진다. 각종 방송이나 잡지에 사연을 올려서 후원을 받는 것도 여기에 속한다. 기관 자체에서 조성된 의료비 지원기금을 제외한 외부지원기금에 대한 정보는 〈부록 4〉에 정리해 두었다.

3) 의료비 지원을 위한 기획서 작성

의료사회복지사의 업무 중 경제적 자원 연결 관련 업무가 증가하고 있지만 기관 내 자선기금이 별도로 확보되지 않은 기관의 경우 경제적 자원연결은 용이하지 않다. 다행히 최근에는 의료비를 지원받을 수 있는 지역사회자원이 많아지고 있는데 특히 공동모금회, 복지재단을 비롯한 민간단체에서 프로그램 공모를 통해 프로그램 시행기금을 지원하는 사례가 늘어나고 있다. 또한 의료학회에서도 특정 질환의 연구와 관련된 연구기금이 공모를 통해 배분되고 있어서 이에 따라 의료사회복지사의 기획서 작성능력과 기술이 요구된다.

기획서를 어떻게 작성하는가에 따라 프로그램의 예산이 얼마나 확보되는가에 크게 영향을 미치며, 추후 프로그램의 평가에도 근거자료로 활용된다. 기금주가 기획서를 심사할 때 고려하는 사항으로는 문제의 심각성, 프로그램의 참신성과 효과성, 프로그램 운영의 비용효율성, 기관의 능력과 직원들의 전문성 등이 있다. 일반적으로 기획서는 표지, 문제분석, 대상자 선정, 목표선정, 활동내용, 예산, 평가계획 등으로 구성된다. 이러한 내용들을 어떻게 제시하는가에 따라 기획서 심사에 상당한 영향을 미친다(정무성, 2005).

기관 내부에서도 의료사회복지사가 새로운 프로그램을 개발하여 예산지원을 받기 위해서는 진료부 및 행정부의 결재를 받아야 한다. 이때 한 장의 기획서(one paper proposal)를 활용해 보는 것을 추천한다. 의료사회복지부서의 업무에 대해 잘 알지 못하는 관련부서의 부서장에게 자세하게 설명하거나 이론적인 내용을 알리기보다는 간결하면서 이해하기 쉬운 분명한 내용을 전달하는 것이 결정적이기 때문이다. 한 장의 기획서는 단지 사업내용의 요약이 아닌 그것을 읽는 사람이 결정을 내리는 데 필요한 모든 정보를 전달하고 강력한 설득력을 지닐 수 있어야 하므로, 의료사회복지사가 한 장의 기획서를 작성하는 능력을 갖추는 것이 필요하다(정무성, 2005).

제3장

의료사회복지실천 현장의 이해

　1905년 종합병원에 의료사회복지사가 처음 고용된 이후로 의료사회복지
실천은 전문정신병원, 공중보건기관, 요양원, 재활센터, 지역사회기관, 개인
병원, 가정간호기관, 호스피스기관 등 다양한 의료현장으로 확대되고 있다.
미국의 경우 2010년에서 2020년 사이 보건의료현장의 사회복지사가 34% 증
가할 것으로 예측하고 있으며, 이러한 예측은 다른 미국 내 모든 직업군의 성
장을 14%로 예측하고 있는 것이나, 전체 사회복지사의 성장예측인 25%보다
더 높은 폭의 증가를 예측하고 있다(US Department of Labor, 2012).

1. 의료사회복지사 현황

1) 자격 및 현황

2018년 11월 「사회복지사업법」의 개정으로 정신건강, 의료, 학교 등 특정 영역에서 활동하고 있는 사회복지사의 전문성을 인정하는 정신건강사회복지사, 의료사회복지사, 학교사회복지사 국가자격이 신설되었다. 이제 의료기관에 종사하는 특정영역 사회복지사는 '의료사회복지사'라는 공식 명칭을 갖게 되었으며, 이를 근거로 의료사회복지사는 '환자에게 재활과 사회복귀를 위한 상담 및 지도 업무를 수행하는 전문가'라는 법적 근거가 확보되었다는 점에서 큰 의의가 있다. 정신건강사회복지사의 경우 정신의료기관, 정신건강복지센터, 중독관리통합지원센터 등 영역에서 정신건강 서비스 지원을 담당하며, 이미 1995년에 정신보건법의 제정으로 정신건강전문요원이라는 법적 자격을 지니게 되었지만, 의료사회복지사나 학교사회복지사의 경우 그동안 해당 협회차원에서 민간 자격으로 운영해 자격이 2020년부터 국가자격으로 인정된다.

자격과 관련하여 명시된 의료사회복지사의 업무는 정신의학 사회사업, 재활사회사업, 취약계층에 대한 경제 지원, 긴급의료비 지원사업, 재난적 의료비 지원사업, 보건소암환자지원사업, 희귀난치성 의료비 지원사업 등 의료비 지원사업에 대한 안내 및 지원이며, 관련기관은 상급종합병원, 종합병원, 병원, 요양병원, 의원 등이다. 자격증은 사회복지사 1급 자격증을 가진 사람이 사회복지사협회가 지정한 곳에서 1년 동안 수련 교육을 받은 후 과제 심사를 거쳐야 자격증을 취득할 수 있다.

의료사회복지사가 병원에서 활동을 하게 된 법적 근거는 1973년 「의료법 시행규칙」 제38조에서 시작된다. 시행규칙 제38조에는 '사회복지사 자격을

가진 자 중에서 환자의 갱생·재활과 사회복귀를 위한 상담 및 지도 업무를
담당하는 요원을 1명 이상 둔다.'라고 제시되어 있다. 이에 병원에서는 의료
사회복지사의 역할을 인정하면서, 의료사회복지를 하나의 부서로 두기 시작
했고, 종합병원을 중심으로 의료사회복지사를 고용하면서 점차 확산되었다
(강흥구, 2014).

　1977년에는 의료사회사업의 확산과 의료보험제도의 확대실시로 정신의학
적 사회사업부문에서 의료사회복지사가 치료활동에 대한 보험수가를 청구
할 수 있는 근거가 마련되었다(윤현숙 외, 2011). 의료사회복지사는 정신의학
적 사회사업 부문에서 수가를 산정할 수 있게 되었다. 이에 정신과에서는 의
료사회복지사를 고용하는 계기가 되었다. 하지만 현재 의료사회복지가 정신
보건영역과 구분되면서 현재 정신과에서는 「정신보건법」에 의한 정신보건전
문요원 자격을 갖추고 있는 정신보건사회복지사를 고용하는 경향이 있다(최
권호, 2015). 1994년에는 재활의료사회사업수가를 인정하게 되면서 그동안
정신의학적 사회사업에 국한되어 있던 의료사회사업에 대한 보험수가체계
가 확대되는 계기가 되었다. 2001년부터는 일반의료 영역의 장기이식 공여
순수성 평가에 대한 항목 등이 추가되어 비급여로 수가를 인정할 수 있게 되
었다(한인영 외, 2013).

의료사회복지사의 실천의 법, 제도적 근거규정

■ 법률에 의한 근거규정
 • 「의료법 시행규칙」
 • 「공공보건의료에 관한 법률」
 • 골수이식 실시 기관 인정 등 기준
 • 「장기등 이식에 관한 법률 시행령」 제17조(장기이식 의료기관의 요건)

■ 수가체계에 의한 근거규정
  • 정신과의 개인력 조사, 사회조사, 사회사업지도, 가정방문, 4개 항목
  • 재활의학과의 개인력 조사, 사회사업상담, 가정방문, 3개 항목
  • 장기이식 공여순수성평가(비급여 항목)

■ 병원 표준화 심사, 서비스 평가제도에 의한 근거규정
  • 1983년부터 시행된 병원 표준화 심사
  • 2004년부터 시행된 서비스 평가제도

2019년 7월 기준으로 의료사회복지사 협회 기준 의료사회복지사는 889명이며, 상급종합병원의 경우 43개 기관 모두가 의료사회복지사협회에 등록되어 있으며, 평균 의료사회복지사수는 5.02명이다. 종합병원의 경우 협회등록 기관 수는 46.3%이며, 기관당 평균 사회복지사 수는 2.36명이다(〈표 3-1〉참조).

현재는 의료법상 종합병원 이상에서는 사회복지사를 1인 이상 두게 되어, 종합병원급 이상의 병원과 상담업무가 수가로 책정되어 있는 정신과와 재활의학과가 의료사회복지사가 일하는 주요 현장이라고 볼 수 있다. 그러나 점

표 3-1 의료사회복지사 현황

기관분류	구분	심평원 기준 병의원수	협회등록 기관수	협회원 사회복지사(명)
3차	상급종합	43	43	216
2차	종합병원	298	138	326
1차	병원	1,514	87	265
	요양병원		46	74
	의원	30,292	6	8
총		32,147	321	889

출처: 대한의료사회복지사협회.

차 요양기관, 호스피스기관 등 예방, 재활을 담당하는 보건의료 현장으로 활
동영역이 확대될 가능성이 있다.

2) 수련제도

의료사회복지사 수련제도는 의료사회복지사라는 국가자격을 취득하기 위
해서 필수적으로 거쳐야 하는 과정이며, 특히 사회복지서비스의 질은 수행하
는 인력의 전문적 능력에 좌우된다는 점에서 의료사회복지사가 되고자 하는
이들은 수련제도를 통해 의료사회복지사로서의 정체성을 확보하고 필요한
전문역량을 갖추어야 한다.

의료사회복지사 수련제도의 역사는 1991년 서울 아산병원에서 수련과정
이 시작되었으며, 2009년 전국단위 수련교육제도 시범사업 시작, 2010년 전
국 단위 수련제도 본격 시행되었다. 또한 장기요양보험의 확대라는 사회적
상황과 맞물려 2013년 요양병원 수련교육 시범사업을 실시하였으며(대한의
료사회복지사협회, 2013), 수련 후 의료사회복지사 자격은 한국사회복지사협회
와 대한의료사회복지사협회가 공동으로 발급하였다. 2020년부터는 수련제
도를 통한 의료사회복지사 양성 10년 만에 국가자격증으로 전환 발급된다.

의료사회복지사 수련을 받고자 하는 이의 자격은 사회복지(사업)학을 전공
한 학사 이상인자로서 사회복지사 1급 자격증 소지자, 기타 위와 동등 이상의
자격이 있다고 협회가 인정한 자가 지원할 수 있다. 의료사회복지사 수련 교
육 기간은 1년 동안 이론교육 40시간, 임상수련 960시간으로 총 1,000시간 이
상으로 진행된다. 교육 내용은 기본교육, 임상분야별 연구회 소개, 임상 및 분
야별 교육으로 구성되어 있다. 임상수련은 내과계 480시간, 외과계 480시간
으로 최소 960시간 이상으로 한다. 수련교육에 포함되는 임상사례[1]는 사정

---

1) 임상연구 사례 서식 부록 참조.

(assessment), 개입(intervention) 각각 15사례, 프로그램 개발 및 임상연구 1사례 등 총 31사례를 진행해야 하며 학술활동으로 연간 20평점 이상 이수해야 한다.

수련 교육은 협회에서 인증한 슈퍼바이저가 지도하며, 슈퍼바이저는 주 1회 2시간 이상 슈퍼비전을 실시하도록 권고하고 있다. 1년간의 수련과정을 마

표 3-2 의료사회복지사 수련

임상영역별 수련시간 **(총 960시간 이상)**		총 960시간으로 내과계에서 1/2이상인 480시간 이상, 외과계에서 1/2이상인 480시간 이상의 수련시간 충족. 어느 한 분야에서 편중되게 수련받음으로 인한 부작용을 최소화하기 위한 기준
이론교육 **(총 40시간)**		수련이론교육은 집체 교육 28시간, 기관방문(1기관 방문 시 2시간 인정, 6시간 초과할 수 없음), 지부교육/연구분과 교육(1교육 시 2시간 인정) 합하여 총 40시간으로 함
사례	**총 사례수**	총 30사례로 사회사업 사정에 대한 사례 15사례, 사회사업 개입에 대한 사례 15사례로 한 사례를 가지고 사정과 개입을 동시에 진행했을 경우 두 부분의 사례수로 각각 산정
	사회사업 **사정**	사회사업사정 사례에서는 최소한 자료수집, 강점사정, 문제사정을 위한 틀, 문제사정, 개입계획, 개입에 대한 이론적 근거와 슈퍼비전 내용이 제시되어야 함
	사회사업 **개입**	사회사업 개입 사례에서는 개입계획에 따라 진행된 개입내용을 제시하고 종결된 이후 평가내용과 슈퍼비전 내용을 포함하여야 함
	슈퍼비전	슈퍼비전 내용은 동일한 사례일 경우 사정과 개입에 각각 기록하지 않고 한 부분에만 기록하여도 됨
수련기간		병원마다 시작시점이 다르긴 하나 총 수련기간은 반드시 1년이어야 함
프로그램 개발 및 **임상연구**		프로그램 개발 또는 임상연구로 진행한 사례를 1사례 이상 제출 (프로그램 개발은 집단프로그램을 기획하고 진행하는 것을 말함)
학술활동 **(총 20점 이상)**		학술활동은 이론교육과는 별개로 평점 20점을 확보하여야 함. 본인의 수련 기간 중에 취득한 것을 원칙으로 하며 평점에 대한 기준은 협회에서 정한 기준을 준용함

치면 자격시험을 거쳐 합격자에 한해 한국사회복지사협회와 대한의료사회복지사협회가 공동으로 의료사회복지사 자격증을 발급하고 있다. 그동안 대한의료사회복지사협회에서 실시해 온 의료사회복지사 수련과정을 통해 2019년 현재 총 970명의 의료사회복지사가 배출되었다.

◆ **정신건강사회복지사 수련**

정신건강사회복지사는 1995년 정신보건법 제정과 함께 정신건강전문요원 제도가 도입되면서 수련교육이 시작되었다. 정신건강사회복지사 수련제도는「정신건강증진 및 정신질환자 복지서비스 지원에 관한 법률」제17조, 동법시행령 제12조, 동법시행규칙 제7조 및 제8조, 보건복지부 고시 제2018-25호「정신건강전문요원의 수련 및 보수교육 등에관한 규정」등 법적 근거를 갖추고 있다.

정신건강사회복지사 2급 자격을 취득하기 위해서는 보건복지부장관이 지정한 수련기관에서 1년 이상 이론교육 150시간과 실습교육(이하 임상실습) 830시간, 학술활동 20시간의 총 1,000시간의 수련교육을 받아야 한다. 이론교육으로는 정신보건기초, 사정 및 평가, 정신의학, 사회사업치료, 정신건강문제, 사회복귀서비스 과목에 대한 이론교육이 진행되며, 830시간의 실습을 마친 후 수련과제로 총 25사례(사례 20개, 보고서 5개) 제출 후 평가를 거쳐야 한다. 현재 4,758명(2018년 12월)의 정신건강사회복지사가 배출되어 다양한 정신건강분야에 종사하고 있다(국립정신건강센터, 2018).

◆ **의료사회복지실습**

의료사회복지실천에 대한 이해와 미래의 의료사회복지사 양성을 위하여 사회복지학 전공 학생을 대상으로 각 대학교의 사회복지학과 사회복지현장실습 수업과 연계하여 이루어지는 현장교육제도이다. 사회복지 전공 학생은 질환과 장애에 대한 이해와 질환이 개인, 가족, 사회에 미치는 직간접적 영향 그리고 병원 내외부의 여러 전문직 간의 협력과 팀워크에서 요구하는 기술들에 대해서 배우게 된다. 실습 교육을 통해서 사회복지 전공 학생은 이론과 임상기술을 겸비한 의료사회복지사가 되는 데 주요한 기초를 다지게 된다.

2. 의료사회복지실천 현장의 이해

건강보호의 전달체계는 서비스의 수준 및 내용에 따라 1차 예방기관, 2차 치료기관, 3차 재활기관으로 구분되며, 상호 연계되어 있으므로 각 수준별 특성을 살펴보는 것이 의료사회복지실천현장 이해에 도움이 될 것이다(Cowles, 2003).

1) 1차 관리기관: 예방

1차 관리란 의료서비스의 첫 번째 수준으로 예방과 질병의 초기단계에 개입함으로써 건강유지에 초점을 맞추는 것이다. 1차 관리기관에서의 사회복지의 기능은, 첫째, 건강의 위협으로부터 지역사회의 보호, 개인의 건강증진, 질병의 예방, 건강증진을 위한 프로그램의 계획과 집행에 참여, 둘째, 사회적 요인과 건강문제 발생 빈도 간의 역학적 접근과 건강증진 개입계획, 특정 질환의 예방, 조기개입, 장애예방, 손상된 개인기능의 최적화, 셋째, 사회적 스트레스의 경감, 복지와 건강을 증진하기 위한 사회적지지 활용, 넷째, 건강보호와 사회복지서비스가 필요한 위험환자의 아웃리치, 다섯째, 수요자의 참여 증진, 기획과정의 리더십, 건강보호와 관련된 사회적 서비스의 연계(NASW, 1983) 등을 들 수 있다. 국내의 경우 보건소나 내과, 소아과, 가정의학과 등의 개인병원, 지역사회복지관이 가능한 세팅이 될 것이다.

특히 그동안 민간자격이었던 의료사회복지사가 2018년「사회복지사업법」

개정을 통해 국가자격으로 발전하게 된 배경에는 지역사회를 기반으로 하는 복지서비스 전달체계, 커뮤니티 케어의 도입 등 보건-의료-복지의 통합서비스를 제공할 수 있는 전문 인력의 확보가 시급하다는 사회적 요구가 반영된 것으로 볼 수 있다.

(1) 조직특성

1차 관리기관으로는 병원의 외래, 응급실, 무료진료소 등 1차 의료(primary care)를 제공하는 곳, 학교, 직장, 자조집단이나 부모역할 훈련을 실시하는 사회기관 등 1차 예방(primary prevention) 서비스를 제공하는 곳, 지역사회 및 정부에서 주도하는 건강증진(health promotion)을 목표로 하는 기관 등이 있다(Cowles, 2003).

특히 2018년 발표된 '지역사회 통합 돌봄 기본계획(커뮤니티 케어)'에서는 구체적으로는 병원·시설 중심에서 지역사회 재가중심으로 돌봄의 패러다임을 전환, 이를 위해 퇴원환자의 지역복귀를 지원하기 위해 전국 2,000여 개 병원에 사회복지사를 파견해 '지역연계실(사회복지팀)'을 신설하겠다 발표한 바 있다(보건복지부, 2018). 여기에서는 의료기관 내에서 의사, 간호사 등 다직종으로 구성된 연계팀을 구성, 퇴원계획을 수립하고 지역 돌봄 자원을 연계하는 등 입원환자의 지역사회 정착을 지원하는 역할을 수행하게 될 것이다. 의료기관에서 입원초기부터 환자의 퇴원계획 수립, 돌봄통합창구 및 보건의료, 돌봄복지, 정착지원 등의 직무를 담당할 의료사회복지사의 역할에 대한 기대가 높다.

사회복지사는 다양한 1차 관리기관에서 근무할 수 있는데, 이때 사회복지사의 역할은 기관의 조직특성, 즉 소속기관이 주로 공공성을 추구하는지 영리성을 추구하는지에 따라 다르다. 예방적 측면의 의료가 장기적으로 의료비용을 절감한다는 차원에서도 1차 관리기관에서의 사회복지서비스가 적극적으로 이루어질 필요가 있다.

(2) 필요한 지식과 기술

1차 관리기관에서는 광범위한 건강상의 문제를 다루게 된다. 따라서 공중보건기관 및 개인병원에서의 주된 관심은 환자의 건강행동(health behavior)으로 환자 스스로의 자기관리 노력이 필요한 비만, 흡연, 알코올 문제나 당뇨병, 고혈압 같은 만성질환 관리와 관련된 건강행동이다. 이러한 건강행동에 대하여 사회복지사는 교육프로그램에 참여하여 일반 대중에게 식이, 스트레스 관리, 운동습관과 같은 생활방식이 질병의 원인이 되고 질병을 악화시키는 요인이라는 것을 인지시킬 수 있다.

이외에 1차 관리기관에서 일하는 사회복지사는 아동학대와 방임, 가정폭력, 노인학대, 청소년의 임신, 자살, 우울, 살인, 오토바이 사고, 흡연, 식욕부진, 폭식증, 비만과 같은 섭식장애, 강박행동, 공황장애, 광장공포증, 사회적 고립과 정서적 철회, 자해행동 등 현대사회에 만연된 사회문제에 대해서도 이해하여야 한다(Cowles, 2003). 의학, 정신병리학, 만성질환의 심리사회적 어려움 이외에도 지역사회에 기반한 예방지향적이며 초기개입에 필요한 지식, 조직이론 등이 요구된다.

(3) 개입방법

지역사회 중심의 기관에서는 다양한 교육 및 치료집단의 운영이 가능하다. 그 예로 남성을 위한 스트레스 관리 집단, 중년여성을 위한 빈둥지증후군(empty-nest syndrome) 관리 집단, 신체장애인 지지모임, 정신장애인 지지모임, 노인을 위한 사교모임 등이 있다(Cowles, 2003).

2) 2차 관리기관: 치료

점차 의료사회복지의 영역이 1 · 3차 관리기관으로 확대되고 있으나, 그간 의료사회복지의 발전은 2차 관리기관 중심으로 이루어졌다고 해도 과언이 아니다. 2차 관리란 이미 발병된 질환이 더 악화되지 않도록 치료, 관리하는 것으로 급성질환을 대상으로 하는 병원의 외래 및 입원병동에서 이루어진다.

병원은 의료사회복지의 주요 실천현장으로 다양한 특성을 지닌 복잡한 조직이며 사회복지의 대표적인 2차 세팅이 된다. 특히 종합병원은 급변하는 국내 의료계의 중심에 있는 기관으로, 종합병원의 특성과 최근의 변화를 살펴보는 것은 의료사회복지의 실천현장을 정확히 파악하는 데 도움이 될 것이다.

(1) 조직특성

첫째, 종합병원은 다양한 전문직으로 구성된 관료제 조직이다. 현대사회의 눈부신 의료기술과 기기의 발달에도 병원은 여전히 인력집약적인 조직이라는 특성을 가지고 있다. 전문직부터 단순노동직에 이르기까지 교육수준과 사회경제적 배경이 다른 다양한 계층의 직업집단이 공존한다. 또 같은 전문직 내에서도 권위와 자율성의 정도가 다른 여러 집단이 상호의존하고 있다. 이들은 수행하는 일의 영역과 내용이 다르고 각기 나름대로의 직업적인 규범을 공유하며 의사소통망을 구축하여 집단 내에 위계질서를 가지면서 전체 병원조직의 위계구조를 형성해 간다. 이렇듯 다양한 전문인력 간의 병원업무가 세분화되고 계층구조가 복잡해짐에 따라 병원은 적절한 통제와 조정이 불가피한 관료조직으로서의 구조적 특징을 갖게 되었다(문창진, 1990).

둘째, 의료사회복지사는 이중 위계구조 속에서 일을 하며 다양한 전문직과 상호작용하도록 요구받는다. 병원은 조직운영을 담당하는 행정부문의 관료적 성격을 가능한 배제하여 전문직의 자율성을 확보하려는 특성으로 인해 행정라인과 함께 각 전문직 간의 갈등이 상존한다. 즉, 병원조직은 공식적인 위계에 따른 기업조직체와 같은 고전적 관료조직체와는 다른 측면을 갖고 있는 것이다. 민츠버그(Minzberg, 1983)는 병원조직을 전문관료조직으로 분류하였는데, 이는 조직활동이 상당히 예측 가능하고 표준화되어 있지만, 일이 복잡하고 고도의 전문지식이나 기술을 갖춘 사람이 수행하여야 하는 상황에서 형성된 조직구조 유형이다. 따라서 기존의 관료조직체가 갖는 구조적 특성을 갖지만 동시에 일이 보다 자율적이고, 업무의 표준화가 조직 내에서 규정되기보다 구성원이 이수한 훈련과정에서 내면화시킨 표준을 반영하므로 일에 대한 통제도 조직 내의 구체적인 규칙보다는 같은 전문직 종사자 공동체의 집단적 통제를 받는 특징이 있다(Berger & Mizrahi, 2001, 재인용). 이에 따라 의료사회복지사는 이원화된 권위체계를 가진 병원조직에서 진료부와 행정부 양쪽의 권위 밑에 있는 이중고를 갖게 된다.

셋째, 병원은 대표적인 2차 사회복지 현장으로 1차 사회복지 현장과는 매우 다르다. 의료기관의 주요기능은 의료서비스이기 때문에 사회복지서비스는 보충적으로 간주된다. 이는 조직체계의 운영에서 의사나 간호사가 사회복지사보다 더 핵심적인 기능을 담당함을 의미한다. 따라서 2차 기관의 사회복지사는 일차적인 기능을 수행하는 서비스 제공자와 그들의 업무, 책임감을 배려하고 존중해야 하며 병원조직의 주요기능과 우선순위를 명심해야 한다(Cowles, 2003).

(2) 필요한 지식과 기술

첫째, 병원에서 일하는 사회복지사는 특정 질환의 예후와 치료, 가능한 심리사회적 문제, 개입방법 및 자원에 관한 지식을 갖고 있어야 한다(Rauch & Schreiber, 1985: 215; Ross, 1993: 244-245). 국내 의료사회복지실천동향은 질환 중심으로 변화하고 있다. 과거 의료사회복지실천의 영역이 일반의료, 정신의료, 재활의료사회복지로 크게 구분되었다면 최근에는 당뇨병, 화상, 만성신부전, 암, 알코올중독, 척수손상, 뇌졸중 등 각 질환에 중점적으로 개입하는 사회복지사의 수가 늘어나고 있다. 따라서 특정 질환에 관한 가능한 상세한 지식뿐만 아니라 각 질환으로 야기되는 독특한 심리사회적 문제를 고찰하고 개입전략을 개발하는 것이 의료사회복지실천의 추세가 되고 있다.

둘째, 지역사회자원에 대한 최신정보가 필요하다. 요양원, 가정간호기관, 의료기관, 경제적 지원단체, 공공서비스 등 다양한 지역사회자원에 대한 지식을 갖고 있어야 한다. 더욱 중요한 것은 각 지역사회자원의 목록과 서비스를 최신의 것으로 업데이트하는 노력을 지속적으로 해야 한다는 것이다. 기관 담당자의 잦은 교체와 프로그램의 변화로 기존에 확보된 지역사회자원 목록의 서비스가 여전히 활용 가능한지 점검해야 하며, 의료사회복지사는 클라이언트가 필요로 하는 자원을 제공하는 기관에 방문하여 직원을 만나 보고 의뢰한 클라이언트에 대한 사후관리를 하는 것이 좋다(Dobrof, 1991: 51).

(3) 개입방법

2차 관리기관에서는 주로 각 질환의 특성에 따라 다학제 간 팀이 개입하고 있으며, 주체적인 심리사회적 교육과 상담프로그램 등이 제8~12장에 소개되어 있다. 종합병원에서 근무하는 의료사회복지사에게는 퇴원계획이 주요 업무 중의 하나이므로 효과적이고 효율적인 퇴원계획이 이루어지기 위해 필요한 임상기술을 갖추어야 한다(Donnelly, 1992: 108).

3) 3차 관리기관: 재활

3차 관리란 의료서비스의 마지막 단계로 치유될 수 없는 질환 및 만성질환을 가진 클라이언트의 기능을 최대화하도록 원조하는 것이다. 재활기관, 요양시설, 호스피스 프로그램, 가정간호기관, 낮병원 등이 해당된다(Cowles, 2003). 여기에서는 크게 요양기관 중심으로 3차 관리기관에서의 의료사회복지사의 역할을 살펴보고자 한다.

(1) 조직특성

요양기관은 병원이나 가정에서 보호를 제공할 수 없는 장애가 있거나 돌봐

줄 가족이 없는 환자를 대상으로 한다. 최근 한국 사회의 고령화 추세로 정신장애인 및 신체장애인을 위한 요양시설뿐 아니라, 노인 요양시설의 수가 증가하고 있다. 특히 2008년 7월 2일 이후 65세 이상 노인과, 65세 미만이라도 중풍, 치매 등 노인성 질환자에게 장기요양보험제도가 시행되면서 그 수는 더욱 급증하고 있다. 「노인장기요양보험법」에 의한 시설급여를 제공할 수 있는 노인의료복지시설의 경우 입소자가 30명 이상일 경우 사회복지사 1인을 두도록 규정하고 있으며 입소자 100명을 초과할 때마다 1명을 추가하도록 제시되어 있다.

노인복지 관련 법령

「노인복지법」
제34조 (노인의료복지시설) ① 노인의료복지시설은 다음 각 호의 시설로 한다. 〈개정 2007. 8. 3.〉
1. 노인요양시설: 치매 · 중풍 등 노인성질환 등으로 심신에 상당한 장애가 발생하여 도움을 필요로 하는 노인을 입소시켜 급식 · 요양과 그 밖에 일상생활에 필요한 편의를 제공함을 목적으로 하는 시설
2. 노인요양공동생활가정: 치매 · 중풍 등 노인성질환 등으로 심신에 상당한 장애가 발생하여 도움을 필요로 하는 노인에게 가정과 같은 주거여건과 급식 · 요양, 그 밖에 일상생활에 필요한 편의를 제공함을 목적으로 하는 시설
세계적으로 고령인구와 만성질환이 증가하고 있는데, 이는 생활습관 개선을 통한 건강증진의 필요성을 불러일으키고 있다. 생활습관 개선에 대한 교육을 위해서는 의료, 간호, 사회복지, 영양, 운동 등 각 분야에 관한 포괄적 지식이 필요하다.

한편, 현재 시행되고 있는 「노인장기요양보험법」에는 사회복지사의 구체적인 업무에 대한 언급이 기술되어 있지 않으며 질적인 서비스 제공을 위하여 인원에 대한 기준이 보완될 필요가 있다. 특히 이미 「노인장기요양보험법」이 시행되고 다수의 사회복지사가 요양기관에서 일하고 있는 상황에서 3차 건강보호수준의 의료기관에서 사회복지사의 개입모형에 대한 제시가 필요한 상황이다.

(2) 필요한 지식과 기술

장기요양보험제도 시행 이후 현재까지는 전문요양기관에 채용된 사회복지사의 경우 수련 등의 의료적인 훈련 없이 배치되어 있는 경우가 많았다. 그러나 사회복지사로서 전문적인 역할을 하기 위해서는 알맞은 지식과 기술이 필요하다. 블레키스, 겔팡트, 그린(Vourlekis, Gelfand & Greene, 1992)은 요양기관에 근무하는 사회복지사의 역할을 다음과 같이 제시하였다.

요양기관에 근무하는 사회복지사의 역할

- 입원의 적절성과 필요한 정보와 의뢰가 제공되었는지 검토
- 요양기관 입소 결정에 입소자의 참여 증진
- 입소자의 선호를 포함한 포괄적인 심리사회적 사정
- 입소자와 가족이 요양기관을 떠나는 결정에 대한 원조
- 시설에 대해 입소자와 가족에게 소개
- 재정적 계획 원조
- 원하면 입소자와 가족이 회의에 참석하는 것을 포함하여 보호계획에 참여
- 입소자의 보호계획 수립에 관련 있는 직원과 함께하기
- 다양한 치료적 개입을 통한 사회적 기능의 강화
- 입소자가 기관의 환경에 적용하도록 원조

- 입소자, 가족, 직원 사이에서 발생하는 이슈의 조정
- 입소자와 가족의 정서적 고통의 개선
- 지역사회자원과 연계
- 입소자의 역량 강화와 선택의 최적화
- 위기개입
- 입소자, 가족, 직원들이 죽음에 대처하도록 함
- 정부, 시설 규칙, 규율의 영향을 점검하고 입소자와 가족의 일상생활 해석
- 요양원의 정책과 실천에 영향 미치기
- 다른 직원과 자원봉사자에 대한 훈련과 자문
- 개별 사례 수준의 옹호
- 정책과 프로그램 수준의 옹호
- 입소자의 보호와 가족의 참여에 영향을 미치는 정책적 의사결정에 참여
- 퇴원계획

특히 요양기관에 거주하는 클라이언트와 가족은 다양한 심리사회적 욕구를 가지고 있으므로(Vourlekis, Gelfand & Greene, 1992: 115), 요양기관에 근무하는 사회복지사는 다음과 같은 클라이언트와 가족의 심리사회적 문제를 파악하고 개입해야 한다.

- 정서적 지지
- 상실감에 대한 원조
- 불안 및 두려움에 대한 원조
- 죽음에 대비하는 데 필요한 구체적인 도움
- 경제적 어려움에 대한 지원
- 가족과의 지속적인 친밀성을 위한 지원

- 가족원에 대한 정서적 지지
- 구조화된 집단 상호작용 기회 제공
- 요양기관의 규칙, 방침, 절차에 대한 안내

이상의 욕구에 대해 요양기관에 근무하는 사회복지사는 환자, 가족에 대한 직접적 서비스뿐만 아니라 환자와 가족을 위한 건강교육, 권익옹호, 퇴원계획, 지역사회자원 연결 및 서비스, 프로그램 개발 및 정책수립에 참여, 질 관리, 기관의 치료적 환경조성 등의 기능을 수행해야 한다(Cowles, 2003).

이러한 역할과 기능을 수행하기 위하여 필요한 지식으로 쾀과 위트포드(Quam & Whitford, 1992)는 요양기관에 근무하는 301명의 사회복지사를 조사한 결과 노인의 행동문제, 의학용어 및 약물처방에 대한 정보, 정신건강의 이슈, 노화과정에서의 인지적 변화, 가족에 대한 개입방법에 관한 지식이 사회복지사에게 필요하다고 하였다.

특히 전환시점에 있는 환자에 대한 이해가 요구된다. 요양기관에 입소 및 퇴소의 전환시점에 있는 클라이언트에 대해 갑작스럽고 강제적으로 배치하는 것은 적응상의 어려움을 초래한다(Beirne, Pattoerson, Gaile, & Goodman, 1995). 자신의 인생에 대해 통제력을 갖는 것은 건강상태와 복지에 영향을 주므로 원하지 않거나 계획하지 않은 경험을 하는 상황을 피하고 클라이언트의 자기결정 원칙을 중요시 여겨야 한다(Cowles, 2003).

이외에 전문적인 치료가 요구되는 정신질환, 정신지체 등을 선별하여 의뢰할 수 있는 기술이 필요하다. DSM-5에 규정된 정신분열병, 정동장애 등과 같은 주요 정신장애에 대해 알아야 하며, 정신장애를 가진 클라이언트의 선별을 통해 전문적 치료가 필요한 클라이언트를 파악하는 능력이 필요하다.

(3) 개입방법

요양기관의 많은 클라이언트들은 여러 번의 상실경험으로 인한 우울증, 약물부작용, 기능장애 때문에 타인에게 의지해야 하는 데서 오는 무력감, 사회적 지지의 상실감을 느끼고 있다. 두퍼 등(Dhooper, Green, Huff, & Austin-Murphy, 1993)은 요양기관 클라이언트를 대상으로 회상요법, 문제해결방법, 인지치료, 의사소통이론, 감정탐색 및 환기와 같은 접근을 사용한 집단프로그램의 효과성을 발표하였다. 프로그램의 목표는 집단성원이 자아통합감을 발전시키고 사회적 지지 및 사회적 친밀감을 경험하며 인지기능 및 사회성을 유지하도록 하는 것이었다.

이외에도 요양기관의 사회복지 프로그램으로 가족협의체 구성을 통한 가족성원에 대한 지지, 클라이언트 협의체 구성을 통한 임파워먼트 증진, 애완동물을 이용한 지지 등이 소개되고 있다.

제**4**장

의료사회복지사 직무와 역할

1. 의료사회복지사의 직무

1) 의료사회복지사의 직무

직무란 책임을 지고 담당하는 업무를 의미한다. 의료사회복지사의 직무를 명시하는 것은 의료사회복지사의 정체성을 확립하고 업무의 책임을 명확히 하며 다학제적 팀 활동에서 타전문직과의 업무 협조를 촉진하게 한다. 의료사회복지사의 직무는 크게 임상업무, 행정업무, 교육연구업무로 구분할 수 있다.

임상업무는 서비스유형에 따라 직접서비스와 간접서비스로 구분할 수 있다(이효순 외, 2017). 직접서비스는 질병의 치료과정에서 발생하는 심리사회적 문제, 경제적 문제의 해결을 돕고, 지역사회복귀나 타 기관으로 이송 등의 퇴원계획, 지역사회자원 연계, 재활을 지원하는 활동으로 개별 환자, 집단, 가족을 대상으로 직접 대면하여 상담과 교육의 형태로 제공되는 서비스이다. 간접서비스는 클라이언트를 직접 만나지 않고 수행되는 업무로 자원개발 및 관리, 프로그램 개발 및 관리, 팀 협력, 슈퍼비전, 옹호 활동 등을 포함한다.

행정업무는 보고서 및 업무일지 기록, 부서 및 병원 행정 관련 회의참석, 부서 직원 지휘 및 감독 등의 업무 등이 포함된다.

교육연구업무는 실습생 또는 수련생 지도, 신규직원 교육과 같은 교육업무와 전문성을 높이기 위한 연구 및 조사 활동 등이 해당한다.

이러한 직무에 대해 미국사회복지사협회(NASW)는 의료사회복지사들이 ① 직접 서비스와 간접서비스 모두를 제공해야 하고, ② 사회복지사의 서비스를 필요로 하는 서비스 클라이언트를 찾아 나서야 하며, ③ 클라이언트의 권리와 욕구의 보호를 일차적인 의무로 삼고, ④ 개별 클라이언트뿐만 아니라 가족 및 집단과 지역사회에 대해서도 서비스를 제공해야 한다고 제시하고 있다.

대한의료사회복지사협회에서 마련한 표준화된 직무 내용은 다음의 〈표 4-1〉과 같다.

표 4-1 의료사회복지사의 표준 직무

직무 차원	직무 하위차원		직무 내용
사회복지 임상	심리사회적 정신적 문제해결 직무	1	심리사회적 문제의 원인조사 및 사정
		2	치료계획에 의한 환자의 개별치료
		3	내원객의 욕구에 의한 환자의 개별상담
		4	치료계획에 의한 환자의 가족치료
		5	내원객의 요구에 의한 환자의 가족 상담
		6	집단치료
		7	집단활동치료
		8	환자와 환자 가족의 교육
		9	환자와 환자 가족에게 질병에 대한 정보제공

사회복지 임상	경제적 문제해결 직무	10	사회보장 및 법적 제도에 대한 정보제공과 지원
		11	병원의 자원을 이용한 진료비 지원
		12	후원자, 후원단체 연결을 통한 병원 외적 자원과의 연결
	지역사회자원 연결직무	13	지역사회의 새로운 자원개발 및 정보망 조성
		14	수집된 기존 지역사회의 자원체계에 대한 정보제공
		15	지역사회자원과의 연결
	사회복귀 및 재활문제 해결직무	16	퇴원계획 상담
		17	추가 치료 및 자가치료 지원(가정방문, 외래 상담 등)
		18	직업 재활 상담 지도
		19	회복상태 및 사회적응도 평가
		20	사회생활 훈련 지도
	팀 접근 직무	21	회진참여
		22	타 부서와의 사례회의
		23	병원 경영에 어려움을 줄 수 있는 고위험 환자의 조기 발견
		24	질병에 의한 고위험 환자의 조기 발견
		25	사례 분석 평가
행정	사회복지부서의 순수행정 직무	26	보고서 및 업무일지의 기록
		27	사회복지 부서의 운영에 관한 회의
		28	부서 직원의 지휘 및 감독
		29	병원(기관)의 행정 및 경영
교육 및 연구조사	교육 및 연구조사 직무	30	실습생 및 수련생 지도
		31	신규직원 교육
		32	전문성 제고를 위한 교육 참여(임상연구회의, 저널 클럽)
		33	의료사회복지 연구 및 조사 활동

출처: 대한사회복지사협회.

2. 의료사회복지사의 역할

1) 심리사회적 사정 및 개입

　의료사회복지사는 환자와 가족의 심리사회적 문제를 예방 및 해결하여 원활한 치료 진행을 돕기 위해 환자와 가족의 심리사회적 문제를 사정하고 개입한다. 의료사회복지사는 '환경 속의 인간(person in environment)' 관점을 바탕으로 질병으로 인해 발생한 환자와 가족의 심리사회적 변화를 점검하고 그러한 변화에 대한 대처 방식, 활용 가능한 자원, 치료 방해요인 등을 검토한다. 이러한 정보는 의료진이 환자와 가족의 상황을 더 잘 이해하여 적합한 치료계획을 수립하는 데 도움을 주게 된다. 또한, 사정된 문제와 욕구, 자원 등을 토대로 의료사회복지사는 문제의 우선순위를 중심으로 심리사회적 개입계획을 마련하고 이를 수행한다.

　의료사회복지실천 현장 중 급성치료가 이루어지고 입원 기간 단축의 노력이 기울여지고 있는 종합병원 등은 사정을 위한 정보수집에 시간적 제한이 있을 수 있다. 또 환자와 가족은 질병으로 인한 스트레스가 높은 상황에서 여러 전문가와 만나면서 면담한 상태인 경우가 많아 의료사회복지사와의 상담에 부담과 거부감이 있을 수 있다. 그러므로 의료사회복지사는 사정을 위한 면담에서 이러한 시간 제한성과 환자와 가족의 심리상태를 고려하여야 한다. 환자와 가족의 심리상태를 지지하고 수용하면서 사회복지상담의 필요성에 관해 설명하여 면담의 동기를 갖도록 해야 한다. 시간 제약성을 고려하여 상담의 계약, 사정, 개입이 한 면접 회기에 이루어질 수 있다고 생각하고 면담이 정보수집에만 그치지 않도록 해야 한다. 즉, 사정을 위한 면담에서 의료사회복지사는 환자와 가족 중심의 상담을 진행하고 감정이입적인 면담을 통해 환자와 가족을 지지해야 한다. 의료사회복지사가 사정하게 되는 주요 내용은 〈표 4-2〉와 같다.

표 4-2 주요 사정 내용

구분		사정할 내용
환자의 개인정보		* 일반적인 개인정보: 성별, 연령, 학력, 종교, 직업, 주거상황, 건강보험적용 여부, 경제적 상태(정부의 생계비 지원 여부 등), 의뢰 사유 * 개인력: 발달단계별 과업을 중심으로 환자의 능력과 성취 정도 * 신체적 상태: 환자의 질병, 사고 혹은 장애, 환자의 의료적 상태, 일상생활 수행능력(ADL/IADL), 운동 수행능력(ECOG Score) * 심리적 상태: 발병 전후 성격, 질병 및 치료에 대한 수용 정도, 순응도, 치료 동기 등 신체 이미지 변화에 따른 적응 예후나 회복수준에 대한 환자의 기대 정도 *사회적 상태: 가족, 친구, 동료 등 대인관계, 직장 등 사회적 활동
가족 관련 정보		가족 구성 및 환자의 가족 내 역할과 위치 가족성원 간 관계 및 의사소통 방식 가족의 심리사회적·경제적 지원 정도, 치료 협조 가능성
질병 관련 정보		진단, 예후, 입원 및 치료 기간, 치료방법, 예상되는 후유증 질병으로 인한 장애 발생 가능성, 사망 등 치명적인 결과 가능성 치료진이 기대하는 치료 수준과 예후
강점 및 장애물	개인	환자 자신의 질병, 증상, 치료에 대한 이해 및 수용 정도 환자의 치료 의지와 치료진에 대한 협조 정도 문제해결 방식, 스트레스 및 위기 대처능력 치료에 영향을 미칠 수 있는 가족, 주변 인물
	가족	환자의 질병에 대한 이해 수준과 수용 정도 치료에 대한 기대수준 치료 지원을 위한 동기와 심리적 상태 및 경제적 여건 치료 협력 정도
	사회 문화	치료에 영향을 미칠 수 있는 환자와 가족의 규범, 가치, 특정 질병에 대한 편견이나 잘못된 정보, 종교, 직업이 질병과 치료에 영향 종교, 문화, 인종 등 사회문화적 특징 지역사회 내 환자를 지원할 수 있는 정책, 서비스, 자원수준

사정을 통해 확인된 문제의 우선순위를 토대로 개입계획을 수립하여 개입하게 된다. 개입계획은 환자, 가족과 협력하고 합의하여 설정하고 전체적인 치료계획에 부합되도록 한다. 의료사회복지사의 개입과정에서의 주요 과업은 다음과 같다.

- '상황 속의 인간'의 관점에 토대를 두고 환자와 가족, 환경을 이해하며 이를 토대로 치료팀에게 환자와 가족에 대한 사회복지 고유의 전문적 관점에서의 이해를 제시한다.
- 모든 개입과정에서 환자와 가족이 참여할 수 있도록 지원한다. 환자와 가족에게 필요한 정보와 공간, 시간 등을 제공하여 이들이 자기결정을 통해 스스로 행동하고 변화할 기회를 제공한다.
- 환자와 가족, 환자 및 가족과 치료팀과의 사회적 관계가 발전할 수 있도록 돕는다. 필요에 따라 중재적 역할, 옹호자 역할을 수행한다.
- 상담과 교육을 통해 환자와 가족이 질병과 질병으로 발생한 생활환경의 변화, 욕구에 대해 적절히 대처할 수 있도록 돕는다.
- 환자와 가족의 역량을 강화하여 환자와 가족이 활용 가능한 자원을 사회복지사와 함께 탐색하고 필요에 따라 자원을 이용할 수 있도록 돕는다.
- 환자와 가족이 질병과 치료, 장애로 인해 발생하는 고통스러운 감정을 관리할 수 있도록 도와 자존감을 유지할 수 있도록 지지를 제공한다.

2) 집단지도

의료사회복지사는 환자와 가족에게 심리 정서적 지지를 제공하고 사회적 기능을 증진시켜 문제해결을 돕는 방법으로 집단을 활용할 수 있다. 환자와 가족을 집단 성원으로 모집하고 설정한 집단 목적을 토대로 내용 구성 후 실행하는 집단지도자 역할을 수행한다. 의료사회복지사는 집단구성원 간 지지를 촉진하는 개입방법을 통해 환자와 가족들의 스트레스를 경감시키고, 위기를 해결하고, 현실에서 문제를 해결하도록 돕는다.

의료사회복지사는 지지집단, 치료집단, 교육집단의 형태로 개입하게 된다.

- 지지집단: 같은 질병 또는 동일 문제를 가진 환자와 가족을 집단 성원으로 하여 상호 간 지지와 격려를 통해 질병으로 인한 정서적 고통을 경감하고 치료 및 재활 동기를 증진하는 것을 목적으로 한다.
  (예: 사별 가족 집단, 장기이식환자 지지집단, 화상 환자 지지집단 등)
- 치료집단: 환자의 증상을 경감시키고 사회기술을 증진하는 것을 목적으로 시행되는 집단으로 주로 정신건강의학과에서 실시된다.
  (예: 우울증 환자를 위한 치료집단, 알코올 중독 환자를 위한 치료집단 등)
- 교육집단: 환자와 가족을 대상으로 질병과 증상에 대한 이해와 대처 및 관리 방법을 교육하는 것을 목적으로 시행된다. 스트레스 관리, 일상생활 관리, 사회기술훈련, 가족의 역할과 환자 증상에 대한 적절한 대처, 지역사회자원에 대한 정보제공 등을 다루게 된다.
  (예: 치매 환자 가족 교육집단, 조현병 환자 가족 교육집단 등)

의료사회복지사는 집단지도를 위해 집단사회복지에 대한 실천 지식과 기술을 갖추어야 한다. 집단에 참여하는 환자와 가족의 특성과 욕구를 파악하고, 성원이 함께할 수 있는 목적을 설정하며, 목적에 부합하는 집단 내용을 구성할 수 있어야 한다. 집단 진행 과정에서 의료사회복지사는 집단 성원의 역동을 이해하고 이를 활용할 수 있어야 한다. 또한, 집단 성원 간 친밀감을 증진하고 집단응집력을 유지하고 강화할 수 있어야 한다. 더불어 음악요법, 미술요법 등 다양한 전문가가 직접 개입하게 되는 집단프로그램에 대해서는 프로그램을 기획하고 조정하며 관리하는 능력을 갖추어 환자와 가족들의 심리사회적 안녕감을 증진하는 데 기여할 수 있어야 한다.

3) 자원연계 및 정보제공

의료사회복지사는 환자와 가족의 심리사회적 문제를 해결하는 데 필요한 지역사회자원을 개발하고 연결하는 역할을 수행한다. 예를 들어, 경제적 어려움이나 가족 자원이 없어 환자를 간병할 수 있는 간병인을 구하지 못하고 있는 경우 지역사회 무료간병인지원단체를 연계하여 환자가 안정적 돌봄을 받을 수 있도록 조정하는 것과 같이 의료사회복지사는 지역사회 내 인적, 물적 자원을 동원하여 환자와 가족을 돕게 된다.

의료사회복지사의 자원연계는 먼저, 환자와 가족이 치료받고 재활하는 데 결핍된 자원을 확인하고 필요한 자원과 정보가 무엇인지 사정하게 된다. 이후 환자와 가족에게 필요한 정보를 수집하여 제공하게 된다. 환자가 퇴원 이후 재활이나 지속적 돌봄이 필요한 경우 재활병원, 요양병원, 호스피스완화의료 기관 등의 의료기관을 연계한다. 또한, 환자와 가족의 특정 욕구를 충족시키기 위해 다양한 지역자원을 연계가 필요하며 이를 위해 지역사회복지관, 주간 보호시설 등의 복지기관을 연계하기도 한다.

자원연계와 정보제공이 원활하게 이루어지기 위해 의료사회복지사는 지역사회 내 자원체계를 명확히 파악하고 있어야 한다. 공공지원체계, 민간후원단체, 지원 가능한 지역 내 기업, 종교단체, 자원봉사단체 등을 파악하여 목록화하고 이를 최신 정보로 지속적으로 업데이트해야 한다. 특히, 특정 진단군에 속하는 환자를 지원하는 단체나 기관에 대해 구체적 정보를 갖추고 필요한 경우 적극적으로 자원을 동원할 필요가 있다. 또한, 지역사회 내 환자와 가족을 도울 수 있는 자원이 부족한 경우 인적, 물적 자원을 개발하고 관리할 수 있어야 한다.

더불어 지역사회 자원들이 상호 연계할 수 있는 네트워킹을 구축하여 환자와 가족을 돕는 체계가 지속적으로 개발되고 활용될 수 있도록 돕도록 한다 (김연수 외, 2017).

4) 퇴원계획

퇴원계획(discharge planning)은 환자가 병원에서 퇴원하여 지역사회에 복귀하거나 다른 기관으로 이전하게 될 때 그 과정이 원만하게 이루어질 수 있도록 환자와 가족을 돕고, 서비스의 지속성을 유지하여 양질의 서비스 제공 도모하는 팀 접근의 하나이다. 퇴원계획은 의료사회복지사가 수행하는 표준화된 임상 직무에서 사회복귀 및 재활문제 해결 직무에 해당하는 업무이다. 미국사회복지사협회(NASW)는 퇴원계획을 '한 환경에서 다른 환경으로의 이전을 용이하게 해 주는 모든 활동으로, 환자와 그 가족을 도와 퇴원 후 보호계획을 개발하는 병원 차원의 팀 접근 과정'이라고 하였으며, 강흥구(2013)는 환자를 병원으로부터 지역사회로 복귀시키는 과정에서 양질의 서비스를 제공하고자 하는 전문직 간의 상호활동으로 정의하였다. 퇴원계획은 환자가 퇴원하는 시점에만 시행되는 것이 아니다. 환자가 입원이 필요한 시점부터 시작되고 입원 동안 정기적으로 퇴원 이후의 계획 및 필요서비스 등을 평가하며 환자의 퇴원 후에도 치료계획을 지속적으로 수립하는 것까지 포함된다고 할 수 있다(임정원 외, 2019).

이처럼 퇴원계획은, ① 환자와 가족의 퇴원과정을 돕는 것으로 ② 서비스 연계 및 돌봄의 연속성 강조하며, ③ 다학제적 전문가들의 팀 접근으로 이루어지며, ④ 입원 필요시점부터 퇴원 이후까지 지속되는 서비스라는 특징을 가지고 있다.

의료현장에서 퇴원계획은 점차 중요성이 강조되고 있는데, 그 이유는, 첫째, 노령인구와 만성질환의 증가, 주거환경의 변화 등으로 지속적이고 포괄적인 보호 및 지지 필요성 증대, 둘째, 의료서비스의 효율화 강조로 인한 불필요한 의료비 절감에 대한 요구, 셋째, 부적절한 입원 및 퇴원 방지, 퇴원후 적절한 수준의 돌봄 제공에 대한 요구가 증대되었기 때문이다(윤현숙 외, 2011). 최근 지역사회 통합 돌봄(커뮤니티 케어)이 대두되면서 퇴원계획의 중요성이 주목받고 있어 의료사회복지사의 주요 업무로 강조되고 있다.

퇴원계획은 다음과 같은 과정을 통해 이루어진다(김연수 외, 2017).

① 퇴원계획 대상자 선별 및 확인

퇴원과 관련된 문제가 있을 것으로 예상되는 환자를 조기에 발견하는 것부터 퇴원계획이 시작된다. 사전 점검 목록을 통해 고위험군을 선별하게 되는데 고위험군은 퇴원 후 생활 기반이 취약하거나 퇴원을 거부하는 등의 문제가 발생할 수 있다. 고위험군의 예는 다음과 같다. 고령 환자, 만성질환자, 동시에 여러 질병으로 투병 중인 환자, 인지기능 또는 자기관리 기능이 저하된 환자, 사회적 지지 및 돌봄 자원이 부족한 환자, 경제적 어려움을 겪고 있는 환자, 정서적 문제가 있는 환자, 영구적 장애를 얻게 되는 환자 등이다.

② 환자와 가족 면담을 통한 퇴원계획 동의 및 정보수집

퇴원계획 대상인 환자와 가족과 면담하여 퇴원계획에 대해 동의를 받고 필요한 정보를 수집한다. 수집하게 되는 주요 내용은 환자와 가족의 심리상태, 환자의 예후에 대한 기대, 원하는 퇴원 시기, 퇴원 후 환자 돌봄 계획 및 가족의 역할, 가옥구조, 타 병원으로의 전원에 대한 가족들 준비, 경제적 문제, 필요한 보호장비 마련 계획, 보험가입 여부 등이다.

③ 팀 접근을 통한 퇴원계획 수립과 실행

의료사회복지사는 환자와 가족에게 수집된 정보를 토대로 의료진과 의사소통하여 환자의 병력, 예후, 환자의 심리상태, 치료진과의 관계를 종합하여 퇴원계획을 수립하고 실행하게 된다. 이를 위해 의료사회복지사는 지역사회 자원을 확보하고, 지역사회 전문가와 소통하여 자원을 환자와 가족에게 연계한다. 의료사회복지사는 퇴원계획 관련 활동은 다음과 같다(한인영 외, 2013).

- 퇴원 시기의 조정: 환자와 가족들이 퇴원에 동의하고 심리적, 환경적으로 퇴원준비를 충분히 하여 효과적인 퇴원계획 진행에 도움이 되도록 퇴원 시기를 조정한다.
- 가족 역할조정: 가족 상담을 통해 퇴원 후 환자를 누가 돌볼 것인지 등을 정하는 등 역할변화와 새로운 가족관계 설정을 돕는다.
- 환자와 가족의 권익 옹호: 부적절한 퇴원 조치가 있는 것은 아닌지 평가하여 의료적 처치가 더 필요한 환자가 치료받을 수 있도록 돕는다. 환자보호의 측면에서 퇴원계획과정이 적법하고 적정한 것인지에 대해 평가한다.
- 가옥구조 변경: 환자 돌봄과 재활을 위한 환경이 되도록 주거환경 개선정보를 제공하고 가족들이 환경변화에 적응하도록 돕는다.
- 다른 기관으로의 전원: 집에서 환자를 지속적으로 돌보기 어려운 경우, 다른 진료기관이나 사회복지시설로의 전원을 의뢰하고 준비한다.
- 경제적 지원: 경제적 문제로 퇴원에 어려움을 겪는 경우 경제적 지원을 시행하여 퇴원을 돕는다.
- 보장구, 가정에서 필요한 보호장비 준비하도록 돕는다.
- 산재보험 및 자동차보험에 대한 정보 제공한다.

④ 점검과 평가

퇴원계획 전반을 점검하고 결과를 평가한다. 환자가 퇴원한 후에는 사후관리를 통해 퇴원계획의 적절성을 평가하여 환자의 재발이나 불필요한 입원을 방지할 수 있다.

5) 교육 및 연구

(1) 실습생과 수련사회복지사 교육

의료사회복지사는 실습생을 지도하거나 수련사회복지사를 교육하는 역할을 수행한다. 예비 의료사회복지사를 지도하고 교육하는 것은 전문가를 양성하여 앞으로 그들이 개입하게 될 환자와 가족의 삶의 질 향상에 궁극적으로 기여할 수 있다는 점에서 의미 있는 일이라 하겠다. 대한의료사회복지사협회에서 주관하여 매년 실시하는 실습 및 수련 슈퍼바이저 교육에 참석하여 슈퍼비전의 질적 제고를 위해 노력해야 한다.

실습생 지도를 위해 의료사회복지사는 사전에 프로그램을 충실히 구성하고 지도 학생의 역량을 고려하여 융통성 있게 운영할 수 있도록 한다. 의료사회복지 현장은 일반 복지기관이나 시설과 달리 급성치료가 이루어져 시간제한이 있고 환자와 가족이 극도의 스트레스 상황에 있는 경우가 많아 실습생의 실제 면담 기회가 적을 수 있다. 이에 대해 실습생 선발 및 오리엔테이션 과정에서부터 학생들에게 충분히 설명할 필요가 있으며 관찰 중심으로 이루어지는 실습이 될 수 있으므로 슈퍼바이저로서 의료사회복지사는 역할 모델이 될 수 있다는 인식을 바탕으로 전문가로서 소임을 다하도록 한다. 특히 의료현장은 사회복지서비스가 주된 서비스가 아닌 2차 세팅이기 때문에 의료사회복지사의 정체성과 팀 접근 시 다른 전문직과의 관계 설정에 대해 교육할 필요가 있다. 실습생이 면담을 참관하거나 면담을 진행하게 될 때 클라이언트에게 실습생을 소개해야 하는데 실습생이 면담을 진행하는 경우라면 클라이언트에게 슈퍼바이저에게 면담이 총 책임이 있다는 것을 알릴 필요가 있다.

수련사회복지사는 의료사회복지사 자격을 취득하기 위한 과정으로 1년간 의료현장에서 실제 업무를 수행하며 지도와 훈련을 받게 된다. 의료사회복지사는 수련사회복지사 지도를 위해 먼저 이들의 활동 규정과 업무체계를 마런하여 업무 내용과 한계를 명확히 해야 한다. 이는 수련사회복지사의 역할 파악에 도움을 주고 의료체계에서 있을 수 있는 다양한 일들로부터 보호하는 기능도 하게 된다. 수련사회복지사는 실제 임상 업무를 수행하므로 의료사회복지사는 직무수행과 관련하여 더욱 적극적이고 직접적인 슈퍼비전을 제공해야 한다. 특히 수련사회복지사들은 자격 취득을 위해 사례관리가 필요하므로 슈퍼바이저는 사례 중심의 슈퍼비전을 제공하고 업무와 자격 취득을 위한 일정들이 조율될 수 있도록 조정하는 역할을 하게 된다.

(2) 조사연구

전문가로서 책임 있는 실천을 위해 의료사회복지사는 '근거 중심의 실천(evidence-based practice)'을 해야 한다. 근거 중심의 실천은 클라이언트의 문제에 대한 효과적 개입을 위해 과학적으로 효과가 검증된 근거를 개입에 활용하는 것이다(한인영 외, 2013). 의료사회복지사는 기존의 근거를 활용할 뿐만 아니라 개입 후 효과를 검증하는 조사연구를 통해 다시 실천의 근거를 만들어나가게 된다.

의료사회복지사는 의료사회복지서비스에 대한 욕구 조사, 프로그램 효과 검증 연구, 특정 문제에 대한 심리사회적 영향 요인에 관한 연구, 특정 질환자와 가족의 질병 경험에 관한 심층적 연구를 수행할 수 있다. 이러한 조사연구 결과는 의료사회복지사의 실천 근거가 될 뿐만 아니라 개입의 정당성을 부여하고, 의료현장에서 환자에 대한 심리사회적 측면의 이해를 증진하여 통합적 접근을 도모하는 효과가 있다. 또한, 과학적 근거를 토대로 의료사회복지사의 실천에 대한 클라이언트, 기관의 신뢰를 높이는 데 도움을 준다. 그러므로 의료사회복지사는 학술대회, 워크숍 등에 참석하거나 학회 활동을 통해 연구조사 역량을 갖추기 위해 노력해야 한다.

6) 기록

　의료현장에서 기록은 매우 중요한 업무이다. 의료사회복지사의 환자와 가족에 대한 사정 및 개입과정은 기록되며 병원의 공식적 의무기록이 되어 다학제적 치료팀 내에서 다른 전문가와의 의사소통을 가능하게 한다. 기록은 사실적 실천내용이 작성되기 때문에 클라이언트에게 서비스 제공 여부와 정도, 내용 등을 검토할 수 있어 의료사회복지사의 책무를 파악할 수 있는 자료가 된다. 또한, 슈퍼비전 제공을 가능하게 하여 전문성과 서비스의 질 향상을 위한 자료로도 활용될 수 있다.

　기록은 기록형태에 따라 요약기록, 문제중심기록, 과정기록 등의 형태로 이루어지며 의료기관에서는 주로 요약기록과 문제중심기록이 활용되고 실습생과 수련사회복지사의 교육 등을 위해 과정기록이 이루어진다. 사회복지 실천과정에 따라서는 의뢰기록, 초기면접기록, 경과기록, 종결기록의 형태가 있다.

(1) 요약기록

　요약기록은 면담 내용의 핵심적 내용을 중심으로 간결하게 정리하고 의료사회복지사의 개입 방향을 요약하여 기록하는 것이다. 주로 환자와 가족의 심리사회적 상황, 경제적 상황, 자원 등을 포함하며 사회복지사로서의 전문적 시각에서 사정한 내용과 개입계획을 제시한다. 요약기록은 의료기관에서 의료진으로부터 협진의뢰(consult)를 받았을 때 회신하는 경우 주로 활용된다. 거의 모든 병원에서는 부서 간 의뢰와 회신은 전산시스템(Order Communication System: OCS)을 통해 이루어지며, 의료사회복지사는 이 시스템을 통해 의뢰받고 환자와 가족과 상담하고 정리한 내용을 입력하여 회신하게 된다. 급성치료가 이루어지는 병원에서 의료진으로부터 의뢰받고 회신하는 경우 가급적 빨리 회신해야 하는데 적어도 3일 이내에는 회신이 이루어져야 한다.

의뢰하신 내용에 대해 회신 드립니다.

△△△ 환자의 가족은 부모. 환자. 남동생으로 구성된 4인 가족으로. 부모는 환자가 10대 시절 이혼하였고 환자의 부는 재혼한 후 연락이 끊겼다고 합니다. 환자의 모와 남동생은 신용불량 상태가 된 이후 연락이 되지 않고 현재 서로의 상황을 알지 못하고 있습니다.

환자는 일용직으로 일하던 중 유방암 증상과 검사 등으로 일을 하지 못해 수입이 전혀 없는 상태입니다. 생계유지를 위해 신용카드로 250만 원을 사용하였고 이것이 연체되어 신용불량이 되었으며. 통신비를 지불하지 못해 현재 통화도 불가한 상황입니다.

이런 상황에서 유방암 진단을 받아 환자는 앞으로 발생할 검사와 치료비에 대해 큰 부담을 느끼고 있으며 치료 포기까지 생각하고 있었습니다.

현재 환자는 교회 지인의 집에 무료로 거주하고 있으며 교회 성도들이 병원을 방문하여 환자를 격려하고 있어 환자의 인적 자원이 되고 있습니다.

상담을 통해 환자의 치료 의지를 북돋을 수 있도록 지지 제공하였습니다. 또 검사비 및 치료비 지원을 위해 후원단체 연계 절차와 방법에 대해 환자에게 안내했습니다. 추후 지속적인 상담을 통해 환자에게 심리적 지지 제공하겠으며 후원절차 진행하겠습니다.

의료사회복지사 ○○○

(2) 문제중심기록

문제중심기록은 환자와 가족의 현재 주요 문제를 중심으로 문제영역을 규정 및 사정하여 문제해결을 위한 계획을 기록하는 형태이다. 의료기관에서 주로 활용되는 기록방식으로 환자와 가족의 현재의 문제목록과 개입계획, 시기를 한눈에 볼 수 있도록 기록하게 된다. 여러 전문직이 사용하는 기록형태로 다학제적 팀원들 간 정보교환이 효율적으로 이루어질 수 있는 강점이 있다. 문제중심기록은 SOAP으로 기록하게 되는데 문제에 대한 주관적 정보(Subjective data: S), 객관적 정보(Objective data: O), 사정(Assessment: A), 계획(Plan: P)의 구조로 이루어져 있다. 최근 개입과정(Intervention: I)을 추가하여 SOAPI 방식으로 기록하기도 한다(〈표 4-3〉 참조).

표 4-3 　문제중심기록 구성요소와 예시

구분		내용	예시
S	subjective data	환자와 가족들의 자기보고와 같이 주관적으로 느끼거나 인지하고 있는 주요 문제, 증상, 가족력, 사회력 등	-"간병인을 구하기가 너무 어렵네요. 다 돈이 문제죠. 치료비도 구하기도 어려운데…. 누군가는 나가서 돈을 벌어야하고 ○○이는 혼자 놔둘 수 없는 상황이고…. 막막하고 미안하고…."
O	objective data	전문가의 관찰, 검사 등을 통해 얻은 객관적 정보	-면담 도중 답답하다고 말할 때 가슴을 손으로 치기도 하며 고개를 떨구는 모습을 종종 보임 -지원받은 치료비 후원금 중 간병비는 지원항목에 해당하지 않음
A	assessment	주관적·객관적 정보를 토대로 종합적 평가하여 문제를 사정	-경제적 문제로 간병인을 구하지 못해 환자의 안정적 돌봄이 이루어지는 데 어려움이 있음 -보호자의 무력감과 죄책감으로 심리적 어려움 겪고 있어 개입 필요함
P	plan	사정한 내용을 바탕으로 개입계획	-보호자에 대한 심리적 지지상담 -무료간병인 지원단체 연계
I	intervention	개입계획에 따라 실제로 개입한 내용을 기술	-자활 후견 기관 연계하여 무료간병인 파견함. 환자와 보호자에게 무료간병인 활동내용과 제한사항에 대해 정보 제공함

　　이러한 기록은 일반적으로 병원 내 전산 기록시스템인 EMR(Electronic Medical Record)을 통해 이루어진다. EMR은 기존의 손으로 쓰던 차트를 전산으로 옮겨 놓은 것으로 컴퓨터상에서 기록하는 것이다. 이를 통해 의료사회복지사는 기록을 언제든지 작성하고 확인할 수 있으며, 개입 활동의 통계적으로 처리하는 데 도움을 준다. EMR에서 의료사회복지사는 객관적 자료를 근거로 명확하게 기록해야 한다.

(3) 과정기록

과정기록은 의료사회복지사와 클라이언트가 면담하면서 이야기한 내용, 대상자의 행동, 사회복지사가 관찰한 것과 판단한 것 등 서로 간의 상호작용을 그대로 기록하는 것이다. 주로 실습생이나 수련사회복지사의 교육 및 슈퍼비전 제공을 위해 활용된다.

표 4-4 과정기록 예시

면담 내용	사회복지사의 느낌 및 분석
사회복지사: 제가 지난번 전화 통화했던 사회복지사 김○○입니다.	
클라이언트: 네… 어떻게 말을 해야 할지… 사실은 우리 아이가 말썽을 부려서 학교에서 퇴학을 당하게 됐다네요. 말을 한 번 해보려고 해도 저랑 말도 하지 않으려 하고 어디 의논할 사람도 없네요. 아이 아빠도 아픈 마당에 아이까지 왜 저러는지……	클라이언트는 매우 당황하는 것 같았다.
사회복지사: 그러니까 아이가 비행 행동을 보이나 보죠? 아이는 몇 학년입니까?	다음 클라이언트와의 면담 약속 때문에 마음이 급했고 빨리 결론을 내리려 한 것 같다.
클라이언트: 문제 행동이라고 하기보다는 학교에 잘 가려 하지 않고 잘못된 친구들과 어울려 좀 노나 봐요. 남의 물건을 뺏거나 때리는 건 안 해요.	클라이언트는 비행 행동이라는 단어가 불쾌했던 것 같다.

3. 팀 접근에 대한 이해

의료사회복지실천현장은 다양한 전문가의 협력을 통해 모든 서비스가 이루어지게 된다. 종합병원의 경우 의사, 간호사, 의료사회복지사, 임상심리사, 약사, 영양사, 물리치료사, 임상병리사, 작업치료사 등 다양한 직종의 보건

인력뿐만 아니라 원무, 보험심사, 전산 등을 담당하는 행정 인력, 의학 정보 및 문헌을 관리하는 전문사서, 임상 연구를 진행하는 다양한 연구직까지 많은 전문인력이 일하게 된다. 이들은 각자의 소속된 부서의 업무 범위에서 담당 역할을 수행하기도 하고, 환자와 가족을 치료하고 돕는 활동을 위해 소속 조직을 넘어서 다른 영역의 전문가와 협력하기도 한다. 또 완화의료팀, 통합지지서비스팀과 같이 여러 전문가가 모인 별도의 팀을 조직하여 업무를 수행하기도 한다. 그렇기에 의료사회복지사는 효과적인 팀 접근에 대한 이해를 바탕으로 다른 전문가와 효과적으로 의사소통할 수 있어야 하며 다른 전문직군이 의료사회복지서비스를 이해할 수 있도록 노력을 기울여야 한다.

1) 팀 접근의 유형

팀 접근은 다학문 팀과 다학제 간 팀으로 구분할 수 있다. 다학문 팀 (multidi-sciplinary team)은 여러 분야의 전문직이 자신의 분야에서 각각의 기능을 발휘해 협동하는 팀이다. 병원에서 다학문 팀은 환자의 치료를 책임지는 의사를 중심으로 필요한 전문가가 선택되어 질병 치료를 중심으로 구성되어 협력하게 된다. 다학제 간 팀(interdisciplinary team)은 다양한 분야의 전문가가 하나의 공동목표를 이루기 위해 상호의존적으로 지식과 기술을 공유하며 전체적 동의와 협의에 따라 문제해결 및 과업을 달성해 나가는 것을 말한다. 다학제 간 팀은 환자와 가족의 문제에 따라 심리사회문화적인 접근을 하게 되며 팀원으로 병원 내 전문가뿐만 아니라 지역사회 내 다양한 전문가가 포함될 수 있다(김연수 외, 2017).

2) 효과적 팀 접근을 위한 노력

환자와 가족의 질병 극복과 삶의 질 향상이라는 의료현장의 목적을 달성하기 위해서는 효과적인 팀 접근이 필요하다. 효과적 팀 접근은 다음과 같은 긍정적 결과를 가져올 수 있다(국립암센터, 2019).

- 팀 구성원은 상호 간의 전문적 지식과 기술을 토대로 교류하게 되므로 각자 수립한 것보다 더 포괄적인 개입계획을 수립할 수 있다.
- 다양한 전문직의 참여로 개입계획을 충실하게 수행할 수 있다.
- 전문영역 간 상호작용을 통해 환자의 다양한 문제에 신속하고 적절하게 반응할 수 있으며 보다 융통성 있게 대처할 수 있다.
- 각 전문영역의 고유 능력에 적합한 사례에 대해 서비스 제공이 가능하므로 적절한 업무 분담이 가능하다.
- 장기입원 및 치료가 요구되는 환자에 대해 전문직 간의 상호작용을 통해 적절한 퇴원시기와 방향을 조정하는 것이 가능하다.
- 여러 분야의 전문가가 동시에 한 환자의 문제에 통합적으로 개입하게 되므로 궁극적으로 환자 중심의 서비스로 나아가게 된다.
- 전문지식과 기술을 상호교환하는 과정에서 다른 직군의 지식을 습득하고 자신의 개입에 대한 피드백을 받음으로써 전문적인 성장을 지속할 기회를 얻게 된다.

이렇듯 효과적인 팀 접근이 필수적으로 요구되는 의료현장이지만 현실적인 한계들로 팀 접근이 원활하게 이루지 못하는 경우가 종종 발생한다. 그 구체적 원인은 다음과 같다.

① 팀 구성원 간 권력의 불균형: 환자의 치료에 책임이 있는 특정 전문직종에 권한이 집중되어 그에 따라 팀워크가 좌지우지되는 경우
② 리더십 문제: 경직되고 권위적인 리더십은 팀원들의 동등한 참여와 감

정표현을 방해받게 되는 경우

③ 비효과적 의사소통: 팀원 간 개방적이고 체계적인 의사소통이 이루어
   지지 못하거나 비공식적인 과정을 통해 의사결정이 되는 경우

④ 팀 성원의 능력 부족: 팀원 중 일부가 다른 전문가에 비해 임상경험이
   부족하거나 지식과 기술적인 측면에서 능력이 부족한 경우

⑤ 역할 혼란: 동시에 한 가지 이상의 역할을 수행해야 하거나, 다른 전문
   가 팀원에게 기대하는 역할이 명확하지 않고, 역할기대가 명료하게 전
   달되지 않을 때, 또 주어진 시간 내에 처리하기에 비현실적으로 과도한
   양이 주어지는 경우

⑥ 잦은 환경변화: 팀원의 잦은 교체나 치료 패러다임이 일부 전문가 집단
   에 의해 변화가 잦은 경우

의료사회복지사는 팀 접근에 저해되는 요인을 검토하고 효과적인 팀워크
가 이루어질 수 있도록 다음과 같은 노력을 기울이게 된다.

① 의료사회복지사로서의 정체성 확립: 의료사회복지사는 사회복지전문직
   에 대한 가치와 윤리를 바탕으로 사회복지사로서 수행해야 할 일과 하
   지 말아야 할 일을 구분할 수 있어야 한다. 자신의 역할과 정체성에 대한
   명확한 인식이 있어야만 다른 전문직에게도 사회복지사의 역할에 대해
   이해시킬 수 있으며 사회복지사의 소진(burn-out)도 예방할 수 있다.

② 의료사회복지사의 전문 능력 신장: 다학제적 팀에서 팀원으로 사회복
   지실천이 원활하게 이루어지도록 하기 위해서는 타 전문직으로부터 전
   문적 유능함을 인정받는 것이 중요하다. 의료사회복지사의 고유한 업
   무를 개발하고 사회복지적 관점을 팀에 제시하여 효과적 개입에 기여
   할 필요가 있다. 이를 위해 의료사회복지사는 사회복지적 전문적 지식
   과 기술뿐만 아니라 질병과 치료과정에 대한 지식도 갖춰 의료진과 의

사소통할 수 있어야 한다.

③ 의료사회복지사의 역할에 대한 팀 구성원의 인식 증진: 다학제 간 팀 활동에서 서로의 전문 분야에 대한 인식 없이는 협력이 이루어지기 어렵다. 의료사회복지사의 역할과 업무 내용에 대한 이해도가 낮은 타 전문직 종사자에게 다양한 방법을 통해 사회복지사의 역할과 업무를 인식시키도록 하는 것이 중요하다. 예를 들면, 신규직원 오리엔테이션, 전체직원 재교육에서 의료사회복지사의 업무를 소개하거나 조직 내 전자게시판 등을 통해 활동을 홍보하고 의료사회복지서비스에 대한 안내물을 제작한다.

④ 다른 전문직에 대한 의료사회복지사의 이해와 인정: 의료사회복지사도 다른 전문직의 업무와 역할에 대해 명확하게 인식할 필요가 있다. 이를 통해 자신의 업무 경계를 명확히 하고 원활한 의사소통을 수행할 수 있다. 또한, 다른 전문직을 존중하는 태도를 갖추어야 한다.

⑤ 갈등이나 자극에 성숙하게 대처하기: 의료현장은 의료사회복지서비스가 주가 되는 세팅이 아니므로 다른 전문직에 비교해 수적인 면에서 소수이기에 다학제적 팀원 간 갈등이 있을 때 부당하거나 동의할 수 없는 상황에 직면할 수 있다. 이때 의료사회복지사는 감정적으로 휘둘리지 않고 침착하게 대응할 필요가 있으며 갈등이 있을 수 있음을 인정하고 공격적이지 않은 방식으로 적절히 의사를 전달하거나 공식적 체계 내에서 중재하는 과정을 통해 갈등 해결 노력을 기울여야 한다.

⑥ 팀 구성원들과 공식적·비공식적 인간관계 형성: 다학제 간 팀 협력은 대인관계 맥락에서 이루어지기 때문에 공식적·비공식적 인간관계를 원만하게 형성하고 유지할 필요가 있다. 팀 협력 과정에서 필요로 하는 도움을 제공하거나 받을 때 감사와 칭찬 등 적절한 인사와 감정을 표현하여 인간적 관계를 잘 형성하도록 한다.

제5장

의료사회복지의 질 관리

1. 의료기관인증평가

　의료기관 인증제도(이하 인증제)는 의료기관으로 하여금 환자 안전과 의료의 질 향상을 위한 자발적이고 지속적인 노력을 유도하여 의료소비자에게 양질의 의료 서비스를 제공하기 위한 제도이다. 인증제는 순위를 정하는 상대평가와는 달리, 의료기관의 기준 충족여부를 조사하는 절대평가의 성격을 가진 제도로, 공표된 인증조사 기준의 일정수준을 달성한 의료기관에 대하여 4년간 유효한 인증마크를 부여하는 제도이다. 이는 지금까지 공급자 중심 의료문화에서 소비자(환자 및 보호자)중심의 의료문화로 전환시킨 혁신적인 제도라 할 수 있다. 의료서비스에 대한 소비자의 인식이 높아짐에 따라, 의료의 질을 확보하여 양질의 서비스를 제공하는 것은 어느 때보다 중요해지고 있다. 의료기관들이 환자의 입장에서 의료서비스의 제공 과정에 대한 규정을 만들고, 일관되게 수행할 것을 요구하는 의료기관 인증제는 소비자를 위한 의료서비스 제공의 계기를 마련했다는 점에서 의의가 있다. 또한 인증제는 모든 의료기관을 대상으로 하고 있어, 병원급 이상 의료기관은 자율적으로 신청할 수 있다. 다만, 요양병원과 정신병원은 의료 서비스의 특성 및 환자 권익보호 등을 고려하여 2013년부터 의무적으로 인증신청을 하도록「의료법」에 명시되어 있다(의료기관평가인증원, 2019a). 인정기준에서는 '환자안전'과 '지속적 질 향상'을 의료기관이 갖추어야 할 기본적인 가치로 설정함으로써 개별 의료기관이 환자에게 안전하고 질적으로 수준 높은 의료서비스를 제공할 수 있도록 목표를 제시하고, 지속적인 개선활동을 유도하고 있다. 인증기준은「의료법」제 58조의3(의료기관 인증기준 및 방법 등)의 1항에 명시된 사항으로서 환자의 권리와 안전, 의료기관의 의료서비스 질 향상 활동, 의료서비스의 제공과정 및 성과, 의료기관의 조직 인력관리 및 운영, 환자만족도 같은 주요내용을 포함하고 있다. 인증기준의 틀은 ① 기본가치체계(안전보장활동, 지속적 질 향상), ② 환자진료체계(진료전달체계와 평가, 환자 진료, 수술 및

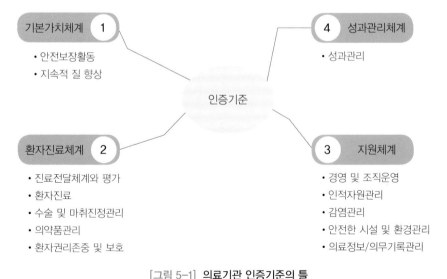

[그림 5-1] **의료기관 인증기준의 틀**

출처: 의료기관평가인증원(2019b).

마취진정관리, 의약품관리, 환자권리존중 및 보호), ③ 지원체계(경영 및 조직운영, 인적자원관리, 감염관리, 안전한 시설 및 환경관리, 의료정보/의무기록관리), ④ 성과관리체계로 구성되어 있다.

인증을 받기 위해서는 전반적인 인증기준들을 충족하여야 한다. 특히, 안전보장활동의 '환자안전' '직원안전' '화재안전' 범주 및 지속적 질 향상의 '질향상 운영체계' '환자안전 보고체계 운영' 범주에 속하는 9개 기준은 인증 필수기준이며 반드시 충족되어야 한다. 인증기준은 모든 의료기관에 공통적으로 적용 가능한 보편적인 기준을 근간으로 구성되어 있으나, 의료기관의 규모 및 특성에 따라 일부 기준 및 조사항목을 선택적 또는 단계적으로 적용하도록 구성되어 있다.

인증조사는 역동적 추적조사(tracer methodology)방법을 사용하여 의료기관의 의료서비스 전 제공 과정을 조사한다. 이는 환자의 입장(관점)에서 진료 및 치료 경로를 따라 의료진 및 환자와의 대화, 기록검토, 관찰을 통합하는 역동적인 조사과정을 거치는 방법(Magnarelli, 2005; Murphy-Knoll, 2006)과 환자에게 제공되는 의료서비스의 흐름을 따라 의료기관의 주요한 기능(의료절차, 전달체계, 안전구조 등)을 환자가 어떻게 경험하는지 평가하는 조사방법이다. 그리고 시스템 추적조사가 있다. 이는 의료기관 전체 시스템을 조사하는 방법으로 지속적 질 향상, 의약품관리, 인적자원관리, 감염관리, 안전한 시설 및 환경관리, 의료정보/의무기록 관리 6개 부분에 대해 조사가 이루어진다.

인증조사는 정기조사와 비정기 조사로 구분되면 정기조사는 본조사, 중간자체조사, 중간현장조사가 있으며, 비정기조사는 추가조사와 수시조사가 있다.

이러한 인증평가결과는 의료기관 대한 조사 및 평가결과에 따라 인증, 조건부인증, 불인증 3개 등급으로 분류된다. 인증은 해당의료기관이 의료 서비스 제공 과정에서 환자의 안전보장과 적정 수준의 질을 달성하였음을 의미하여 이는 4년간 인증한다. 조건부인증은 일부영역에서 인증 수준에는 다소 못미치는 기관으로서 향후 부분적 노력을 통해 인증을 받을 수 있는 가능성이

📊 표 5-1 인증기준의 구성[1]

장 (Chapter)	기준 (Standard)		조사항목 (Measurable Element)			
			계	필수	정규	시범
3	55		268	30	232	6
Ⅰ. 기본가치체계	3		15	14	1	−
1. 환자안전 보장활동	1.1	의료진간 정확한 의사소통	5	5	−	−
	1.2	낙상 예방활동	6	5	1	−
	1.3	손위생 수행	4	4	−	−
Ⅱ. 환자진료체계	27		131	1	128	2
2. 진료 전달 체계와 평가	진료 전달체계	2.1.1 외래환자 등록 절차	3	−	3	−
		2.1.2 입원환자 등록 절차	3	−	3	−
		2.1.3 환자진료의 일관성 및 연속성 유지	4	−	4	−
		2.1.4 퇴원 및 전원 절차	4	−	4	−
	환자평가	2.2 입원환자 초기평가	6	−	6	−
	검사체계	2.3.1 검체검사체계	7	−	7	−
		2.3.2 영상검사체계	6	−	6	−
		2.3.3 검사실 안전관리	3	−	3	−
3. 환자 진료	환자 진료체계	3.1.1 입원환자 치료계획	6	−	6	−
		3.1.2 통증관리	4	−	4	−
		3.1.3 영양관리	4	−	4	−
		3.1.4 욕창관리	6	−	5	1
		3.1.5 생애말기환자 관리	4	−	4	−
		3.1.6 결핵 예방·관리	3	−	3	−
		3.1.7 한방 서비스	4	−	4	−
	고위험 환자 진료체계	3.2.1 심폐소생술 관리	4	−	4	−
		3.2.2 수혈환자 관리	7	−	7	−
		3.2.3 신체보호대 관리	7	−	7	−

1) 의료기관평가인증원(2019c). 3주기 요양병원 인증기준. pp. 4-5.

4. 의약품관리	4.1	의약품 보관	8	–	8	–
	4.2	처방 및 조제	7	–	7	–
	4.3	투약 및 모니터링	9	–	8	1
5. (수술 및 마취진정관리)		〈해당사항 없음〉				
6. 환자권리존중 및 보호	6.1	환자권리존중	4	–	4	–
	6.2	취약환자 권리보호	3	–	3	–
	6.3	불만고충처리	4	–	4	–
	6.4	의료사회복지체계	3	–	3	–
	6.5	동의서	3	–	3	–
	6.6	편의 및 안전시설	5	1	4	–
Ⅲ. 조직관리체계		25	122	15	103	4
7. 질 향상 및 환자안전 활동	7.1	질 향상 및 환자안전 운영체계	4	–	4	–
	7.2	환자안전사건 관리	8	–	7	1
	7.3	질 향상 활동	6	–	3	3
	7.4	의료서비스 만족도 관리	3	–	3	–
8. 감염관리	8.1	감염예방·관리체계 구축 및 운영	5	–	5	–
	8.2	의료기구 감염관리	4	–	4	–
	8.3	소독/멸균 및 세탁물 관리	8	–	8	–
	8.4	환경관리	3	–	3	–
	8.5	내시경실 및 인공신장실 감염관리	6	–	6	–
	8.6	급식서비스 감염관리	5	–	5	–
9. 경영 및 조직운영	9.1	합리적인 의사결정	3	–	3	–
	9.2	의료기관 운영방침	3	–	3	–
10. 인적자원관리	10.1	인사정보 관리	5	–	5	–
	10.2	직원교육	4	–	4	–
	10.3	의료인력 법적 기준	5	1	4	–
	10.4	직원안전 관리활동	6	5	1	–
	10.5	폭력 예방 및 관리	3	–	3	–

11. 시설 및 환경관리	11.1	시설 및 환경 안전관리	4	–	4	–
	11.2	설비시스템 관리	5	–	5	–
	11.3	위험물질 관리	5	–	5	–
	11.4	보안관리	4	–	4	–
	11.5	의료기기 관리	4	–	4	–
	11.6	화재안전 관리활동	9	9	–	–
12. 의료정보/의무기록관리	12.1	의료정보/의무기록 관리	5	–	5	–
	12.2	퇴원환자 의무기록 완결도 관리	5	–	5	–

있음을 의미하며 1년간 유효하다.

인증 평가의 내용구성은 총 3개 영역/11개 장/55개 기준/ 268개 조사항목으로 구성되어 있다. 이 중 의료사회복지는 '6.4 의료사회복지부문'에 해당된다. 그 내용은 [그림 5-2]과 같다. 향후 변화하는 업무 내용에 따라 조사 항목 내용은 수정 개선할 필요가 있다.

기준 6.4	의료사회복지체계를 수립하고 운영한다.
조사 목적	의료기관은 인지 및 신체기능 저하 환자, 저소득층, 노인환자의 요구도를 파악하여 의료사회복지체계를 수립하고, 이를 지원한다.

조사 항목

	조사항목	구분	조사결과		
1	의료사회복지체계가 있다.	S	□상	□중	□하
2	의료사회복지 서비스를 안내한다.	P	□유		□무
3	의료사회복지 서비스를 제공한다.	P	□상	□중	□하

기준의 이해

등급분류	정규

1) 의료사회복지체계에는 다음의 내용을 포함한다.
   ○ 담당 부서 또는 담당 직원
   ○ 환자(또는 보호자)의 요구도 파악 또는 직원이 판단하여 대상자 선별
   ○ 의료사회복지 서비스 제공 안내
      −내용: 서비스 종류 및 제공 절차, 담당자 또는 부서
      −방법: 게시판, 안내문 등
   ○ 의료사회복지 서비스 제공
      −환자의 기능유지 및 향상을 위한 활동 프로그램
   • 인지기능 유지 및 향상을 위한 프로그램
      * 예시: 기억활동 프로그램, 인지자극훈련, 회상요법, 언어훈련, 미술요법, 음악요법, 원예요법 등
   • 신체기능 유지 및 향상을 위한 프로그램
      * 예시 : 신체활동, 운동프로그램 등
      −지역사회자원과의 연계
      * 예시 : 노인주거 및 노인의료복지시설, 재가노인 방문서비스, 여가 프로그램 등
      −진료비 지원
2) 의료사회복지 서비스 제공에 대하여 안내한다.
3) 환자(또는 보호자)의 요구도를 파악하여 의료사회복지 서비스를 제공한다.

[그림 5-2] **의료사회복지부문 내용**

2. 의료의 질 향상

병원 인증평가에서 요구하고 있는 의료의 질(Quality Improvement: QI)은 환자서비스 질 향상과 안전에 큰 기여를 하고 있다. 이는 병원에서 의사, 간호사, 기사, 기술, 행정직에게 모두 요구되는 활동으로서, 의료사회복지도 환자와 가족에게 제공되는 자신의 업무(서비스)를 평가하고 개선하는 데 필요한 활동이라 하겠다. QI 활동은 다양한 과정이 있으며, 그 결과 환자와 가족, 병원, 지역사회뿐만 아니라 자신의 업무를 개선하여 더 나은 업무와 서비스 질 향상을 함으로써 환자와 가족에게 양질의 서비스를 제공할 수 있다.

1) 서비스 질 관리 개념

미국을 비롯한 시장경쟁 체계가 주도적인 의료시스템에서 값비싼 의료기술의 광범위한 남용, 저렴한 의료서비스의 과소 이용, 그릇된 방식으로 수행하여 환자에게 해를 끼치고 재정만 낭비하는 의료서비스의 문제가 대두되면서 의료의 질과 관리에 대한 관심이 증가하였다. 의료의 질 관리 도입배경을 정리하면 다음과 같다.[2]

첫째, 최근 수년간 병원의 대형화, 전문화하면서 양적팽창이 나타나 의료기관 간 경쟁이 심화되고 있고, 둘째, 의료자원은 항상 한정된 범위 내에서 서비스가 제공된다는 한계를 갖고 있어 의료기관 운영의 효율성을 추구해야 하며, 셋째, 의료는 합리적 수준에서 의료서비스를 제공하야 하고 사회적 규범에 적절해야 한다는 사회적 책임이 있어, 이는 때때로 사회적 압력으로 나타난다. 넷째, 환자만족도 평가, 언론기관의 품질평가 등 의료기관의 외부평

---

2) 김은경, 김유미, 박성희, 최윤경, 황정해(2014). 의료 질 관리론, pp. 2-5 요약.

가가가 다양해지고 있다. 다섯째, 행위별수가제(fee for service)로 인한 과잉
진료와 의료비 상승이 계속되고 있어 정부는 발생빈도가 높은 질병에 대해
DRG(diagnosis related group), 성과에 따른 지불방식(pay for performance)을
도입함에 따라 점점 의료 질과 비용에 대한 관심을 가질 수밖에 없다.

윤현숙, 김연옥, 황숙연(2011)[3]도 다음과 같이 QI 도입배경을 설명하였다.
첫째, 의료의 목적과 윤리에 충실하고자 하는 것이며, 둘째, 의료서비스의 소
비자인 환자의 의식변화로 인해 건강권과 의료권의 확산, 의료정보의 접근용
이성 등으로 인해 환자의 욕구가 커지게 되었고, 셋째, 적정 수준의 질 관리
를 통해 병원의 효율성을 높이고 의료기관간의 경쟁에서 경쟁력을 확보하고
자 하는 병원 경영의 측면이 있다. 의료의 해외시장개방, 의료기관 서비스평
가(인증제)등의 외부적 요인도 작용하고 있다. 넷째, 의료를 제공하는 단위의
성격이 변화된 요인도 있다(서울대학교 의과대학, 1995: 1-2, 재인용). 즉, 과거
에는 의료가 의사의 개인 노력 여부에 크게 의존하였다면 현대는 의료제공자
의 특성이 복잡하고 다양하여, 양질의 서비스를 위해서는 의료서비스 전체가
질적 수준의 향상을 이루어야 하기 때문이다. 예를 들어, 의사에게 좋은 수술
을 받았다 하더라도, 이후 병실에서 낙상이 일어났다든가 약물 투여 오류가
발생하였다면 양질의 서비스를 받았다고 할 수 없다.

(1) 서비스 질 향상 용어 정의

의료의 질에 대한 용어는 의미상 크게 변화는 없지만, 의료 환경 및 시대적
변천에 다라 약간의 용어 변화가 있어 왔다. 다음은 의료 질 관리에서 자주
사용되는 용어이다.

---

3) 윤현숙, 김연옥, 황숙연(2011), pp. 357-359 요약.

① 질 평가

질 평가(Quality Assessment: QA)는 어떠한 시점에 제공된 서비스의 실제적인 질적 수준을 축정하는 것으로 환자 진료의 질을 평가하는 방법과 수단이 포함된다. 진료의 질에 관한 문제를 발견하고 이를 개선하기 위하여 질 평가의 결과를 이용한다. 일반적으로 의료의 질적 수준을 결정하는 의미이며, 올바른(또는 그렇게 추정되는) 일 또는 올바르게 행하는 방법)이 실제로 발생했는지를 결정하는 활동을 언급하기도 한다.

② 질 관리

질 관리(Quaity Control: QC)는 질 보장과 비슷한 의미라고 볼 수 있다. 질 관리가 내표하는 의료인에 대한 외부통제를 연상시키는 듯한 용어라는 느낌 때문에 보통 더 중립적인 용어인 질 보장을 사용했다. 임상병리 검사에서의 정도관리는 보건의료 분야에 최초로 도입된 질 관리 활동의 형태라고 볼 수 있으며, 본래 기업에서 제품의 질을 모니터링하는 데 사용된 기초 통계 기법을 화학적 검사에 적용한 것에서 비롯되었다(김은경 외, pp. 29-30).

③ 질 보장

1992년 Joint Commission은 질 보장(QA: Quality Assurance)을 질 평가와 질 향상으로 새로 명명하였다. 의료의 질 보장 활동은 의료서비스의 질을 평가하고 그 문제점을 개선하여 질을 향상시키는 관리기법이다. 즉, 질 보장은 우리가 수행하고 있는 업무나 업무가 이루어지는 환경, 업무결과 등을 체계적으로 살펴보는 일련의 과정으로 종전보다 향상된 업무결과를 지속적으로 유지하도록 하는 것이다. 이 과정은 사전 계획 하에 체계적인 접근 방법으로 제공되었거나 제공되고 있는 의료서비스를 모니터링하고 평가하며, 의료서비스의 질 향상을 달성하고 유지하기 위한 개선활동의 기전을 제공한다. 이러한 활동의 결과에 대해서는 반드시 정기적인 피드백이 있어야 한다(이순교 외, p. 11).

④ 질 향상·개선

질 향상·개선(QI: Quality Improvement)은 핵심적인 진료 과정의 수준을 향상시키기 위하여 노력하는 것이다. 질 개선에는 현재의 진료 수준을 측정하고, 이를 개선하기 위한 방법을 발견하여, 새롭고 나은 방법을 실행에 옮기는 활동이 포함된다. 문제가 없다 하더라도 질 평가의 결과를 이용하여 환자 진료의 질을 지속적으로 개선하기 위하여 노력하는 것이다.

⑤ 총체적 질 관리

총체적 질 관리(Total Quality Management: TQM)는 과정, 결과, 서비스 전방에 지속적인 향상을 추구하는 질 관리 기법이다. 특히 질 향상 추구 시 조직 내 각 계층의 전 직원의 참여, 지속적인 변화와 관리를 강조하고, 의료이용자의 중심의 서비스를 제공하는 것이다.

⑥ 지속적 질 향상

지속적 질 향상(Continuous Quality Improvement: CQI)은 TQM과 동시에 쓰이는 용어로 질 평가와 질 향상이 일시적인 활동이 아니라 지속적으로 시행해야 함을 강조하는 용어이며, 최근에는 직접적인 성과 향상까지 강조하고 있다.

⑦ 성과향상

성과향상(Performance Improvement: PI)은 종래의 의료의 질 개념이 의학적인 측면에서 치우쳐 있다는 반성에서 조직 전체의 질 향상이라는 좀 더 넓은 개념으로 접근하는 방법이다. 현재 질 향상은 주로 PI를 언급하는 경우가 많아, PI를 의료 질 향상의 개념과 동일하게 보기도 한다.

⑧ 위험관리

위험관리(Risk Management: RM)는 환자와 직원의 위험을 최소화하는 통합적인 관리 프로그램이다. 환자에게 피해를 주거나 병원에 부담을 가져올 수 있는 사건의 발생을 감소시킬 목적으로 사용되는 방법이다. 병원에서의 손상이나 자원의 손실을 초래할 가능성이 있는 상황을 발견하고 평가하여, 이를 예방하고 통제하는 것이 포함된다. 전통적인 QA 활동에 포함된다.

⑨ 의료이용도 감사

의료이용도 감사(Utilization Review: UR)는 보건의료 자원의 효율적 이용에 대한 표준과 실제 자원의 사용을 비교하는 것이다. 재정, 사람, 건물, 공간, 시간, 기기 등 자원의 적절성과 활용도를 평가하는 제반 활동들이 포함된다. 역시 전통적인 QA에 주요한 활동으로 포함되며 주로 병상의 이용도, 약물이용도(항생제 포함)등이 주제가 되고 있다.

2) 서비스 질 관리의 접근방법[4]

의료의 질 관리를 위한 접근 방법은 도나베디안(Donabedian)[5]이 제안한 구조−과정−결과 모형(structure-process-outcome model)이 대표적이다.

① '구조(structure)'는 의료서비스를 제공하기 위한 자원과 환경이라고 할 수 있다. 자원은 시설, 장비, 재원 등과 같은 물질적 자원, 의사 및 간호사의 수 등 인적 자원, 진료비 청구방법, 직원 조직, 평가 방법 등 조직 구조라 할 수 있다. '구조'를 평가하는 방법은 의료를 제공하는 상황, 예를 들면 수술실 내 모니터링 장치의 설치여부, 병원 내 활동이 능동적으

---

4) 김은경 외, p. 32.

5) Donabedian(1989)은 '양질의 의료란 진료의 모든 과정에서 예상되는 이익과 손해의 균형을 맞춘 상태에서 환자의 복지를 가장 높은 수준으로 높일 수 있는 것으로 예상되는 의료이다.'라고 정의하였다.

로 활발하게 이루어지는지의 여부(적신호 사건 체계 여부 등), 의료사회
복지팀(사회사업팀)의 설치여부 및 접근성(병원조직도, 사무실 안내표지
판, 홈페이지 내 안내여부 등)을 평가할 수 있다.

② '과정(Process)'은 의료제공자와 환자 간에 혹은 이들 안에서 일어나는
행위를 말한다. 더불어 환자에 대한 의료진의 태도까지 포함된다. 일반
적으로 환자가 진료 받는 과정에서 실제로 행해진 절차라고 할 수 있다.
이를 평가하기 위해서는 흔히 의무기록을 제때에 작성하고 서명했는
지, 병리검사를 적절하게 시행했는지 여부, 이학적 검사를 적절하게 시
행하고 그 결과를 의무기록에 남겨두었는지 여부를 조사할 수 있다. 의
료복지서비스 과정에서는 환자의 니즈(needs)를 반영한 심리사회적 평
가 기록이 있는지, 평가에 따른 서비스가 제공된 기록이 있는지 등 개입
과정을 평가할 수 있다.

③ '결과(outcome)'는 현재 및 과거에 의료서비스를 제공받은 개인, 집단 및
지역사회의 실제 또는 잠재적 건강상태에서 바람직하거나 그렇지 못한
상태로의 변화를 말한다. 결과는 보편적으로 보건의료체계 및 의료제
공자들의 책임과 연계된 건강수준으로 정의되고 있다. 결과는 보편적
으로 보건의료체계 및 의료제공자들의 책임과 연계된 건강수준으로 정
의되고 있다. 예를 들어, 사망률, 유병률, 합병증률, 신체기능상태, 진료
비용, 환자만족도, 성취도 등이다.

3) QI 활동 모델[6]

질 향상 활동은 1920년대 Western Electric Company의 통계 및 품질
전문 강사인 슈하트라(Water Shewhart)에 의해 개발된 'Plan-Do-Check-

---

6) 김은경 외, pp. 42-45.

Act(PDCA) 사이클'이 대표적이다.

이후, 1988년 Hosital Corporation of America(HCA)에서 PDCA 사이클에 Find-Organize-Clarify-Understand-Select (FOCUS-PDCA)를 추가하였다.

FOCUS는 개선할 과정/절차의 선정, 팀구성, 과정/절차 학인 및 명료화, 변이의 원인 파악, 개선안 마련을 의미한다. FOCUS 단계를 거친 후 PDCA 사이클을 실행하게 된다.

- Find(개선할 과정/절차의 탐색): 개선할 절차/과정을 탐색하여 선정한다. 조직에서의 우선순위를 고려하여 문제를 파악하여야 하며, 필요한 개선 및 개요를 하나 또는 두 개의 문장으로 요약 정리할 필요가 있다.
- Organize(팀 구성): 절차, 과정을 이해하고 있는 팀을 조직한다. 팀 조직을 위해 고려할 사항은 팀 조직의 목적, 필요한 인력, 인력에 요구되는 지식, 인력에 요구되는 지식, 창조성 및 조직 기술이다. 또한 교육을 통해 팀원에게 동기를 부여하고, 창의력과 논리성을 향상시켜야 한다.
- Clarify(과정/절차 확인 및 명료화): 현재의 절차 과정을 확인하고 명확히 한다. 장기적 대안이 아닌 현재 상황을 연구하고, 상황에 대한 명확한 표현을 위해서 절차/과정이 어떻게 운영되는지, 문제와 관련된 사람은 누구인지, 문제 또는 절차/과정의 실패에 따른 비용은 무엇이진, 가장 중요한 문제는 무엇이며, 어느 부분이 작동하지 않는지, 고객의 불만은 무엇인지를 파악하여야 한다.
- Understand(변이의 원인파악): 절차/과정에 존재하는 변이의 원인을 이해한다. 절차/과정에서 나타나는 변이와 문제의 잠재적인 원인을 조사하고 분석해야하며 현재의 문제와 다른 문제 사이의 관련성을 확인해야 한다.
- Select(개선 방안 마련): 절차/과정 개선할 여러 가지 방안 중 적절한 안을 선택한다. 이때 전체 목표, 과정, 결과 개선을 정의하고 가능한 많은 대

안을 고려하여 최선의 대안을 선택한다. 개선안은 쉬운 문제를 해결해 나가는 것부터 시작하여 점진적으로 진행한다.

- Plan(계획): 절차(과정)는 어떻게 이루어지는가? 개선을 위한 제약사항은 무엇인가? 무엇을 시도하였는가? 등을 고려하여 근거에 기반하여 개선 계획을 수립해야 한다. 이때는 개선되었다는 것을 무엇을 통해 알 수 있는지, 즉 과정지표를 설정하고 성과를 예측할 수 있어야 한다.

- Do(실행): 작은 규모로 파일럿 테스트를 수행, 절차가 개선되는 것을 정확히 평가할 수 있는 자료를 수집한다.

- Check(or Study, 확인/검토): 절차 개선의 효과와 예측 결과를 비교한다. 예측한 바와 같은 결과가 나왔다면 초기에 설정한 개선 계획을 확대하여 실행하고, 예측한 바와 다른 결과가 나왔다면 계획은 잘못된 것이다.

- Act(개선/조치): 개선활동을 지속적으로 실행하도록 하고, 평가를 할 필요가 있으며 이를 통해 개선활동을 보완한다. 개선결과는 공유해야 하는데, 정보공유는 조직학습과 지속적인 질 향상의 핵심이다.

응급실 내원 자살시도자의 자살재발방지를 위한 early bird 활동

한림대학교강남성심병원 사회사업팀[1], 정보관리팀, 응급의학과,
정신건강의학과, 관내 정신건강증진센터

1. 활동의 필요성

최근 빈곤, 질병, 대인관계, 우울 등 다양한 심리 · 사회 · 경제적 문제로 삶의 위기에서 극단적 선택을 하는 사례가 증가하고 있다. 2014년도 통계청 발표에 따르면 지난해 우리나라 자살률은 인구 10만 명당 27.3명으로 여전히 OECD 국가 중 1위를 차지하고 있으며, 이는 하루 평균 39.5명, 37분에 한 명씩 자살하는 것으로 매우 높은 수치이다. 이에 국가에서는 자살률을 낮추기 위한 자살예방종합대책을 발표하고 다양한 국가정책 사업을 펼치고 있으나, 본원에서는 여러 가지 문제들로 이들에 대한 적극적인 개입을 하지 못하였다.

자살시도자들은 자살 실패로 인한 불안, 두려움, 절망감 등 심적으로 불안정하고 혼란스러운 상태이며, 자살시도 경험이 있는 경우 재시도로 이어질 가능성이 높고, 자살시도자는 자살로 사망할 위험도가 일반 인구에 비해 25배에 이르는 자살 고위험 집단이라는 점을 고려할 때 접점기관인 응급의료기관에서부터 자살시도자에 대한 관심과 지원, 적극적인 관리가 반드시 필요하다. 그럼에도 불구하고 실제 2014년도 본원 응급실을 내원한 자살시도자 337명(NEDIS, 국가응급환자진료정보망 통계)에 대한 분석 결과, 대부분의 자살시도자들은 신체적 손상에 대한 응급처치만 받고 귀가했으며, 사회사업팀 상담서비스를 받은 환자는 14(42%)에 불과하였다. 이는 실제 위기개입이 필요한 고위험군에 대한 상담이 누락되고 지역사회 사례관리와 연계되지 못했다는 근거이기에 응급실 기반 상담 시스템 구축 및 위기개입 활동을 통해 자살시도자의 자살재발방지에 기여하고자 한다.

2. 문제 분석 및 목표

1) 문제 분석

  (1) 자살시도자 내원여부 파악 불가

  원내 자살시도자 본팀 의뢰시스템 부재로 자살시도자 내원 여부를 파악할 방법이 없고, 이로 인해 자살시도자는 신체적 손상에 따른 치료만 받고 귀가/퇴원하고 있는 상황이다.

  (2) 자살시도자 응급의료비 지원기관과 협약 미체결

  자살시도자 재발 방지를 위한 응급의료비 지원기금이 마련되어 있으나, 본원은 협약 체결이 되어 있지 않아 기금사용에 제약이 있다.

  (3) 응급의학과−정신의학과−사회복지사 간 유기적인 진료협력체계 미흡

  정신건강의학과 협의진료 시행 시 사회사업팀 자살시도자 상담에 대한 공식 급여 처방이 가능하나, 임상과 이해 부족으로 수가 처방에 제약이 있다.

(4) 지역사회 유관기관과의 협력관계 미약

자살시도자의 재발방지를 위해서는 병원 내 개입도 중요하지만 퇴원 후에도 이들을 지속적으로 사례관리 하는 것이 필요하다. 이에 효과적인 사례관리를 위한 각 지역구 내 정신건강증진센터, 자살예방센터와의 협력관계가 있어야 한다.

(5) 자살시도자 개입에 대한 역량 부족

자살시도자의 위기개입 및 상담의 질 향상, 개입에 따른 부담감 감소 소진예방을 위해 사회복지사 스스로의 역량 강화가 필요하다.

2) 핵심 지표 및 목표

(1) 시스템/환경 구축 관련 지표

① 자살시도자 의뢰시스템 구축 여부(전산시스템 개발)

② 자살시도자 응급의료비 지원기관과의 협약체결 여부

③ 지역사회 유관기관과의 협력관계 활동 여부

(2) 자살재발방지를 위한 사회사업적 개입 강화 활동 지표

① 자살시도자 개입 건수: 전년대비 100% 증가

② 전년대비 자살시도자 및 가족 상담건수: 전년대비 100% 증가

③ 응급의료비 지원 건수: 전년대비 100% 증가

④ 응급의료비 후원 금액: 전년대비 100% 증가

⑤ 정신의학적 사회사업상담(NN111, 112, 113) 처방 건수: 전년대비 100% 증가

⑥ 지역사회 사례관리 연계율: 전년대비 100% 증가(= 전년대비 28.6% 증가)

⑦ 자살예방 응급요원교육 이수 여부

3. 개선 활동

1) 응급실 내원 자살시도자 의뢰시스템 마련

자살시도자 개입 강화 위해 응급의학과와 본팀 상담의뢰시스템을 정보관리팀 협조로 구축하였다.

2) 자살시도자 응급의료비 지원기관과의 협약 체결 활동

서울시 자살예방센터-생명보험사회공헌재단과 협약 체결하여, 경제적 어려움이 있는 자살시도자에게 응급의료비 기금을 신청할 수 있도록 하였다.

3) 정신의학적 사회사업상담 수가 처방 위한 관련 임상과 논의

원활한 상담 수가 처방을 위해 정신건강의학과와 협진체계에 대해 논의하였다.

4) 지역사회 유관기관과의 협력관계 강화 활동

본원 의료진, 본팀 영등포구 정신건강증진센터와 함께 응급실 내원 자살시도자 개입 강화를 위한 방안 마련 및 역할 논의, 사업 수행과정 상 어려움 공유, 향후 과제 및 개선에 대한 평가 회의 등 유기적인 활동을 강화하였다.

5) 자살시도자 개입 향상 위한 사회복지사 역량 강화 활동

자살예방센터 주관 자살예방응급요원 교육 과정을 수료하고, 문제해결치료, 대인관계치료, 동기강화 등의 상담기법을 숙지하는 등 개인의 역량 강화를 위해 노력하였다.

4. 개선활동의 효과

1) 시스템/환경 구축 관련 지표

① 자살시도자 의뢰시스템 구축 여부: 자살시도자 응급실 내원 시 사회복지사에게 SMS 통보

② 응급의료비 지원기관 협약체결 여부: 서울시 자살예방센터−생명보험사회공헌재단 협약체결 시행

③ 지역사회 유관기관과의 협력관계 활동 여부: 관내 정신건강증진센터와의 협력으로 유기적인 관계 유지

2) 자살재방방지를 위한 사회사업적 개입 강화 활동 지표

① 자살시도자 개입 건수: 전년대비 143% 증가

② 전년대비 자살시도자 및 가족 상담건수: 전년대비 110% 증가

③ 응급의료비 지원 건수: 전년대비 233% 증가

④ 응급의료비 후원 금액: 전년대비 121% 증가

⑤ 정신정신의학적 사회사업상담(NN111, 112, 113) 처방 건수: 전년대비 567% 증가

⑥ 지역사회 사례관리 연계율: 전년대비 35.9%p 증가

⑦ 자살예방 응급요원교육 이수 여부: 수료증 취득

5. 결론 및 향후 관리방안

1) 본 활동은 생명 존중의 본원 미션 및 사회적 이슈와 부합되고, 심리정서적 지원이 반드시 필요한 고위험군을 대상으로 시행하였다는 점에서 매우 가치 있는 활동으로 평가된다.

2) 인근 정신건강증진센터 분석에 따르면 병원에서의 위기개입 후 지역사회 연계 시 사례관리 성취율이 높고, 지역사회 연계 환자 f/u 결과 80%가 지속적으로 사례관리 되고 있어 자살 재발방지를 위한 본 활동이 일정 부분 기여하였고 앞으로 사회복지사의 위기개입은 반드시 필요하다고 평가된다.

3) 응급실 내원 자살시도자에 대한 사회사업팀 상담 시행률은 전년대비 큰 폭 상승(4.2% → 38.6%) 하긴 했으나 여전히 야간에 내원한 환자는 개입이 불가하고, 주간에 내원한 환자도 사회복지사의 업무 우선순위에 따라 상당수 누락되고 있어 누락 감소를 위한 제도적 방안 마련이 필요하다.

4) 향후에는 자살시도 환자의 재시도 방지뿐 아니라 근본적인 자살 예방을 위해 자살 고위험군인 중증 우울환자부터 조기발견하여 치료할 수 있도록 여러 임상과와 체계적으로 접근할 필요가 있다.

[그림 5−3] 의료의질향상 활동사례

제6장

의료사회복지실천 이론

　이 장에서는 건강신념모델, 단계적 변화모델, 근거중심 실천모델의 이론
적 모델을 소개한다. 사회복지 현장에서는 클라이언트가 현재 지니고 있는
문제를 기반으로 그 문제를 해결하기에 가장 적합한 이론을 선택하게 된다.
이와 같이 사회복지 현장에서 많이 사용되는 이론으로는 체계이론, 심리사회
이론, 정신분석학이론, 인지행동이론 등이 있다. 이 장에서는 의료 현장이라
는 상황을 고려해서 건강과 많은 관련성이 있고, 실제 보건 영역에서 많이 사
용되고 있는 이론을 소개하고자 한다. 건강신념모델과 단계적 변화모델은 이
론에 기반해서 탄생한 모델이며, 근거중심 실천모델은 현장에 기반해서 탄생
한 실천모델이라는 점에서 차이가 있다. 이 장에서는 각각의 모델에 대한 소
개와 사례 적용을 통해 어떻게 이론이 적용되는지를 살펴본다. 특히, 다음에
서 제시하는 A의 사례를 통해 특정 이론에 따라 의료사회복지 실천방법에 어
떤 차이가 있는지를 확인할 것이다.

사례

환자 A는 만 41세 여자로 2013년 눈이 침침한 증상으로 동네에 있는 안과 병원에 갔다가 큰 병원에 갈 것을 권유받았다. 큰 병원에서는 고혈압으로 인한 만성신장질환으로 진단받게 되었다. 이후 정기적으로 외래 치료를 받았지만, 식이요법 등 건강관리를 잘하지 못해 말기신부전으로 악화되어 2019년부터는 혈액투석치료를 시작하였다. 그러나 투석치료가 지속되면서 혈압이 조절되지 못하고 심장 기능도 저하되기 시작하였다. 이에 신장내과 담당의는 환자의 상태를 고려할 때 이식수술을 받는 것이 최선의 치료 방법이지만, 일단 식이요법 및 운동 등 건강관리를 통해 증상 관리가 필요함을 설명하였다. 환자는 자신이 만성신부전으로 죽을 수도 있다는 생각에 상당한 불안감을 가지고 있지만 경제적 형편으로 이식수술은 꿈도 꾸지 못하고 있는 형편이다. 신장내과 주치의는 경제적 지원 및 정서적 안정, 건강관리 등을 이유로 의료사회복지사에게 환자를 의뢰하였다.

환자는 어려서 아버지가 돌아가시고 어머니와 장애가 있는 여동생 1명과 함께 살고 있었다. 현재 경제적인 어려움으로 수급자이기 때문에 고액의 비용이 발생하는 이식수술은 생각하지 못하고 있다. 환자 가족은 월세 보증금 2,000만 원, 월세 30만 원에 거주하고 있으며, 국가에서 50여만 원 남짓의 생활비를 받아 생계를 유지해 오고 있었다. 국민기초생활 수급자로 의료보장형태는 의료급여 1종이다. 어머니(75세)는 남편이 사망한 이후 생계유지를 위해서 각종 아르바이트를 하면서 가족을 위해서 고생을 하고 있다. 여동생은 현재 38세로 5년 전 교통사고로 인해 척추손상을 입고 현재는 지체장애 1급이며 휠체어 없이는 이동이 불가능한 상태이다.

환자는 대학을 졸업하고 가정 형편 등을 고려해서 취직을 생각했으나 취직이 제대로 되지 않았다. 친구들이 좋은 곳으로 취직이 되는 모습을 보면서 한동안 우울감에 빠져 폭식을 하거나 계속 잠을 자는 등 불규칙적인 생활을 해 왔다. 이런 생활이 지속되면서 어지럽거나 눈이 침침한 증상 등이 생겨 동네 병원에 방문하게 된 것이다. 현재 환자는 경제적인 문제로 이식수술은 생각하고 있지 않으며, 특히 환자의 어머니나 동생 모두 건강이 좋지 않기 때문에 그들로부터의 신장 이식은 불가능하다고 생각하고 있다.

자신의 현재 처지를 생각하면 너무 불안하고 삶이 원망스럽기만 하지만, 옆에 있는 어머니와 동생을 생각하면 본인이 빨리 좋아져야겠다는 생각을 하는 등 양가감정을 가지고 있다.

1. 건강신념모델

건강신념모델(health belief model)은 건강행위를 수행하는 데 있어 믿음과 신념의 중요성을 강조한다. 이 모델에서는 현대인의 주요 건강행위라고 할 수 있는 금연, 절주, 운동, 규칙적인 식습관, 지방을 줄이고 섬유질을 늘리는 다이어트, 유방암 검사나 전립선 검사 등을 하게 되는 이유는 건강행위를 하지 않을 때 받게 되는 고통이나 질병에 대한 위기감, 그 결과의 심각성을 생각하기 때문이라고 가정한다.

1) 건강신념모델의 개요

(1) 역사적 배경

사람들이 특정 건강행위를 하게 되는 이유를 태도나 신념 때문이라고 생각하는 이론이 건강신념모델이다(Colleen et al., 2000; Sutton, 2000: Taylor, 2009). 건강신념모델(Becker, 1974)은 1950년대 사회심리학자가 사람들이 면역주사나 결핵 검사(Hochbaum, 1958)와 같은 건강 관련 서비스를 이용하지 않는 이유를 발견하기 위해 연구하면서 개발되었다. 1974년 존스홉킨스 대학교의 베커(M. H. Becker)가 이 모델을 처음 제시하면서 많은 관심을 받게 되었다. 이 후 각 개념에 대한 척도가 개발되었고, 미시간 대학교 팀에서 건강신념모델에 대한 지속적인 연구를 하면서 발전하였다(Becker, 1974).

이 모델은 처음에는 인간이 건강을 추구하는 이유 또는 질병 예방에 대한 욕구를 중심으로 연구가 진행되었고, 이후 여러 개념을 도입하면서 발전되어 왔다. 이 모델에 의하면 한 개인이 질병예방행동을 취할 가능성은 ① 그 질병에 얼마나 취약한가? ② 그 결과가 얼마나 심각한가? ③ 그 질병을 예방하는 데 효과적인 방법이 있는가? ④ 그 방법이 비용 또는 장애보다 유익이 크다는 것을 인식하고 있는가?에 달려 있다고 보고 있다. 1974년 베커 이후 발표된 많은 연구에서는 건강신념모델에서 가장 영향력이 있는 개념은 '장애요인 인식'이고, '위험도 인식'은 예방적인 건강행동을 설명하는 데 중요한 반면, '유익 인식'은 질병행동을 설명하는 데 좀 더 중요하는 것으로 나타났다.

로젠스탁 등(Rosenstock, Strecher, & Becker, 1988)은 건강행위가 가능하려면 건강신념모델에 추가적인 개념이 포함되어야 한다고 주장하였다. 즉, 전통적인 건강신념모델에는 포함되지 않았으나, 반두라(A. Bandura)의 사회학습이론(사회인지이론)의 영향을 받은 '자기효능감'과 '변화동기'의 개념이 건강신념모델에 포함되어야 한다고 언급하였다. 가령, 한 개인이 금연을 하려면 우선적으로 본인이 금연을 할 수 있을 것이라는 자기효능감에 대한 기대가 필요한 것이다. 특히 예방접종과 같은 좀 더 수월한 건강행위에 비해, 만성질환 치료를 위한 행동변화의 경우에는 새로운 행동을 시작하고 관리하기 위해서는 자기효능감이 매우 중요하다.

(2) 주요 개념

건강신념모델의 6가지 주요 개념은, ① 위험도(취약성) 인식, ② 심각성 인식, ③ 유익(효과) 인식, ④ 장애요인(비용) 인식, ⑤ 행동 계기, ⑥ 자기효능감이다. 위험도 인식은 자신이 행동변화를 하지 않을 경우 겪게 될 질병의 위험을 의미하며, 심각성 인식은 질병의 심각성과 그 결과에 대한 인식을 의미한다. 유익 인식은 질병의 위험이나 심각한 결과를 줄이기 위한 대안적 행동을 했을 경우 얻게 될 혜택에 대한 인식이다. 장애요인 인식은 대안행동을 택했을 경우 겪게 되는 손실을 인식하는 것이다. 또한 이와 같은 행동을 촉발하는

표 6-1 건강신념모델의 주요 개념들

개념	의미
위험도 인식 (perceived susceptibility)	질병을 얻을 가능성에 대한 평가
심각성 인식 (perceived severity)	질병의 심각성, 치료받지 않을 경우 그 결과가 얼마나 심각할지에 대한 평가
유익 인식 (perceived benefits)	제안된 행동이 질병의 위험을 감소시키고 결과를 완화시킬 것인지에 대한 평가
장애요인 인식 (perceived barriers)	제안된 행동이 얼마나 어려울지, 심리적으로 비용이 얼마나 드는지에 대한 평가
행동 계기 (cues to action)	개인의 동기를 증가시킬 사건이나 전략
자기효능감 (self-efficacy)	실천에 옮길 수 있다는 자신감

출처: Colleen et al. (2000). p. 182.

사건, 즉 행동계기가 건강행위에 중요한 것으로 소개되었으나, 이에 대한 경험적 연구는 많지 않다. 그 외에도 바람직한 행동이 지속되기 위해서도 자기효능감이 중요한 역할을 한다.

(3) 기본 전제

건강신념모델에서는 위험도, 심각성, 유익과 장애요인 인식을 포함한 4가지 요인이 함께 작동하면서 특정 건강 행동을 실천에 옮기게 된다고 가정한다. 즉, 높은 위험도, 높은 심각성, 높은 유익과 낮은 장애요인 인식은 바람직한 행동을 할 가능성을 높인다.

사람들이 특정한 건강행위를 하기 위해서는 두 가지 요소에 의해 영향을 받는다. 하나는 자신의 건강이 현재 위협을 받고 있다고 인식하는지의 여부이고, 다른 하나는 자신의 건강행위가 그러한 위협을 감소시키는 데 효과적일 것이라고 믿는지의 여부다. 전자에는 위험도와 심각성 인식이 포함되고, 후자에는 유익과 장애요인 인식이 포함된다(Brewer et al., 2007).

① 건강상의 위협에 대한 인식
건강상의 위협을 인식하는 데에는 적어도 세 가지 요소에 의해 영향을 받는다. 첫째는, 건강에 관한 염려와 관심 등 일반적으로 개개인이 건강에 대해 생각하는 가치이다. 둘째는, 본인이 특정질병에 대해 취약하다고 생각하는 믿음이다. 셋째는, 그 질병이 심각하다든지 등의 질병의 결과에 대한 믿음이다. 예를 들면, 본인이 건강에 대해 관심이 많고, 심장질환의 가능성에 대해 본인이 취약하다고 느끼며, 현재 본인이 가지고 있는 심장질환이 심각하다고 인식한다면 자신의 식습관을 콜레스테롤이 낮은 음식으로 바꾸게 될 것이다.

② 건강상의 위협 감소에 대한 인식
건강상의 위협이 어떤 특정 방법에 의해 감소될 것이라고 믿으려면 그 방법이 효과적이고, 그 방법을 사용하기 위해 드는 비용이 이익을 능가해야 된다. 예컨대, 본인이 심장질환에 취약하다고 느끼고 이를 위해 식습관을 고쳐야겠다고 생각하는 한 남성이 있다고 하자. 이 남성이 식습관을 바꾸는 것만으로는 심장질환을 줄일 수 없다고 생각하고 있고, 식습관을 바꾸면 그것으로 인해 인생의 즐거움을 너무 많이 희생해야 한다고 생각할 수 있다. 이와 같이 자신이 심장질환의 취약함에 대한 믿음이 크다 할지라도 식습관의 변화에 대한 믿음이 그 위협을 감소시킬 정도로 크지 않다면 아마 어떠한 변화도 일어나지 않을 것이다.

(4) 개입전략
건강신념모델은 주로 정보제공, 인지치료, 건강행동에 초점을 둔 건강교육, 개별 및 가족 상담에서 활용할 수 있다. 건강교육 프로그램을 계획할 때

참석자가 교육에 대한 욕구가 얼마나 강한지, 자기효능감은 어느 정도인지에 대한 정보수집이 중요하다. 이를 바탕으로 건강교육의 수준을 결정할 수 있다. 한 예로 이미 질병의 심각성과 위협을 느끼고 있다면 그다음 단계는 질병으로 인해 나타날 수 있는 결과에 대한 교육이 적합할 것이다. 또한 만성질환자의 경우는 스스로 건강관리를 꾸준히 하는 것이 중요하기 때문에 자기효능감을 키워 나갈 수 있는 기술훈련이 좀 더 적합하다. 환자와 치료자 간에 관계 형성이 잘 되어 있고, 정해진 시간 안에 목표 달성을 원할 경우 상호 계약을 맺는 방법도 효과적이다(Rosenstock, Strecher, & Becker, 1988).

암을 예방하기 위한 건강 행동을 하도록 하기 위해서는 암에 걸렸을 때 발생할 수 있는 신체적·심리적·사회적 결과(예: 사회관계의 변화, 독립성의 감소, 고통과 장애, 최악의 경우 죽음 등)를 인식하도록 하는 것이 필요하다. 건강신념모델에서는 취약성과 심각성을 함께 고려하면서 나타나는 건강상의 위협 인식(perceived health threats)을 높이는 것이 중요하다. 예컨대, 흡연과 폐암과의 관련성을 확신하지 않을 경우, 금연이 폐암을 예방할 것이라고 생각하지 않기 때문에 금연을 하지 않을 가능성이 높게 된다. 금연에 의해 나타나는 폐암 예방 효과는 이익과 손해의 조합을 통해 '결과에 대한 기대'를 만든다. 신념만 갖고는 사람들이 건강행위를 하기 어렵다. 즉, 손익 계산을 통해 행동변화를 이끌게 된다. 행동의 계기가 되는 사건으로는 배우자의 질병이나 부모의 사망이 적절한 예다. 건강상의 위협이 클 때는 작은 사건이나 계기만으로도 건강행위의 동기가 될 수 있지만 위협이 작을 경우 좀 더 강력한 자극제가 필요하다. 최근 건강신념모델에서는 자기효능감을 중요한 요소로 다루고 있다. 자기효능감은 스스로 무언가를 할 수 있다는 자신감이며, 이와 같은 자신감을 통해 실제 건강행동을 할 가능성은 높아질 것이다.

(5) 적용 분야

건강신념모델은 금연과 관련된 개입방법에서 가장 많이 사용되고 있다([그림 6-1] 참조). 건강위협에 대한 신념(건강에 대한 일반적 가치, 취약성에 대한 신념, 심각성에 대한 신념)과 특정 건강행위가 그 위협을 줄일 수 있다는 믿음(특정 수단이 효과적이라는 믿음, 그 수단의 이익이 비용보다 크다는 믿음)이 금연이라는 건강행위를 가져온다(Taylor, 2009).

건강행동에 대한 연구 동향을 파악한 결과, 국내 논문 중 많은 연구가 건강신념모델을 적용한 것으로 나타났다. 특히, 이와 같은 논문들은 건강신념모델을 구성하는 다양한 요인 중 어떤 요인이 건강행동을 수행하는 데 가장 많은 영향을 미치는지 확인하였다. 연구 대상자의 특성에 따라 장애요인이 적을수록, 이득이 많을수록 건강행동이 향상된다고 보고한 연구도 있으며, 환자교육이 실질적인 행동계기가 되었다고 보고한 연구도 있다. 그럼에도 불구하고 건강신념모델을 구성하는 다양한 요인이 서로 상호작용하며 결합했을 때 건강행동을 실천하는 데 가장 효과가 있는 것으로 보인다.

※ 건강상의 위협에 대한 인식

- 대체적으로 건강을 중시 여김
  (나는 건강에 대해 신경을 쓰는 편이다)
- 질병에 걸릴 가능성(위험도)에 대한 믿음
  (흡연자로서 나는 폐암에 걸릴 수 있다)
- 질병의 심각성에 대한 믿음
  (나는 폐암에 걸리면 죽을 것이다)

건강행위(금연)

※ 건강상의 위협 감소에 대한 인식

- 어떤 방법이 특정 위협을 줄이는데 효과적일 것이라는 믿음
  (내가 지금 금연한다면 폐암에는 걸리지 않을 것이다)
- 그 수단의 이익이 비용을 능가할 것이라는 믿음
  (금연이 어렵겠지만, 폐암에 걸리지 않을 것이므로 가치 있는 일이다)

[그림 6-1] 건강신념모델의 활용

2) 사례 적용

A의 사례를 건강신념모델에 적용하기 위해서는 우선 A에게 나타난 주요 문제가 무엇인지, 건강신념모델을 통해서 얻을 수 있는 것이 무엇인지를 파악할 필요가 있다. A의 사례의 경우, 의사가 환자를 의뢰한 이유를 살펴보면, ① 경제적 지원, ② 건강관리, ③ 치료 순응임을 알 수 있다. 이 사례의 경우, 경제적 지원은 의료사회복지사의 전문 사정과 기술을 통해 충분히 지원이 가능할 것으로 보인다. 경제적 지원을 제외한 건강관리와 치료순응이라는 두 가지 문제에 대해 건강신념모델을 적용해 보겠다.

건강관리와 치료순응은 서로 다른 문제인 것처럼 보이지만 A의 신념이나 생각 등을 고려할 때 A가 현재 지니고 있는 생각으로 인해 나타난 결과처럼 보인다. 즉, 이식을 할 수 없는 상황이기 때문에 치료를 할 필요도 없고, 가족에게는 피해를 줄 수도 없다고 생각하는 등 자포자기한 마음 상태가 건강관리나 치료순응에 대한 문제를 야기했을 수 있다. 건강신념모델의 주요 개념을 활용해서 A의 사례를 적용하면 〈표 6-2〉와 같다. 개념 적용에서 보듯이 모든 차원에서 A는 현재로서는 건강관리를 하거나 의료진이 제안하는 대로 치료에 순응할 가능성은 매우 낮은 편이다.

A가 위험도와 심각성을 인식하고 있다 하더라도 자신이 가족이나 다른 사람으로부터 신장이식을 받는 것이 거의 불가능하고, 지속적인 투석치료만으로는 절대적으로 예전의 건강 상태를 회복할 수 없다고 생각하는 것이 가장 큰 장애요인인 것으로 보인다. 또한, 이와 같은 장애요인으로 인해 건강관리를 제대로 하지 않거나 투석치료를 제대로 받지 않는 등의 행동이 나타난 것으로 보인다. 만약 A의 어머니가 이식수술을 하기로 결정을 하거나, 다른 누군가가 이식수술을 해 줄 수 있는 상황이 된다면, A의 행동을 바꿔 줄 수 있는 큰 행동계기가 될 수 있다. 하지만 현재 경제적 형편상 수술비를 걱정하고 있는 A로서는 이식수술을 한다고 할지라도 수술비를 감당할 수 없다고 생각

표 6-2 건강신념모델의 주요 개념 적용

개념	의미
위험도 인식 (perceived susceptibility)	A는 아직 젊기 때문에 만성신부전이 얼마나 위험한지 그 취약성에 대해 잘 인식하지 못하고 있다.
심각성 인식 (perceived severity)	본인이 젊으므로 만성신부전을 제대로 관리하지 못하는 것이 어떤 심각성을 가져올지에 대해 인식하지 못하고 있다.
이익 인식 (perceived benefits)	건강관리를 지금까지 못했고, 가족 중에서도 건강관리나 투석치료를 챙겨줄 사람이 없기 때문에 정기적인 투석치료 및 건강관리가 질환의 위험을 감소시키고 결과를 완화시킬 것인지에 대해 회의적이다.
장애 인식 (perceived barriers)	신장이식을 위한 비용이 너무 많이 들고, 가족들이 신장이식을 할 만큼의 건강상태도 아니며, A의 건강을 관리하고 정기적으로 투석치료를 격려할 사람도 없는 것이 큰 장애가 되고 있다.
행동 계기 (cues to action)	A의 치료동기를 증가시킬 사건이나 전략들이 아직은 나타나지 않았다.
자기효능감 (self-efficacy)	그렇다고 건강관리 및 정기적인 투석 치료를 실천에 옮길 만한 자신감도 없다.

하기 때문에 치료를 거부할 수도 있다(신장이식수술은 병원이나 환자의 상태에 따라 다르지만 보통 천만 원이 넘는 고액의 수술이다). 즉, 의료서비스 접근상의 장애요인이 있을 경우 이 모델에서 주장하는 신념이나 태도만으로는 해결이 불가능한 경우가 생길 수 있다.

따라서 의료사회복지사는 다양한 교육 프로그램을 활용해서 A가 가지고 있는 병이 현재 얼마나 위험한지, 그 결과가 얼마나 심각한지 인식하도록 해야 된다. 또한, 현재 치료를 위해 비용이 들고 가족의 부담을 가중시키는 손실보다는 치료를 통해 병이 악화되는 것을 방지하고 죽음에 대한 불안을 해소할 수 있다는 인식이 커질 수 있도록 심리사회적 상담을 해야 된다. 그리고 스스로 건강관리를 하고 투석을 정기적으로 받을 수 있다는 자신감을 키우는 것도 중요할 것이다. 이외에 가족과의 면담을 통해 A의 현 상태를 이해시킴으로써 가족이 A의 투석 치료와 건강관리를 하는 데 협조자가 될 수 있도록 해야 한다. 더불어 다양한 자원을 활용해 수술에 대한 경제적 지원이 이루어질 수 있도록 하는 것도 필요할 것이다.

2. 단계적 변화모델

단계적 변화모델(TransTheoretical Model of behavior change: TTM)은 1983년 프로차스카(J. Prochaska)와 디클레멘테(C. DiClement)가 처음 개발한 것으로, 클라이언트의 문제행동이 어떤 단계를 거쳐 변화하는지를 설명하는 모델이다. 이 모델에 따르면, 클라이언트의 행동은 신체적 또는 사회적 이유 때문에 변화하기보다는 개인의 의사결정능력에 의해 변화한다. 운동행동의 단계적 변화모델은 기존의 다양한 행동변화모델을 통합한 것으로, 현재 건강행동 변화와 관련된 개입 프로그램에서 널리 사용되고 있다. 이 모델은 특히 공공건강, 심리학, 사회복지학, 간호학 등에서 많이 활용되고 있다.

1) 단계적 변화모델의 개요

(1) 역사적 배경

단계적 변화모델은 1983년 프로차스카와 디클레멘테가 개발한 모델이다. 이 모델은 심리학자인 프로차스카가 대학생일 때 알코올 중독과 우울증으로 고생하던 아버지를 잃게 된 것이 계기가 되었다. 프로차스카의 아버지는 알코올 중독과 우울증으로 힘들어 할 때, 다양한 종류의 심리치료를 받았지만 효과를 보지 못했다. 이에 심리치료에 대한 불신을 갖게 되었으며, 결국 치료

받는 것을 거부하였다. 따라서 프로차스카는 자신의 아버지와 같은 사람들을 좀 더 이해하고 도울 수 있는 방법을 발견하기 위해 집중적으로 이와 관련된 연구를 하게 되었다. 프로차스카의 연구들은 그가 처음 연구를 하면서 던졌던 질문에 대한 해결책을 주는 대신, 더 많은 질문을 하게 하였다. 특히, 그가 던진 질문 중의 하나는 치료를 통해 환자는 효과를 보지만 왜 그런 효과가 나타나는지 그 과정 및 단계에 대한 이해가 부족하다는 점이었다. 실제 그 당시에 환자의 행동을 변화시키는 과정을 포괄적이고 체계적으로 설명한 이론은 없었다.

이와 같은 초기 발견은 프로차스카가 그의 동료 디클레멘테와 함께 환자들이 행동을 변화시키는 이유, 과정, 단계 등에 대한 탐색을 하게 되는 계기가 되었다. 그들의 목적은 현대심리학에서 사용하는 인지행동적 접근 등을 통해 환자가 어떻게 그들의 행동을 변화시키는지 그 패턴을 관찰하는 데 있었다. 이를 위해 니코틴 중독을 극복했던 환자를 대상으로 광범위한 인터뷰와 관찰 등을 통해 행동변화에서 나타나는 일련의 유사한 단계와 과정을 발견하게 되었고, 이를 초이론적 모델(TransTheoretical Model: TTM)이라고 부르게 되었다(Prochaska & DiClemente, 1983). 이 모델은 다양한 이론이 적용될 수 있다는 점을 고려하여 초이론적 모델이라고 이름을 붙였고, 행동변화의 단계를 강조한다는 점에서 '변화단계(stages of change) 모델' 또는 '운동행동의 단계적 변화모델', '단계적 변화모델'로도 알려지고 있다. 이 절에서는 초이론적 모델을 '단계적 변화모델'이라고 칭하도록 한다.

(2) 단계적 변화모델의 정의

단계적 변화모델은 행동변화를 하게 만드는 과정뿐만 아니라, 개개인 스스로 혹은 다른 사람을 통한 행동변화과정을 이해하도록 하는 모델이다. 이 모델을 구성하는 주요 개념으로는 행동변화를 이끄는 6가지 단계와 변화를 이끄는 10가지 인지행동적 활동 등이 있다. 따라서 이 모델은 6가지 변화단계와 10가지 활동 등을 통해, 클라이언트가 어떻게 문제행동을 수정하고 어떤 방식의 긍정적인 행동을 하게 되는지를 설명한다. 이 모델은 개인의 의사결정에 초점을 둔다는 점에서 '의도적 변화'와 관련된 모델이라고도 한다.

운동행동의 단계적 변화모델은 다음과 같은 3가지 측면을 강조한다.

첫째, 행동변화는 하나의 사건이라기보다는 과정이다. 즉, 변화가 일어나기 전의 다양한 요인(가령 수업시간에 들은 내용, 지지집단 참석 또는 주변 환경의 변화 등)이 클라이언트의 문제행동을 바꾸도록 하는 데 영향을 줄 것이라고 가정한다.

둘째, 행동변화 과정은 일정 기간에 걸쳐 꾸준히 나타나고 특히 6개의 독특한 단계를 통해서 구체화될 수 있다. 따라서 행동변화와 관련된 프로그램을 개발할 경우, 클라이언트가 현재 행동변화에 있어 어떤 단계에 있는지를 먼저 파악하는 것이 중요하다. 이는 클라이언트에게 더 적합한 방법을 제안함으로써 성공확률을 높이는 데 기여할 수 있다. 또한 성공은 단지 행동을 변화시킴으로써 나타나는 것이 아니라 변화를 향한 움직임으로 정의해야 한다.

셋째, 운동행동의 단계적 변화모델은 변화를 유지하도록 하는 데 많은 강조점을 둔다. 이 모델은 클라이언트가 원래의 상태로 다시 돌아가려고 하는 것은 정상적인 행동이라고 본다. 가령, 흡연가가 금연을 하기에 앞서 몇 번의 실패를 경험할 수 있다는 것을 인정하고 있다. 하지만 이를 실패로 보는 대신, 앞으로 자신의 변화를 유지하기 위한 방법을 더 많이 생각하게 하는 하나의 학습기회가 될 것이라고 간주한다.

(3) 단계적 변화모델의 기본 전제

단계적 변화모델은 행동변화는 역동적인 것으로서 시간에 따라 나타난다는 대전제로부터 시작한다. 프로차스카와 벨리서(Prochaska & Velicer, 1997)는 단계적 변화모델의 7가지 전제를 다음과 같이 언급하였다.

① 단 하나의 이론으로는 행동변화의 복잡성을 설명할 수 없다.

② 행동변화는 단계적으로 시간에 따라 일어난다.

③ 오래된 문제행동의 변화가 가능한 것과 같이, 행동변화의 단계도 그와 같은 변화에 항상 열려 있다.

④ 특정 개입이 없다면 클라이언트는 행동변화의 초기단계에 머무른 채 더 나아가지 못할 수도 있다. 이는 환자가 행동변화를 하고 싶다는 본질적인 동기가 없기 때문이다.

⑤ 위험집단에 있는 다수의 사람들은 행동할 준비가 되어 있지 않은 경우가 많다. 따라서 전통적인 방식에 근거한 건강예방프로그램은 효과를 보기 어렵다.

⑥ 더 나은 단계로 나아가기 위해 특정 단계에 필요한 과정과 원칙은 적용되어야 한다.

⑦ 오랫동안 지속되어 온 행동들은 종종 생물학적·사회적 그리고 자기통제와 같은 몇 가지 사항의 조합을 통해 일어날 수 있다. 각각의 단계에 필요한 개입은 주로 자기통제를 증가시킴으로써 일어날 수 있다.

(4) 단계적 변화모델의 단계

① 계획 전 단계

계획 전 단계(precontemplation)는 클라이언트가 아직 자신의 행동을 변화시킬 필요성을 느끼지 못하는 단계이다. 클라이언트에 따라 다양하지만, 어떤 클라이언트들은 실제 자신의 행동이 어떤 결과를 가져올지 전혀 인식하지 못하는 경우가 있다. 또 다른 클라이언트들은 행동으로 인해 나타나는 결과를 인식하고는 있지만 이를 자신과 관련시켜 생각하지 않는다. 이와 같은 계획 전 단계에 관해 전문가들은 '부정(denial)'의 단계라고 부르기도 한다.

② 계획 단계

계획 단계(contemplation)에서는 클라이언트가 행동변화를 위한 첫 번째 단계를 거치게 된다. 이 단계에 있는 클라이언트는 행동변화가 가지고 오는 장점과 단점에 대해 알고 있다. 하지만 아직까지는 단점이 장점보다 크게 느껴지는 상태이기 때문에 변화에 대한 준비는 이루어지지 않은 경우다. 계획 단계는 6개월 이상 걸릴 수 있고, 상황에 따라 목표가 크거나 방대한 경우에는 더 나아가지 못하고 이 단계에서 멈추게 될 수 있다.

③ 준비 단계

준비 단계(preparation)에서는 클라이언트가 상대적으로 가까운 시간(한 달 정도) 안에 행동을 바꿀 준비를 하게 된다. 이 단계에 있는 클라이언트는 특정한 계획, 예를 들어 운동에 참여할 것인지, 금연 프로그램에 참여할 것인지, 또는 의사나 상담가를 만날 것인지 등의 구체적인 계획을 세움으로써 다음 단계로 넘어갈 준비를 하게 된다.

④ 행동 단계

행동 단계(action)에 있는 클라이언트는 실제 자신의 행동을 변화시키기 위한 계획에 참여하게 된다. 가령 금연하기, 운동하기, 건강식 먹기 등이 그 예다. 단계적 변화모델이 나타나기 전 대부분의 행동과 관련된 이론에서는 '행동 단계'에 유일하게 관심을 가졌다. 하지만 이 모델에서 행동 단계는 6가지 단계 중의 하나라고 보면서 이전의 다른 단계를 거치지 않은 상태에서의 행동 단계는 큰 의미가 없음을 강조한다.

⑤ 유지 단계

단계적 변화모델의 주요 관심은 클라이언트의 변화된 행동이 다시 예전 상태로 돌아갈 수도 있다는 점이다. 따라서 이를 유지하기 위한 단계는 매우 중요하다. 과거의 행동으로 다시 돌아가는 것을 피하기 위해 어떤 클라이언트의 경우 몇 달이 걸릴지도 모르고 심지어 몇 년이 걸릴지도 모른다. 따라서 행동 단계 이후, 유지 단계(maintenance)를 통해 변화된 행동이 더 확고하고 철저하게 채택되도록 하기 위한 시간과 노력이 필요하다. 이 단계는 왜 행동의 변화가 어려운지에 대한 통찰력을 제공해 준다.

⑥ 종결 단계

많은 클라이언트들의 경우, 유지 단계가 지속되는 경우들이 많이 있다. 가령 흡연자의 경우, 담배를 피우지 않기 위해 스스로 계속해서 마음가짐을 다지게 된다. 단계적 변화모델은 이와 같은 상황을 정상적인 것으로 받아들인다. 하지만 어떤 클라이언트의 경우, 행동변화가 완벽해서 '100% 자기 확신'이라는 단계에 도달할 수도 있다. 이것은 어떤 상황에서도 변화된 행동을 유지할 수 있다는 확신을 가지게 되는 경우로서, 이 경우에 도달하면 종결 단계(termination)에 이르게 된다. 하지만 이 과정은 매우 이상적이기 때문에 성공적인 행동변화를 위한 필수 단계라고는 보지 않는다.

표 6-3 단계적 변화모형의 주요 단계 및 특징

단계	특징	예
계획전	• 변화하고자 하는 의도가 없음 • 문제나 위험에 대한 인식이 없음	• "나는 지금 담배를 많이 피고 있지만, 그것을 끊어야 된다고 생각지는 않아."
계획	• 문제에 대한 인식을 하기 시작함 • 변화를 고려하지만 특정한 계획은 없음 • 양가감정	• "담배를 끊는 것이 중요하다는 건 알지만, 지금 금연을 하면 일에 집중을 할 수가 없어."
준비	• 가까운 시간 내에 행동을 취하기 위한 계획을 세움 • 과거에 그와 같은 행동을 시도했을 가능성이 있음	• "담배를 끊으려고 패치를 샀고, 내 부인에게 금연을 시도하겠다고 이야기했어."

행동	• 문제를 다루기 위한 구체적인 계획을 수행하지만 행동변화는 아직 꾸준하지는 않음	• "지금 난 담배를 피우지 않아. 자꾸 생각은 나지만 그렇게 나쁘지는 않은 것 같아. 계속 시도해 봐야 될 것 같아."
유지	• 전체적으로 문제행동이 없음 • 건강한 행동을 취하고 있음 • 다시 재발될 수도 있지만 현재는 일상생활의 한 부분으로 변화된 행동을 유지하기 위해 노력하고 있음	• "나는 계속 금연을 하고 있어. 그것이 그렇게 크게 어렵지는 않지만, 그래도 계속 부인의 협조가 필요한 듯 해."
종결	• 문제행동으로 다시 돌아갈 생각이 없음 • 어떤 상황에서도 행동변화를 유지할 수 있다는 확신이 있음	• "나는 어떤 상황에서도 담배 생각이 나지 않아."

(5) 행동변화의 과정

행동변화의 단계는 클라이언트의 자세, 의도, 행동 등에 변화가 일어나는 시간적 측면을 다룬다. 반면, 행동변화의 과정은 다음 단계로 움직이기 위한 행동변화가 어떻게 일어나는지를 알려 준다. 다음의 10가지 과정은 인지적 그리고 행동적 활동으로서 경험적 근거와 함께 이론적으로 확립된 것이다(Patten, Vollman, & Thurston, 2000; Prochaska, DiClemente, & Norcross, 1992; Rodgers, Courneya, & Bayduza, 2001).

① 관심 증대(consciousness-raising): 행동변화가 필요하다는 사실을 발견하고 그 인식을 증가시키는 과정이다. 가령, 책을 읽거나 TV를 보거나 친구 또는 의사와 이야기를 함으로써 새로운 사실을 알게 된다.

② 극적인 사고전환(dramatic relief): 자신의 문제행동을 통해 근심이나 공포 등의 부정적 경험을 하게 되는 과정이다. 가령, 가족이나 친한 친구가 치명적인 병에 걸렸다는 소식은 계획 전 단계로 움직이게 만들 수 있다. 또한, 계획 전 단계로 움직이게 하기 위해 종종 사용되는 기법은 사

이코 드라마, 역할극, 미디어캠페인 등이 있다.

③ 자아 재평가(self re-evaluation): 행동변화가 자기정체감의 일부분이라는 것에 대한 깨달음을 얻게 되는 과정이다. 가령, 이 과정에서는 자기 자신을 '금연가'로 봄으로써 자신에 대한 이미지를 인지적으로 재평가하게 된다.

④ 환경 재평가(environmental re-evaluation): 자신의 문제행동이 사회적 환경에 미치는 영향력에 대해 사정하는 과정이다. 가령, 자신의 흡연이 주변에 있는 아동이나 부인에게 미치는 영향력을 깨닫게 된다.

⑤ 자아 해방(self liberation): 변화가 가능하다는 믿음과 함께 자신이 새롭게 선택한 행동을 수행하고 이에 대한 책임감을 갖게 되는 과정이다.

⑥ 사회적 해방(social liberation): 행동변화에 대한 사회적 지지를 인지하게 되는 과정이다. 즉, 직장에서의 금연구역 확대는 대표적 예다.

⑦ 반 조건화(counter-conditioning): 문제행동을 피하기 위해 자신이 목표한 행동에 더 근접한 것으로 바꾸는 과정이다. 가령, 과거에는 좋아하는 음식을 먹는 것으로 스트레스를 풀었지만, 지금은 먹는 대신 심신완화 기법을 통해 스트레스를 푸는 경우가 그 예다.

⑧ 자극 조절(stimulus control): 자극을 피하는 과정이다. 가령, 술자리를 피하거나, 담배를 피우는 친구를 만나지 않거나, 후식이 나오는 파티를 가지 않는 것 등을 들 수 있다.

⑨ 강화 관리(contingency management): 긍정적인 행동변화에 대한 보상을 증가시키는 반면, 건강하지 못한 행동에 대한 보상을 줄이는 과정이다. 가령, 후식을 먹는 대신 체중을 줄인 후에 새로운 옷을 사는 경우가 이에 해당한다.

⑩ 지지적 조력관계(helping relationships): 가족, 친구, 동료 등으로부터 자신의 행동변화에 대한 지지를 받고 이를 이용하는 과정이다.

표 6-4 행동변화 단계에 따른 각각의 행동변화 과정

	단계적 변화모델의 단계				
	계획 전	계획	준비	행동	유지
행동 변화 과정	관심증대 극적인 사고전환 환경 재평가				
		자아 재평가			
			자아 해방		
				강화 관리 지지적 조력관계 반 조건화 자극 조절	

(6) 다른 주요 변인

단계적 변화모델은 위에서 언급한 단계와 과정 이외에도 변화를 위한 중요한 요소로써 다음 세 가지 특징을 고려하고 있다.

① 자기효능감

자기효능감(self-efficacy)은 사회학습이론의 주요 개념으로, 어떤 결과를 달성하기 위해 필요한 행동을 얼마나 잘 실천할 수 있을 것인가에 대한 개인의 능력에 대한 확신이다(Bandura, 1977). 일반적으로 자기효능감은 행동변화와 밀접한 관련이 있기 때문에 이 모델에서는 자기효능감을 중요한 변인으로 간주하고 있다. 즉, 계획 전 단계에 있는 클라이언트의 경우 자기효능감이 낮지만, 행동상의 변화가 일어날수록 자기효능감은 높아진다고 알려져 있다.

② 의사결정균형

의사결정균형(decisional balance)은 재니스와 만(Janis & Mann, 1977)이 개

발한 의사결정의 이론적 모델에 기초를 두고 있는 것으로, 단계적 변화모델에서도 이 개념을 주요 변인으로 다루고 있다. 이 모델에서는 행동을 변화시키는 데 있어 개개인이 중요하게 생각하는 장점과 단점, 즉 이익과 손실이 있다고 간주한다. 이와 같은 장점과 단점을 판단하는 과정은 행동이 변화되면서 바뀌게 된다. 일반적으로 계획 전 단계에서는 행동변화가 보이는 단점에 무게를 두는 반면, 시간이 지나 행동변화를 받아들이게 되면서 그것의 장점에 더 무게를 둔다고 보고하고 있다.

③ 유혹

유혹(temptation)은 어려운 상황에 있을 때 그들을 특정 습관에 빠지도록 하는 강력한 재촉이라고 정의내릴 수 있다. 일반적으로 부정적 감정이나 정서적 스트레스, 긍정적 사회적 상황, 강력한 욕구 등이 클라이언트를 유혹(가령 행동변화를 멈추는 것)에 빠뜨리게 한다. 클라이언트에게 보통 스트레스를 어떻게 대처하는지 물어보는 것은 효과적인 개입방법을 발견하고, 그들의 자신감과 자존감을 향상시키는 데 도움을 줄 수 있다. 대개 유혹은 자기효능감과 반비례적 관계에 있다고 알려져 있다.

2) 사례 적용

A의 사례에 단계적 변화모델을 적용할 경우, '건강관리(식이요법과 운동)'와 '투석치료를 제대로 받지 않음'이 문제행동으로 정의될 수 있다. 특히 A의 질환은 만성신부전이기 때문에 이와 같은 문제행동이 A의 질환에 미치는 영향을 사정하는 것이 중요하다.

우선, 식이요법과 만성신부전 간의 관계를 사정하는 단계가 필요하다. 다양한 연구결과에 따르면, 만성신부전 환자가 식사조절을 제대로 하지 않으면, 허약감, 메스꺼움, 구토, 식욕저하 등과 같은 요독증 이외에도 부종, 고혈압, 전해질 이상, 빈혈 등이 유발된다고 한다. 따라서 단백질의 섭취를 제한하고, 염분과 칼륨의 섭취를 줄이는 등의 식이요법이 필요하다. 또한, 만성신부전은 의사 및 치료진의 치료에 순응하며 정기적인 투석치료가 절대적으로 중요하다. 따라서 건강관리를 잘하지 못하거나 투석치료를 제대로 하지 않는 것은 변화시켜야 하는 주요 문제행동으로 파악될 수 있다.

단계적 변화모델을 적용하기 위해 현재 A가 어떤 단계에 놓여 있는지 정확하게 판단하는 것은 향후 개입계획을 세우기 위해 필수적이다. 건강관리와 관련해서는, 계획 전 단계에 있다고 할 수 있다. 즉, A는 폭식을 하거나 계속 잠을 자는 등 불규칙한 생활을 해 왔음을 알 수 있다. 그럼에도 현재 식이요법을 하고 있는지, 운동을 정기적으로 하고 있는지 등을 정확하게 판단하는 것은 향후 개입계획을 위해 절대적으로 필요하다.

투석 치료를 제대로 받지 않는 것은 계획 단계로 사정할 수 있다. 의료진에게 순응하고 병원치료를 잘 받는 것이 자신의 상태를 호전시킬 수 있다는 점에 대해서는 인식하고 있지만, 이로 인해 생길 수 있는 단점, 즉 이식수술을 하지 않고서는 더 이상 나아지지 않고 투석으로 인해 평생 병원을 다녀야 되며, 가족들에게 부담을 줄 수 있다는 점이 A에게는 더 큰 부담으로 다가온다는 점이다.

이와 같은 단계에서 건강관리를 제대로 하고, 치료진에게 순응하면서 투석치료를 정기적으로 받을 수 있도록 하기 위해서는 다음과 같은 의료사회복지사의 개입이 필요할 수 있다.

(1) 건강관리를 위한 개입

단계적 변화모델이 제안하는 것에 근거하면, A는 계획 전 단계에 해당되기 때문에 관심증대, 극적인 사고전환, 환경 재평가 등을 통한 접근이 가능하다. 이를 위해 의료사회복지사의 개별면접 및 가족면접이 필요할 것이다.

관심 증대나 극적인 사고전환의 경우, 신문이나 뉴스 동영상을 통해 만성신부전 환자가 식이조절이나 운동을 하지 않았을 경우 어떻게 되는지를 보여 주는 것은 A의 생각을 변화시키는 데 도움을 줄 수 있다. 따라서 이와 같은 여러 가지 다양한 매체를 활용해서 A가 만성신부전 환자의 건강관리에 관심을 갖게 하고, 건강관리의 중요성을 인식시킬 수 있도록 하는 것은 매우 중요하다.

환경 재평가 또한 활용될 수 있다. 현재 A에게 자신의 건강상태로 인해 어머니나 동생에게 미치는 영향력에 대해 파악할 수 있도록 할 필요가 있다. 실질적으로 A의 어머니는 생계를 위해 아르바이트를 하는 동시에 A 및 동생 간병을 해야 된다. A의 동생 또한 휠체어 없이는 활동할 수 없는 상태이다. 이와 같은 열악한 가족성원을 생각할 경우, A는 스스로 자신의 건강관리를 하면서 어머니와 동생을 지원할 수 있도록 건강 상태를 회복하는 것이 급선무임을 깨닫도록 해야 된다.

(2) 치료진에 순응하기-정기적인 투석치료

현재 A의 경우, 치료진에게 순응하면서 정기적인 투석치료를 받도록 하는 것이 중요하다. 이와 관련해서 현재 A는 계획단계에 있다고 진단된다. 이를 위해 자아 재평가의 방법이 사용될 수 있다. A는 자신의 질환을 치명적으로 생각하지만 현재의 건강 상태보다는 가족의 경제적 상황 등을 더 많이 염려하고 있을지도 모른다. 또는 자신의 현재 상황을 정확한 정보 없이 너무 비관적으로 생각하기 때문에 자포자기할지도 모른다. 따라서 현재 상태에 대한 정확한 의학적 정보와 함께, '자신이 우선'임을 부각시키기 위한 심리 상담이 필요할 것이다. 더불어 경제적 상황에 대한 더 정확한 사정을 통해 경제적 지원과 관련된 자원을 제공하고 도움을 주는 것도 치료진에 순응하도록 하는 데 중요한 영향을 미칠 것으로 보인다. 한편, 위에서 언급한 치료진에 대한 순응과 더불어 건강관리에 대한 개입은 서로 연결되어 있다는 점을 고려하여 통합적인 접근을 하는 것이 더 효과적일 것으로 보인다.

표 6-5 단계적 변화모델에 의한 사례 적용

행동변화 목표	행동변화 단계	행동변화를 위한 활동	기타
건강관리	계획 전 단계	관심증대: 만성신부전 환자의 건강관리에 대한 정보를 통해 관심을 증가시킨다.	경제적 문제에 대한 사정 및 자원 연결
		극적인 사고전환: 다양한 매체를 활용해서 극적인 장면을 보여줌으로써 사고의 전환을 이끈다.	
		환경 재평가: 어머니와 동생의 입장을 고려하면서, 가족성원에 대한 나의 역할을 이해한다.	
정기적인 투석치료	계획 단계	자아재평가: 자기 정체감에 대한 깨달음을 얻기 위한 개입방법을 개발한다. -의학정보 제공 -'자신의 건강이 우선이다.'라는 인지적 치료 -스트레스 관리	

3. 근거중심 실천모델

　근거중심 실천모델(evidence-based practice model)은 클라이언트의 문제에 효과적으로 개입하기 위해서 과학적으로 효과가 있다고 입증한 근거를 사용하는 실천모델이다. 이는 클라이언트에게 가장 필요한 방법들을 발견하기 위해 다양한 과학적 근거, 자료뿐만 아니라 사회복지사의 경험 및 지식, 기술 그리고 클라이언트의 개인·사회·환경적 측면을 모두 포함해서 클라이언트를 위한 최적의 의사결정을 하는 것으로 문제해결 방법의 과학적 접근이라고 할 수 있다.

1) 근거중심 실천모델의 개요

(1) 역사적 배경

1990년 이전부터 연구와 실천을 통합하기 위한 다양한 노력이 있었고, 이에 불더 모델(Boulder model)이라고 불리는 과학적 실천가 모델(scientific practitioner model)이 나타났다. 하지만 본격적으로 근거중심 실천모델이 관심을 받기 시작한 것은 1988년에 근거중심 의학(evidence-based medicine)모델이 발표된 이후다. 의학 분야에서는 환자를 대상으로 하는 다양한 임상실험을 수행하고 있었지만, 이를 환자에게 직접 적용하는 데 많은 어려움을 겪어 왔다. 이에 과학적 근거에 의한 실천이 환자의 건강을 증진시킬 수 있음을 인지하게 된 실천가와 연구자들은 근거중심 실천운동을 하기 시작하였다. 그 결과 사회복지계에서는 1990년대 초에 처음 근거중심 실천모델을 받아들이게 되었다. 이는 하나의 패러다임의 변화를 통해 나타난 실천모델로서, 실천현장에 있는 사회복지사와 학계에 있는 연구자가 사회복지의 발전을 위해서는 서로 통합해야 함을 주장하고 있다(Bloom, Fischer, & Orme, 2009; Satterfield et al., 2009).

현재 사회복지계에서는 근거중심 사회복지 실천모델을 발전시키기 위한 다양한 노력이 진행되고 있다. 가령, 미국과 유럽에서는 사회복지사와 연구자 간의 협력을 증가시키기 위해 근거중심 사회복지 실천을 수행하기 위한 다양한 기관이 설립되어 중요한 인프라를 구축하고 있다. 또한 사회복지 교육현장에서는 근거중심 사회복지 실천을 교육과정에 포함할 것을 요구하고 있다. 사회복지 윤리강령에는 사회복지 실천을 위해 연구에 근거한 방법론의 적용이 중요함을 제시하고 있다.

이와 같이 근거중심 실천모델을 이용하기 위한 다양한 노력의 결과로 근거중심 실천모델에 대한 방법은 좀 더 체계화되고 발달되고 있다. 즉, 분석기법이 점차 체계화되고 있고, 환자의 욕구 및 비용, 정책적 문제 등을 효과적으로 고려하면서 어떻게 기존 연구를 클라이언트에게 적용시킬지에 대한 방법들이 논의되고 있으며, 효과성을 측정하고 피드백을 이용하는 방법 등에 대한 기법 등도 향상되고 있다.

(2) 근거중심 실천모델의 정의

근거중심 실천모델은 최적의 근거(best available evidence)를 실천가의 임상경험(clinical expertise)과 클라이언트의 가치 및 선호도(patient's values and preferences) 등을 함께 통합해서 문제를 해결하는 실천모델로 정의된다. 헤인즈, 데버룩스와 구얏트(Haynes, Devereaux, & Guyatt, 2002)는 [그림 6-2]에서 나타난 것과 같은 세 가지 원형에 기반(three-circle conceptua-lization)해서 근거중심 실천모델을 정의하였고, 이는 사회복지계에서 가장 빈번하게 인용되고 있다. 최근에는 레기어, 스턴, 쉴론스키(Regehr, Stern, & Shlonsky, 2007)가 근거중심 사회복지 실천을 더 큰 맥락에서 볼 것을 주장하는 새로운 모델을 발표하기도 했다.

헤인즈 등(2002)에 따르면, 근거중심 실천모델은 과학적 근거만을 사용하는 것이 아니라 실천가의 경험 및 기술 등에 가치를 두며, 클라이언트의 개인적·사회적·문화적 특성 등을 모두 고려해야 함을 주장하고 있다. 이는 과학 및 논리적 발견뿐만 아니라 전문가의 판단 및 가치 등을 모두 고려해야 함

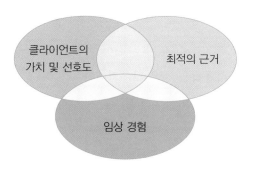

[그림 6-2] 근거중심 실천모델

📋 **표 6-6** 근거중심 실천모델의 각 구성 요소

클라이언트의 가치 및 선호도	최적의 근거	임상 경험
• 선호도, 문제, 기대 • 목적 및 선호하는 활동 • 문화, 종교, 지역사회 규범 및 가치 • 변화와 가치에 대한 집단의 생각 • 인지된 장애물	• 클라이언트의 특징 • 개입방법 • 사정 • 예방 • 치료 • 근거중심 실천에 대한 장애물을 확인하는 것	• 실천 지혜 • 경험 • 기관의 문화, 가치, 실천, 및 절차 • 전문가 윤리 강령 • 인간관계 기술 • 사정 및 개입 기술

을 의미한다. 따라서 근거중심 실천모델은 이와 같은 세 가지 요인을 모두 고려해서 정보를 통합한 후에 적용하는 하나의 임상적 추론 과정이라고 말할 수 있다.

(3) 근거중심 실천모델의 기본전제

근거중심 실천모델에서의 주요 전제는 다음과 같다(Newhouse, Dearholt, Poe, Pugh & White, 2007).

- 실천가는 과학적 근거를 통해 실천현장에서 이를 적용해야 된다.
- 지식은 전문적 실천에 있어 중요하지만 이를 실천현장에서 적용하기에는 한계가 있다.
- 모든 과학적 근거가 신뢰성과 타당성을 갖고 있는 것은 아니기 때문에 최적의 근거를 사용하는 것은 필수적이다.
- 근거중심 실천은 클라이언트의 복지를 향상시키는 데 기여할 수 있다.

근거중심 실천모델에서는 임상·행정·교육적 측면을 고려해서 의사 결정할 것을 제안한다. 즉, 기관의 경험, 전문지식, 전문가의 의견 그리고 클라

이언트의 가치 등을 모두 결합해서 기존의 과학적 근거를 중심으로 클라이언트를 위한 최적의 의사결정을 하는 것을 의미한다. 특히 근거중심 실천모델의 가장 중요한 특징은 클라이언트의 가치와 기대에 상당한 비중을 둔다는 점이다. 즉, 실천가가 과학적 근거를 발견한 이후에는 클라이언트와 소통하기 위해 적극적으로 노력해야 하고, 효과적인 개입방법을 결정하기 위해 함께 논의하게 되는 것이다. 따라서 최소의 비용과 시간을 들여 최적의 결과물을 생산하고, 궁극적으로는 환자가 더 나은 삶의 질을 누릴 수 있도록 하는데 그 목적을 둔다.

(4) 근거중심 실천모델의 과정 및 단계

근거중심 실천모델의 과정은 다음과 같은 5가지 단계로 구조화된다.

① 필요한 정보를 대답 가능한 임상적 질문으로 변화시킨다.

근거중심 실천모델은 실천가가 클라이언트에 관한 임상 관련 정보가 필요하다고 생각할 때 시작된다. 임상 관련 정보는 다양한 연구자료 및 근거 등을 통해 해결될 수 있다. 따라서 필요한 정보를 대답 가능한(answerable) 임상적 질문으로 바꾸는 것은 중요하다. 예를 들면, 다음과 같은 질문이 있다.

- 불면증으로 고생하고 있는 중년 여성의 경우, 스트레스 대처방법에 관한 교육 및 프로그램이 불면증을 줄이고 그들의 삶의 질을 향상시키는 데 효과적일까?
- 가슴에 통증을 느껴 입원한 환자의 경우, 사회복지사의 심리상담이 통증을 완화시키는 데 효과적일까?

② 임상적 질문에 대답하기 위한 최적의 근거를 발견한다.

임상적 질문을 만든 후에는 그 질문에 대한 해답을 제공해 줄 수 있는 최적의 근거를 발견해야 된다. 이를 위해 각종 저널, 책, 웹 사이트 등의 출처 등을 확인하고, 가장 중요한 해답을 제공해 줄 수 있는 자료를 확보하는 것이 중요하다.

③ 타당성, 영향력, 적용 가능성 등을 고려하면서 과학적 근거를 정확하게 판단하도록 한다.

과학적 근거를 발견한 후에는 그것이 최적의 선택이었는지를 평가할 필요가 있다. 즉, 클라이언트에게 과학적 근거를 적용하는 것이 적절하고 가치 있을지 등을 결정해야 한다. 이것을 평가하기 위해 필요한 세 가지 척도가 있다.

- 타당성(validity): 실천가가 발견한 과학적 근거가 정확한지 확인해야 한다. 즉, 그 연구가 수행된 방법을 세밀하게 조사하고 확인함으로써 그 연구 결과가 정확성을 띠고 있는지 조사해야 한다.
- 영향력(impact): 연구가 임상적으로 얼마나 중요한지 판단한다. 가령, 새로운 개입방법의 효과성에 관한 연구일 경우, 그 방법이 실천현장에서 클라이언트를 변화시키는 데 얼마나 큰 효과를 가져다 줄 수 있을지를 평가해야 한다.
- 적용 가능성(applicability): 연구결과를 클라이언트에게 적용하는 것이 가능한지 평가한다. 이를 위해 그 연구에 참여했던 참석자의 특성과 실천현장에서 적용하고자 하는 클라이언트의 특성을 비교할 수 있다.

④ 임상경험 및 클라이언트의 가치, 선호도 등을 최적의 근거와 통합시킨다.

기존 연구를 통해 발견한 최적의 근거를 실천가의 임상경험뿐만 아니라 클라이언트가 가지고 있는 다양한 문제점 등을 고려하면서 통합하는 단계다. 실천가의 임상경험은 전문가로서의 축적된 경험 및 교육, 임상 기술 등을 의미한다. 또한 근거중심 실천은 클라이언트가 가지고 있는 문제를 해결하기 위한 수단으로서 처음 시작했다는 점을 고려하면서, 클라이언트가 현재 가지고 있는 문제점, 가치, 선호도, 욕구 등을 고려해야 된다.

⑤ 1번부터 4번까지의 단계에서 각각 수행했던 방법의 효과성 및
효율성을 평가하고 이를 향상시킬 수 있는 방법을 고려한다.

근거중심 실천의 마지막 단계로서, 지금까지 수행했던 각각의 단계를 평가하는 과정이다. 각 단계에서 어떤 과업을 수행했는지, 효과적이고 효율적으로 수행했는지, 목표가 달성되었는지, 만약 달성되지 않았다면 어떤 단계에서 어떻게 향상시킬 필요가 있는지와 같은 다양한 질문을 통해 확인하는 것은 향후 더 나은 실천을 위해 필수적이다.

표 6-7 근거중심 실천모델의 단계

1. 질문을 한다.
2. 정보에 접근한다.
3. 발견된 자료들을 평가한다.
4. 정보를 적용한다.
5. 검사하고 평가한다.

2) 사례 적용

근거중심 실천모델을 A의 사례에 적용하기 위해 다음과 같은 각각의 절차를 따르는 것이 필요할 것이다.

📑 **표 6-8** 근거중심 실천모델에 의한 사례 적용

적용	고려사항
1. 질문을 한다.	
• 경제적 문제를 가지고 있는 클라이언트의 경우, 치료진에게 순응시키도록 하기 위한 기법은 무엇이 있을까?	환자를 위한 우선순위를 고려해서 질문한다.
2. 정보 및 자료에 접근한다.	
• 치료진의 순응에 영향을 미칠 수 있는 요인에 관한 연구 • 경제적 요인과 순응도 간의 관계에 대한 연구 • 치료진에 대한 환자의 순응도를 높이기 위한 기법에 대한 연구 • 치료진에 대한 환자의 순응도를 높이기 위한 가족관계 개입에 대한 연구	자료에 접근하기 위해 관련 논문 등의 리스트를 모아놓은 인덱스(가령, Medline, Pubmed, Proquest 등)를 확인한다.
3. 발견된 자료들을 평가한다.	
• 치료진에 대한 환자의 순응도를 높이기 위한 자료 중, 사회복지사는 다음과 같은 자료를 발견하였다: '만성신부전 환자의 치료 순응도를 높이기 위한 다학문적 개입의 효과(Effect of a multidisciplinary intervention on medication compliance patients with chronic renal failure)' • 연구목적: 환자의 비순응도와 관련 있는 요인을 확인하고, 환자가 치료진들에게 순응하도록 하기 위한 개입방법으로 다 학문적 개입을 수행하며 이 개입의 효과성을 평가하는 것이다. 이와 같은 목적은 처음에 사회복지사가 제안했던 질문 중의 하나와 일치하고 있음을 알 수 있다. • 대상자: 대상자는 만성신부전으로 투석치료를 받고 있는 156명의 환자를 대상으로 했다. 환자와 같은 질환을 앓고 있다. • 연구설계: 무작위 임상 실험(randomized clinical trial)에 근거해서 개입을 수행하였기 때문에 연구 방법에서의 타당성을 높이 평가할 수 있다. • 개입방법: 포괄적인 환자 교육, 식이요법 및 사회 서비스 상담, 투석치료에 관한 정보 제공, 사후 관리 등으로 구성된다. 환자의 현재 질환과 유사하며, 필요한 요인이 포함되어 있다. 하지만, 경제적 문제를 고려하지 않은 상태에서 개입을 했기 때문에 이 접근이 적합한지, 아니면 이것을 수정할지 평가할 필요가 있다.	자료를 평가하기 위해서 분석에 포함되어야 할 각각의 요소를 정의하고, 체크하는 것은 도움이 된다. 타당성, 영향력, 적용가능성 등을 고려해서 평가한다.

• 척도: 결과를 측정하기 위해 신뢰성과 타당성이 입증된 표준화된 척도를 사용하였다. • 자료수집 방법: 사전 사후 방법에 근거해서 자료를 수집한 후 변화를 분석하였다. 개입방법의 효과성을 평가하기에 충분하다. • 결과 분석: 표준화된 통계분석 방법을 사용해서 정확하게 분석하였으며, 개입이 효과가 있음을 입증하였다.	

4. 정보를 적용한다.

• 만성신부전 환자의 순응도를 높이기 위한 방법으로 다학문적 개입이 효과가 있다는 근거를 바탕으로 A에게 이를 적용한다. • 하지만, 이 논문은 환자의 경제적 상태(주거, 직장 등) 및 가족 환경에 대한 부분을 다루지 않았다. 따라서 이 부분을 고려해서 다학문적 개입에 경제적 상황 및 심리사회적 상태와 관련된 개입을 더 추가한다. • 의료사회복지사는 A를 위한 개입을 수행하기 위해 다 학문적 팀 즉, 의사, 간호사, 영양사, 약사 등에게 협조를 구하고, 의료사회복지사의 실천 기술인 상담과 자원 연결 등을 통해 개입을 구체화한다.	정보를 적용하기 위해, 가장 필요한 것은 치료진에게 환자가 순응하지 않는 이유를 먼저 확인하는 것이다. 이에 근거해서 환자에게 가장 적합하고 시급한 문제를 중심으로 접근하는 것은 필요할 것이다.

5. 검사하고 평가한다.

• 환자에게 개입하기 위한 질문이 적절했는가? • 정확한 정보를 수집했는가? • 수집한 정보를 타당성, 영향력, 적용가능성 등을 고려해서 판단하였는가? • 과학적 근거, 환자의 상태, 의료사회복지사의 경험 및 지식을 통합한 개입을 수행하였는가?	각 단계에서 필요한 사항에 대한 질문 리스트를 만든 후 이에 대답해 가는 과정은 각 단계를 평가하는 데 유용하다.

제7장

의료사회복지실천의 실제 I

1. 당뇨병

1) 당뇨병에 대한 이해

대한당뇨병학회(2018)의 발표에 따르면 2016년 현재 30세 이상 한국 성인 7명 중 1명(14.4%)이 당뇨병을 가지고 있는 것으로 나타났으며, 이는 약 501만 명으로 추정되는 수치이다. 연령이 증가할수록 소득수준이 낮을수록 당뇨병 유병률은 증가하는 경향을 보이며 최근 6년 동안의 추이를 보면, 남성의 경우 2011년 14.5%에서 2016년 15.8%, 여성의 경우 10.4%에서 13.0%로 증가하였다. 앞으로 고령화, 비만 등의 영향으로 인해 당뇨병 유병률은 계속 증가할 것으로 예측된다. 당뇨병은 65세 이상 노인인구에서 22.7%를 차지하고 있으며, 이로 인한 심장병, 뇌졸중, 실명, 만성신부전 등 당뇨합병증의 사회적 비용도 막대하다. 하지만, 당뇨병 환자의 대부분은 혈당관리를 제대로 하지 않는 것으로 보고된다. 실제로 혈당관리 미비로 인한 당뇨병 합병증에 따른 사망률도 세계적으로 높은 수준이다(조선일보, 2012.11.10.).

당뇨병(Diabetes Mellitus: DM)의 발생기전을 살펴보면 다음과 같다. 음식물을 섭취하면 위장에서 소화가 되어 영양소로 분해된다. 영양소 중에서 우리 몸의 에너지원으로 가장 많이 쓰이는 것이 탄수화물(당)이다. 분해된 당은 소장 벽을 통해 혈액으로 흡수되는데, 이것이 혈당이다. 혈당은 혈관을 따라 우리 몸 구석구석으로 운반되어 사용되며, 이때 혈당이 세포 안으로 들어가 에너지로 사용되고 인슐린이 남은 당을 저장하는 역할을 하게 된다. 그런데 인슐린 분비가 잘 안되거나 혹은 분비가 되더라도 세포에서 기능을 제대로 하지 못하면 신체 내에서 당의 이용이 원활하지 않아 필요한 에너지가 부족하게 되고, 사용되지 못한 당은 혈액 중에 필요 이상으로 많이 쌓여 고혈당 상태가 되어 결국 소변으로 배설된다. 즉, 당뇨병은 췌장에서 분비되는 인슐린이라는 호르몬의 분비 또는 작용에 문제가 생겨 나타나는 병이다(장수미, 권자영, 최경애, 김준영, 2002).

당뇨병의 진단기준은 다음 4가지 중 하나 이상에 해당한다. 첫째, 의사로부터 당뇨병을 진단받은 경우, 둘째, 경구용 혈당강하제 복용 또는 인슐린 치료 중인 경우, 셋째, 공복혈당이 126mg/dL 이상인 경우 넷째, 당화혈색소가 6.5% 이상인 경우이다(대한당뇨병학회, 2018).

당뇨병의 유형으로는 제1형과 제2형이 있다. 제1형 당뇨병은 우리나라 당뇨병의 2% 미만을 차지한다. 유년기에 가장 흔하게 발생되며, 주로 30~40세 이전에 진단되지만 성인에게서도 나타날 수 있다. 제2형 당뇨병과 달리 제1형 당뇨병은 유전적인 요인이 작용함에도 불구하고 대부분은 가족력이 적다. 제1형 당뇨병은 체내의 인슐린 분비세포의 파괴로 심한 인슐린 결핍이 오는 것이 특징이므로 인슐린 보충 치료를 받지 않을 경우 고혈당이 나타날 뿐만 아니라 케톤산증이 일어난다. 한편, 제2형 당뇨병은 한국인 당뇨병의 대부분을 차지하고 보통 40세 이상에서 발생되지만 그보다 젊은 연령에서도 발생하며 과체중인 경우가 많다(대한당뇨병학회 홈페이지).

당뇨병은 증상 자체에 대한 관리와 당뇨로 인한 합병증의 관리가 매우 중요한 만성질환이다. 당뇨병이 수년 이상 지속되면 합병증이 발생할 수 있는데, 미세혈관의 손상으로 인한 눈(망막), 신장, 신경의 합병증과 큰 혈관의 동맥경화증에 따른 혈액 순환장애로 협심증이나 심근경색증, 뇌졸중 및 폐쇄성 말초동맥질환 등이 있다. 따라서 합병증을 예방하거나 합병증이 발생하는 시간을 최대한 늦추어 당뇨병을 지닌 상태로 삶의 질을 유지하기 위해서는 당뇨병 자기관리(self-management)가 매우 중요하다.

당뇨병은 완치되는 병이 아니라 지속적인 자기관리를 통해 평생 조절해야 하는 병이므로, 치료를 위해서는 무엇보다 당뇨병을 잘 알고 관리하는 방법을 배우는 것이 중요하다. 당뇨병치료에서는 혈당을 최대한으로 정상에 가깝게 조절하면 합병증을 예방하거나 완화시킬 수 있으므로 혈당조절이 필수다. 즉, 식이요법과 운동을 통해 혈당을 조절하고, 이것으로 혈당조절이 안되면 약물이나 인슐린을 사용한다. 중요한 것은 자신에게 맞는 당뇨병 자기관리법을 터득하는 것으로 식사조절, 운동, 경구혈당강화제와 인슐린 주사 등을 조화롭게 실시해 본 후 규칙적으로 혈당 또는 요당검사를 통해 결과를 비교해 보는 것이다. 그러면 일정한 몸의 패턴을 알게 되므로 스스로 혈당관리 요령을 알게 될 뿐만 아니라, 일상생활에 잘 대처해 나갈 수 있는 노하우가 생기게 된다.

2) 심리사회적 적응

당뇨병은 신체변화뿐 아니라 심리사회적 적응의 어려움도 초래하는 만성질환이다. 혈당을 정상 범위로 유지하기 위해 당뇨병 환자는 경구혈당강하제의 복용 및 인슐린 주사 등의 약물요법, 제한된 칼로리 섭취를 요구하는 식이요법, 규칙적인 걷기와 같은 운동요법을 잘 수행해야 한다. 또 매일 혈당을 체크하고 합병증의 발생을 예방하기 위해 발, 눈 등을 잘 살피고 관리한다. 이러한 과정은 의사에 의해 이루어지는 것이 아니라, 당뇨병 환자 스스로의 적극적인 당뇨관리 노력에 의해 이루어진다. 하지만 당뇨병으로 진단받은 직후부터 환자의 일상생활에서 요구되는 약물, 식사, 운동 등의 자기관리는 환자에게 상당한 부담과 스트레스가 된다(장수미, 한인영, 2004). 특히 일생 지속되는 당뇨병의 특성상 노년기 당뇨병 환자의 경우 의료비 부담도 갖게 된다. 노인 당뇨병 환자는 혈당 조절이 안 되면 더욱 스트레스를 받고 합병증에 대한 두려움과 자식들에 대한 미안한 마음, 경제적인 부담감 등으로 삶의 질에도 부정적 영향을 초래한다(최윤정 외, 2002).

빈곤과 같은 경제적 어려움도 당뇨병 자기관리를 방해하는 요인이다. 빈곤한 당뇨병 환자는 우선 식이요법의 이행이 쉽지 않은데, 이들은 어떤 음식이든지 간에 가격이 싸고 배불리 먹을 수 있는 음식을 우선적으로 선택하거나 구입 가능한 음식을 먹을 수 있을 뿐이다. 이들의 경제적 곤란은 정기적인 병원 방문이나 약물요법보다는 민간요법에 관심을 갖게 하며 열악한 주거환경은 편안하고 안전하게 운동할 기회도 빼앗는다(Wissow, 2006: 장수미, 2007 재인용). 당뇨병이 환자 개인과 가족, 지역사회에 미치는 심리사회적 영향을 살펴보면 〈표 7-1〉로 요약된다.

표 7-1 당뇨병의 심리사회적 영향

	개인	가족	지역사회
질병 자체의 영향	진단 시 반응 및 적응: 발병에 대한 부인, 두려움, 분노, 죄책감, 우울, 수용	진단 시 반응 및 적응: 유전적 소인에 대한 죄책감, 두려움, 분노, 관리에 대한 부담감	당뇨병에 대한 편견, 무지로 인해 부적절한 처우

질병관리의 영향	식사	• 식이요법에 대한 이해 　와 사회적 관계형성의 　어려움 • 외식의 어려움 • 식습관 변화의 어려움 • 자기조절 능력의 요구	• 식사준비의 어려움 • 다른 가족성원 욕구와의 　균형(외식 등) • 적절한 지지방법 탐색	• 식문화 • 식이제한에 대한 　편견 • 다양한 대체식품의 　부재
	운동	• 시간조절의 어려움 • 운동에 대한 선호와 　부담	• 지지방법 탐색	• 운동자원의 여부 • 운동문화
	혈당 측정	• 바늘에 대한 공포 • 혈당측정기 구입 • 측정결과에 대한 반응	• 혈당측정에 대한 지지 • 측정결과에 대한 반응 　및 지지	
	발 관리	• 신발의 선택권 제한 • 합병증에 대한 공포 • '호들갑스러움'에 대한 　느낌	• 관리에 대한 적절한 　지지	• 편한 신발에 대한 　접근도, 선호도

출처: 이채원(2003).

3) 의료사회복지사의 개입

(1) 교육

당뇨병 자기관리에 있어서 가장 중요한 치료방법 중 하나인 당뇨병 교육에서는 환자 요구에 맞는 교육내용을 개발하는 것이 중요하며, 지속적인 행동변화를 유지할 수 있도록 동기유발을 유도하고 혈당조절에 영향을 미치는 심리사회적 요인도 함께 고려하여 수행되어야 한다. 종합병원 및 대학병원에서 실시되고 있는 당뇨병 교육프로그램을 살펴보면 의사, 간호사, 사회복지사, 영양사, 약사, 운동처방사 등이 팀이 되어 당뇨병 및 당뇨합병증의 이해, 혈당관리, 인슐린주사법, 식이요법, 운동요법, 약물요법, 당뇨병 환자의 심리사회적 적응, 스트레스 관리, 가족의 지지 등을 주제로 환자와 가족을 대상으로 교육이 실시되고 있다. 기존 당뇨병 교육이 당뇨병에 대한 지식을 전달하고 당뇨병 관리방법을 가르치는 효과가 있지만 주로 의료진의 강의중심 교육으로서 당뇨병 환자 개인 및 가족의 생심리사회적 욕구에 맞는 개별화된 교육은 제한적이다. 또한 당뇨병 교육은 주로 당뇨병으로 진단받은 입원환자를 대상으로 실시하고 있어, 지역사회에서 초기 당뇨병 환자를 대상으로 한 교육은 어려운 상황이다. 당뇨병 교육은 다학제적 팀(interdisciplinary team)에 의해 수행되는 것이 가장 효과적으로 밝혀지고 있는 만큼, 당뇨병 교육자를 양성하고 전문적인 교육훈련을 실시하는 것이 중요하다.

(2) 당뇨캠프

캠프란 야외에서 자연환경을 활용하여 유능한 지도자 아래서 공동생활을 하는 창조적·조직적·교육적인 경험으로서 신체적·인지적·정서적·영적 성장에 기여하는 데 목적이 있다. 이러한 캠프의 의미를 당뇨병 환자와 가족에게 적용시킨 것이 당뇨캠프다. 당뇨캠프는 1920년 미국에서 처음 시행되었고 우리나라에서는 1981년 도입되었는데, 초기에는 소아당뇨병 환자에게 시도되었다. 일반적으로 야외활동이 용이한 계절에 3박 4일 정도의 일정으로 당뇨병 환자 및 가족들과 각 분과 스태프인 의사, 간호사, 사회복지사, 영양사 등 치료진이 사전회의를 거쳐 캠프를 준비, 검토, 진행, 평가하게 된다(권자영, 2003).

사회복지사는 주로 당뇨병 자기관리에서 중요한 정서적·심리적 측면에 초점을 맞추어 환자가 당뇨병과 당뇨병 자기관리의 필요성을 수용하도록 하고 당뇨병과 관련된 스트레스를 다룬다. 캠프 기간 동안 사회복지사가 담당하는 프로그램으로는 스트레스 관리, 역할극, 심리극, 의사소통기술, 인생곡선 그리기, 가족에게 쓰는 편지 등이 있다.

대한당뇨병학회에서 2004년부터 시작한 2030캠프는 20대와 30대 당뇨병 환자를 대상으로 교육과 치료에 대한 동기부여를 위해 실시되었다. 20대와

30대는 처음 직장을 구하여 사회생활을 시작하며 결혼과 출산을 하는 중요한 삶의 시기이다. 이 시기에 당뇨병을 앓는 경우, 사회생활과 결혼생활을 원만히 유지하고 당뇨병을 관리하는 것에 상당한 스트레스를 받는다. 따라서 당뇨캠프는 젊은 당뇨병 환자들이 올바른 당뇨병관리에 대한 지식을 획득하고 치료동기를 부여하여 원활한 사회생활을 하도록 지원한다. 의료팀이 모여 일선 진료현장에서 접하기 어려웠던 단계적 집중교육과 개별상담 등을 제공하여, 참가자의 당뇨병에 대한 이해를 넓히고 개개인의 당뇨병 자기관리를 배우는 기회로 활용되고 있다.

2030캠프의 구체적 내용 예시를 보면, 의료분과에서는 '당뇨병성 망막증'을 주제로 당뇨로 인한 합병증에 대한 이해를 돕고, 영양분과에서는 '주제별 영양교육'으로 환자들의 주 관심사인 식이요법의 실제를 연습한다. 간호분과에서는 '합병증 체험'을 통해 당뇨합병증에 대한 경각심을 일깨우고, 사회복지분과에서는 '공감의 힘'이라는 주제로 당뇨병 환자 상호 간의 사회적 지지를 통한 자기관리를 강조한다(대한당뇨병학회 홈페이지).

(3) 개인 및 가족 상담

당뇨병 환자가 의뢰되었을 때 의료사회복지사가 처음 하는 일은 환자의 당뇨병 질환, 인구사회학적 특성 및 정보에 대한 파악과 함께 당뇨병으로 인한 심리사회적 어려움을 사정하는 것이다. 꾸준한 당뇨병관리는 일상생활에서 실천되어야 하지만, 매일매일 발생하는 스트레스는 당뇨병 자기관리에 방해요소가 된다. 또한 식이요법, 혈당관리, 운동 등을 할 때 가족의 지지가 매우 중요하다. 구체적으로 가족의 역할은 당뇨병에 대하여 올바로 이해하는 것, 당뇨병 환자의 행동을 이해하고 수용하는 것, 감정을 함께 나누고 대화를 자주 하는 것, 고혈당, 저혈당, 합병증 등에 대한 대처방법을 습득하는 것, 식사, 운동 등에 대한 구체적인 생활계획을 함께 실천하는 것, 가족이 당뇨병 환자에 대해 지나친 책임감을 갖지 않는 것, 가족성원 각자가 자신의 일을 열심히 하는 것, 감시자가 되지 말고 조력자가 되는 것, 당뇨병 환자에게 도움을 주지만 환자 본인보다 더 열심히 하지 않는 것, 당뇨병 교육모임에 참석하여 다

표 7-2 당뇨병문제목록표

다음은 당뇨병으로 인해 입원한 환자분들이 일상적으로 느끼는 문제목록입니다. 다음 목록을 읽고 현재 갖고 있는 어려움과 유사한 내용에 표시해 주시기 바랍니다. 귀하의 응답은 비밀 보장이 됩니다.

1. _____ 나는 당뇨병에 대해 확실히 알지 못한다.
2. _____ 나는 식사관리를 어떻게 해야 하는지 잘 모른다.
3. _____ 살을 빼야 하는데 잘 빠지지 않아 걱정이다.
4. _____ 술을 많이 마셔서 당뇨관리가 잘 되지 않는 것 같다.
5. _____ 과식을 해서 걱정이다. 먹는 것을 참을 수가 없다.
6. _____ 입맛이 없어 식사하기가 어렵다.
7. _____ 임신성 당뇨로 입원을 했다. 앞으로 무엇을 어떻게 해야 하는지 잘 모르겠다.
8. _____ 나 같은 젊은 사람에게도 당뇨병이 생기는지 궁금하다.
9. _____ 나는 평소 예민하여 스트레스를 잘 받는다.
10. _____ 당뇨관리를 해야 한다는 생각뿐이지 잘 되지 않는다.
11. _____ 가족들이 당뇨병에 대해 잘 몰라 협조가 안 되어 힘들다.
12. _____ 부부관계(성관계)에 어려움이 있다.
13. _____ 입원비와 진료비 걱정을 하고 있다.
14. _____ 당뇨병으로 인한 직장이나 학교생활 등 사회생활을 하기 어렵다.
15. _____ 가족문제가 있어 걱정을 하고 있다.
16. _____ 나는 당뇨병이 그리 대수롭지 않은 병이라고 생각한다.
17. _____ 당뇨병으로 인해 이제 내 인생은 끝이라고 생각한다.
18. _____ 나는 자주 '왜 이런 병에 걸리게 되었을까?' 하고 생각한다.
19. _____ 나에게 당뇨병이 생긴 건 과거에 나쁜 일을 했기 때문이라고 생각한다.
20. _____ 나는 자주 기운이 없으며 기분도 우울하다.
21. _____ 나는 당뇨병이 있으니 앞으로 어느 정도 생활의 변화가 있어야 한다고 생각한다.
22. 현재 갖고 있는 어려움이 위 문항에 해당되지 않을 경우 아래에 적어 주시기 바랍니다.

_____
_____

출처: 한림대학교 한강성심병원.

른 가족과 의견을 교환하는 것 등의 구체적인 지침이 제시되어 있다(대한당뇨병학회 홈페이지).

다음 〈표 7-2〉의 당뇨병문제목록표는 당뇨병 환자가 흔히 호소하는 문제와 의료사회복지사가 꼭 평가해야 할 문제를 환자 입장에서 알기 쉬운 문장으로 만든 것으로, 의료사회복지사의 유용한 사정도구가 된다.

(4) 지역사회 기반 당뇨병 자기관리 프로그램

지역사회에 거주하는 빈곤한 노인당뇨병 환자의 예를 들어 보자. 이들은 의료적 · 경제적 · 사회적 환경이 열악한 상태에 있고, 개인의 경험을 바탕으로 당뇨병 관리에 대한 부적절한 지식을 갖고 있으며, 무조건적으로 약에 의지하는 경향이 있어 영양상태가 완전하지 않은 편이다. 또한 여러 노인성질환으로 사회적 접촉의 기회가 적고, 지지체계도 미흡한 상황이며, 당뇨병 자기관리에 대한 의지가 부족하고, 우울 등을 경험하고 있다.

지역사회 재가 노인당뇨병 환자를 대상으로 자기관리 프로그램이 필요하다는 판단에 의해 노인종합사회복지관에는 이론교육보다 식이, 운동, 약물요법에 대해 직접 체험해 보고 자기관리를 위한 정보를 제공하며 사회적 지지체계 형성을 위한 프로그램이 개발 · 실시된 바 있다(성헌주, 2005).

이 프로그램은 6개월간 지속되고 월별로 개별 혈당그래프가 작성되며, 3개월마다 당화혈색소 검사를 통해 혈당관리 여부를 평가한다. 한 집단의 노인당뇨병 환자는 15명 정도이며, 기관 내에서 실시하는 프로그램 이외에 가정으로 당뇨관리도우미를 정기적으로 파견하여 방문교육을 병행하였다. 〈표 7-3〉는 평가 부분을 제외한 프로그램의 주요 내용을 간략히 제시한 것이다.

표 7-3 노인당뇨병 자기관리 프로그램의 주요 내용

세부 프로그램명	내용	매체 및 활용방법
전문관리팀 조직 및 세부계획 수립	식이요법 담당 영양사 및 조리사 구인 의료 영양, 복지 등 각 분야 전문팀 구성 계획 및 실천을 위한 사정틀 마련	Team Conference 2회
클라이언트 선정 및 개별정보 수립	지역사회복지기관 및 주민센터의 추천의뢰로 당뇨병 노인 선별 개별 클라이언트에 대한 정보 수립	관련 공문 발송, 사업 홍보물 언론매체 게재 방문 및 내방 개인상담
지역사회자문 및 협력기관 형성	지역사회 내 보건기관과의 연계	종합병원 사회사업실과 연계
개별 당뇨관리 플랜 작성	개별 식이, 운동, 투약 지원플랜 수립	Team Conference 2회
식이요법 지원	개별 1식 열량에 따른 당뇨식단 계획 개별 식사 배달 지원 개별 방문을 통한 식이요법, 교육 및 가사생활 점검 및 지원	월~토 점심식사 지원 노인일자리 마련 사업 지원배달 담당 영양사 월 2회 방문
운동요법 지원	건강상태와 운동부검사를 통한 개별운동플랜 제시 및 습득 지원	담당 물리치료사 및 사회복지사 월 1회 방문
투약관리 지원	정시, 정량 복용을 위한 투약상담 지행 자가혈당체크 교육 실시 인슐린 주사법에 대한 개별교육 실시	담당 사회복지사 월 2회 방문 담당 간호조무사 전화 상담 주 1회
당뇨관리도우미 파견	서울시 가정도우미 및 복지관 홈헬퍼를 대상으로 당뇨관리교육 실시, 교육능력 배양 방문상담 통해 개별플랜에 따른 당뇨자기관리 점검 자가혈당체크 방법 숙지를 위한 반복교육 지속적 방문을 통한 클라이언트와의 관계 형성	각 담당자에 대한 보수교육(3시간)/ 슈퍼비전 제시 도우미 주 2회 클라이언트 방문
클라이언트와 당뇨관리 도우미 집단 프로그램	걷기대회 및 당뇨뷔페 등을 통해 상호관계망 형성 당뇨인자조모임에서 관계망 형성	당뇨걷기대회 1회 당뇨뷔페에서 식사 1회

출처: 성현주(2005).

사례

　62세의 B는 10여 년 전 제2형 당뇨병(인슐린비의존형당뇨병)으로 진단받고 자기관리가 안 되는 상태로 지냈다. 2년 전 발생한 뇌졸중으로 인한 기억력 상실, 우측 편마비 등으로 신체활동이 자유롭지 않은 상태가 되자 식이요법, 운동요법 및 약물복용도 힘들어졌으며 이때부터 혈당조절이 안되고 시력이상 등의 합병증 위험으로 인해 내과에 입원하였다. B는 독립보행이 불가능하여 보호자가 동반해야 이동이 가능하지만, 가족이 병원에 잘 오지도 않을 뿐더러, 치료에 협조적이지 않아 치료가 힘든 상태다.

　B는 경구혈당강하제의 불규칙한 복용, 식이 및 운동의 어려움 등으로 당뇨병 자기관리가 잘 되지 않는데, 사채업을 하던 중 자금융통이 어려워지면서 부도를 맞게 되었다. 이후 가족들은 하루아침에 살고 있던 집에서 옷과 이불만 가진 채 거리로 쫓겨 나갔다. 이때 부인도 돈을 벌러 간다며 가출했고, 이후 당뇨관리는 더욱 어려워졌다. 그렇게 1년이 지난 후 담석증 수술을 받게 되었고 수술 중 뇌경색으로 인해 우측편마비의 신체장애까지 입게 되었다. 이후 B는 사회생활이 거의 어려웠고, 생계는 대학 1학년생인 큰아들이 맡게 되었다. 큰아들은 학업을 포기하고 야간업소에서 종업원으로 일하게 되었고 고2인 작은 아들은 학업을 계속하였다.

　B는 자신의 처지를 비관하여 자포자기 상태로 혈당관리는 물론 식사도 소홀히 하고 점차 허약해져 갔다. 가족은 눈치 채지 못했지만 가끔 저혈당상태에 빠지기도 하였다. 보다 못한 주변 친척들이 치료비를 모아 줄 테니 큰일 나기 전에 빨리 치료받으라고 해서 입원하게 되었다.

－한림대학교 한강성심병원 제공－

2. 만성신부전

1) 만성신부전에 대한 이해

신부전이란 신장의 기능을 적절히 수행하지 못하는 상태로 급성신부전 (Acute Renal Failure: ARF)과 만성신부전(Chronic Renal Failure: CRF)으로 나뉜다. 급성신부전은 여러 원인에 따라 급격한 신기능의 감소가 일어나지만 대개 일시적 현상으로 신기능이 회복된다. 반면, 만성신부전은 장기간에 걸쳐 여러 원인에 따라 네프론이 계속 손상을 입음으로써 비가역적 신기능의 감소가 3개월 이상 지속되는 것을 말한다(박은정, 2003).

만성신부전 환자는 고령화 및 만성질환의 증가로 인해 세계적으로 증가하는 경향을 보이고 있으며, 특히 한국은 유병자 및 신환자가 급속히 증가하는 상위 10개국 중 하나이다. 우리나라의 만성신부전 유병률은 2000년에 비해 2013년에 75%의 증가를 보였으며 신환자 발생률은 120.5%가 증가하였다. 대한신장학회 자료에 의하면 2013년 등록된 투석환자 중 혈액투석환자는 52,378명(87.4%)이고 복막투석환자는 7,540명(12.6%)으로 보고되었다(한국보건의료연구원, 2016). 투석환자의 생존율은 혈액투석환자의 경우 5년 생존율이 61.5%, 10년 생존율이 40.7% 정도이다. 만성신부전은 환자 1인당 진료비가 높은 질환중의 하나로 고혈압의 의료비용 대비 혈액투석은 87배까지 높은 것으로 알려져 있다(대한신장학회, 2018).

만성신부전의 초기증상으로는 야뇨가 특징적이다. 신부전의 결과로 인하여 중추신경, 소화기, 혈액계 등에 요독 증상이 존재하고 방치하면 사망에 이른다. 배설기능이 5% 이하의 시기인 요독증은 식욕부진, 오심, 구토 등의 소화기계통의 증상, 빈혈, 심장 및 혈관계통의 증상, 골격기관의 증상, 피부증상, 내분비계통의 증상, 생식기관의 증상 등 다양하게 나타난다.

대부분의 만성신부전은 원인질환이나 동반된 합병증 유무에 따라 정도의 차이는 있지만 신기능은 지속적으로 감소하게 된다. 대표적 합병증은 빈혈로 만성신부전 환자에게서 나타나는 빈혈은 일반적 현상이다. 심혈관계 합병증은 투석을 받고 있는 환자들의 사망원인 중 가장 중요한 부분을 차지하며 고혈압은 가장 중요한 위험인자다. 만성신부전에서 위장관련 합병증으로는 식욕부진, 오심, 구토가 보이며 면역학적 합병증 및 감염기회가 증가된다.

만성신부전의 치료방법으로는 투석과 신장이식이 있다. 가장 보편적인 치료방법은 혈액투석으로서 병원의 투석센터에서 이루어지며 신장전문의, 간호사, 사회복지사가 함께 일한다. 투석이 이루어지는 동안 환자는 의자에 누워 투석기계에 연결된 플라스틱 튜브를 팔에 꽂는다. 투석은 3~4시간 동안 진행되는데 의사는 치료시간을 처방하며 잘 진행되는지 관찰한다. 투석요법은 삼투압, 확산, 정수압의 3원리에 따라 반투막을 통하여 혈액 중에 쌓인 노폐물을 걸러 내는 방법이다. 혈액투석에는 혈액투석기계와 인공신장기가 필요하다. 또 환자에게 두 개의 혈관주사를 놓아야 하기 때문에 동정맥류 혈관을 만들기 위한 외과적 수술이 필요하다. 혈액투석은 1주일에 2~3회 실시해야 한다. 복막투석은 복강에 특별한 관을 삽입하여 깨끗한 투석액을 넣고 6시간가량 투석액이 머무르는 동안 몸안의 불필요한 노폐물과 수분을 제거한 후 몸 밖으로 배출시키는 것이다. 몸 밖으로 혈액을 빼내지는 않지만 혈액을 정화시키는 체내 투석방법이다. 복막투석은 주로 집 안에서 1일 2~4회 정기적으로 배액하고 새로운 액과 교환하는 조작을 반복수행한다.

신장이식은 신장의 기능을 거의 못하는 신장을 대신해서 다른 건강한 사람의 신장을 제공받는 것이다. 신장이식에는 생체이식과 사체이식이 있다. 신장이식 전에는 여러 가지 검사를 하는데 ABO혈액형검사, 조직적합성(Human Leukocyte Antigen: HLA)검사, 세포독성항체검사(cytotoxic antibody test) 등을 실시한다. 신장이식수술 후 거부반응은 몸의 면역체계가 이식된 신장을 이물질로 의식하고 이 외부침입자를 공격하여 제거하려는 현상이다.

이식 후 흔히 일어나는 합병증은 고열, 신장기능 감소, 소변량 감소, 이식부위 통증, 고혈압, 전신부종 등의 증상이 나타난다. 이러한 거부반응을 억제하기 위해 여러 약제가 사용되는데, 이 약제들은 수술 직후 다량 투여되다가 점차 용량이 줄어들지만, 평생 복용해야 하고 여러 가지 부작용이 있으므로 세심한 관찰이 필요하다(추정인, 1998).

2) 심리사회적 적응

만성신부전의 투석치료는 생명을 유지시키지만 생활양식과 성격에 심각한 변화를 초래한다. 투석이 투석센터에서 주 3회 이루어지든, 집에서 매일 이루어지든 간에 투석치료에는 많은 시간이 투여된다. 투석치료를 계속하기 위해 여행이 제한되고 식이제한도 요구된다. 또한 구체적으로 수분섭취를 줄이기 위해 소금이나 매운 음식의 제한이 요구된다. 투석을 경험한 대부분의 사람들은 피로와 신체적인 한계를 호소한다. 따라서 만성신부전과 그 치료는 삶의 질에 부정적인 영향을 가져온다. 신체적 · 심리적 · 사회적 특성들은 삶의 질에 영향을 미친다. 투석환자의 삶의 질은 일반인보다 낮으며 신체적 기능과 심리적 복지감은 특별히 더 낮다고 알려졌다.

신장이식은 만성신부전 환자에게 투석치료를 대체할 가장 낙관적인 치료법이다. 투석이나 이식을 해야 하는 상황이 되면 상당한 경제적 부담과 정신적 긴장감을 보인다. 흔히 보이는 심리적 반응은 불안, 우울감으로 경제적 부담감, 질병상태에 대한 걱정, 가족에 대한 걱정, 치료중단 및 신장이식을 둘러싼 갈등과 죄책감이 생긴다. 특히 청소년의 경우 학교생활의 어려움, 친구관계의 어려움, 질병에 대한 적응의 어려움을 보일 수 있다. 구체적으로 살펴보면 다음과 같다.

첫째, 심리적 적응의 어려움이다. 환자는 먼저 신장기능수치가 나빠진 상황에서 투석치료 또는 이식을 받아야 한다는 사실에 대해 준비가 안 되어 있다면 크게 충격을 받을 수 있다. 계속 치료를 받아 왔던 환자의 경우는 의사가 말하는 만큼 질병의 심각성을 인정하기 힘들다. 따라서 본인은 호전된 상태라고 판단하기도 하고 다시 일을 할 수 있다고 생각하기도 하여 음식조절을 안 하고 약을 중단하기도 한다. 다음으로 우울은 신장을 못 쓰게 되었다는 상실감에서 오는 반응이며, 우울감은 식욕감퇴, 성적능력의 감소 및 관심의 저하, 불면증을 초래한다. 심한 우울감은 치료를 거부하게 되고, 우울감에서 벗어나려고 약물남용을 하거나 자살 사고를 할 수 있다. 또 환자는 자신이 투석을 해야 하는 상황에 놓이게 된 것이 불공평하다고 느껴 몹시 화가 나기도 한다. 많은 환자가 이런 감정을 가지고 있지만, 특히 감정조절이 잘 안 되는 환자의 경우 분노조절의 어려움으로 가족과 의료진에게 화를 낼 수 있다. 이런 분노는 가족 또는 의료진과 관계를 맺는 데 어려움을 줄 수 있다.

둘째, 사회적응의 어려움이다. 환자는 대인관계나 사회생활에서 어려움을 겪을 수 있는데, 오랫동안 치료를 받는 경우 친구와 가족으로부터 소외감을 느끼기도 하고 환자를 바라보는 사회의 따가운 시선에 대해 위축되기도 한다. 이런 생활이 계속되면 소극적이 되고 혼자 있는 것을 좋아하는 성격이 될 수 있다. 청소년의 경우 혈액투석으로 자주 수업을 빠져야 하기 때문에 학습을 따라가지 못하고, 학교생활에 적응하지 못하는 경우가 많다. 이러한 생활이 반복되다 보면 학교에 가기 싫어하고 친구를 사귀는 데도 어려움을 느끼며 내성적인 성격이 될 수 있다. 성인의 경우도 혈액투석을 위해 정기적으로 주 2~3회 병원에 가야 하기 때문에 직장을 그만두는 경우가 많다. 단, 복막투석은 직장생활을 유지하는 경우가 있다. 그러나 직장을 다니더라도 동료나 상사와의 갈등으로 심리적인 어려움을 겪을 수 있으며, 직업을 옮길 경우에도 자신의 상황에 맞는 직업을 선택하기 어렵다.

셋째, 가족의 부담이 증가된다. 가족성원의 질병은 전체 가족에게 영향을 미치는 위기로써, 혈액투석 환자의 가족은 재정적 부담을 가장 높게 지각하고 있다. 혈액투석 환자는 다른 만성질환과 달리 주 2~3회, 매회 수 시간씩 인공신장기에 의존한 치료를 받아야 하기 때문에 투석비용과 직업상실로 인해 경제적 부담이 상당하여 대부분의 만성신부전 환자가 경제적 어려움을 겪을 것이라 예상된다(김진희, 2003). 다음으로 죽음에 대한 부담감이다. 혈액투석 환자의 생존율 및 사망에 대한 연구에서 혈액투석 환자의 5년 생존율이 61.5% 정도로 알려졌고(대한신장학회, 2018), 질병의 특성상 완치가 어렵기 때문에 가족성원은 환자의 죽음에 대한 부담감을 가장 높이 지각한다.

3) 의료사회복지사의 개입

(1) 정보수집 및 사정

가능하면 환자를 만나기 전에 미리 환자와 가족에 대한 정보를 수집하고, 처음 만나면 사회복지사의 역할에 대해 이해할 수 있도록 설명해 준다. 이때 환자와 가족은 심리, 사회, 가족, 경제, 직업, 재활 측면에서 사회복지사의 도움을 받을 수 있다는 믿음을 얻는다. 새로 발생한 환자와 면담하는 것은 되도록 일찍 시작하는 것이 좋다. 가능하면 투석하기 1~2개월 전에 시작하여 투석의 필요성에 대해 환자와 가족이 이해하도록 돕는다.

초기면접에서는 가능한 한 많은 정보를 획득하는 것이 중요하다. 환자에 대한 기본적인 정보로는 인구학적인 특성(성별, 연령, 결혼 여부 등) 이외에 환자가 현재 일을 하고 있는지, 그만두었는지, 질환 때문인지 다른 이유 때문인지 묻는다. 학력은 질환이나 치료를 이해하는 수준과 투석방법을 선택하는 데 영향을 주고, 이후 직업변경이나 재취업을 고려하는 데도 중요하다. 만성신부전은 자각증상이 없다가 상태가 안 좋아진 후 발견되기 때문에 환자는 갑작스러운 진단에 충격을 받은 상태에서 치료에 임하고 생활은 이전과 매우 달라진다. 병전 성격에 따라 질환 및 치료에 적응하는 정도가 달라지므로, 성격특성의 파악이 필요하며 사회생활 및 대인관계의 정도를 알아보는 것은 발병 후 환자의 지지체계를 살펴볼 수 있으므로 중요하다. 그 외 가족관계, 경

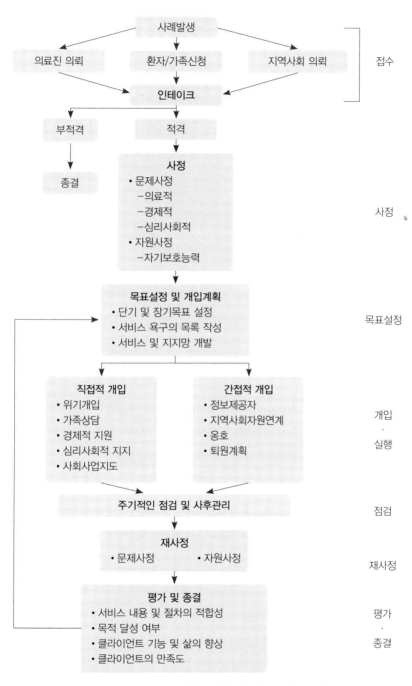

[그림 7–1] 로스만 모형을 활용한 만성신부전 환자 개입

출처: 이정훈(1999).

제적 상태, 사회보장의 형태, 장애인 등록의 여부 등을 구체적으로 알아본다(김서원, 최경애, 2002).

다음 [그림 7-1]은 로스만(Rothman) 모형을 활용하여 만성신부전 환자에 대한 의료사회복지사의 사례관리 개입과정을 나타낸 것으로(이정훈, 1999), 접수, 사정, 목표설정 및 개입계획, 개입 및 실행, 재사정, 평가 및 종결에 이르는 일련의 과정을 파악할 수 있다. 만성신부전 환자의 경우 의료적·심리사회적·경제적 문제로 인해 만성적인 어려움을 가지므로 사례관리에 의한 지속적인 개입이 필요하다.

(2) 교육 및 자원연계

만성신부전의 경우 환자와 가족에 대한 교육은 매우 중요하다. 장기간 치료에 대한 스트레스와 부담이 크기 때문에 교육을 통한 개입이 필요하다. 김서원과 최경애(2002)는 다학제적 팀이 실시하는 만성신부전 환자 교육프로그램을 소개하였다. 교육담당 및 주 내용으로 신장내과의는 만성신부전에 대한 이해 및 신장대체요법을, 인공신장실 간호사는 혈액투석 및 복막투석 관리에 대해, 영양사는 식이요법, 장기이식 담당 간호사는 장기이식에 대해, 사회복지사는 환자와 가족의 심리사회적 적응을 담당한다.

의료사회복지사의 교육내용을 자세히 보면, 첫째, 만성신부전 환자의 심리사회적 어려움인 질병에 따른 심리적 반응, 신체상의 변화, 성 이슈 등에 대해 다룬다. 둘째, 식사 조절, 학교, 직장 등에서의 대인관계 및 사회생활의 어려움을 다룬다. 셋째, 만성신부전 환자의 심리상태, 사회적으로 변화된 역할수행에 따른 가족의 어려움과 부담을 다룬다. 넷째, 여러 심리사회적 어려움에 대한 대처방법을 검토하는데, 과거 스트레스 상황에서의 대처방법이 무엇이었는지, 지지체계의 활용, 종교적 지원 등을 탐색한다. 마지막으로 만성신부전 환자 및 가족을 도울 수 있는 지역사회자원 및 제도에 대한 정보를 제공한다.

56세 미혼 여성인 C는 7년전 고혈압 합병증으로 만성신부전증 진단을 받고 신장기능 대체요법으로 주 2회 혈액투석을 시작하게 되었다. C는 2남 2녀 중 막내로, 부모님과 시골에 거주하다가 혈액투석을 위해 △△구에 거주하는 언니 집에서 함께 생활하며 치료를 받고 있는 중이다. 처음 혈액투석을 시작하는 대부분의 환자들이 느끼듯이, 환자는 자신의 삶을 혈액투석에 의지해야 하는 상황을 받아들이기 어려워했다. 또한 결혼한 언니 집에 함께 거주하며 병원비와 용돈 등 경제적인 많은 부분을 의지해야 하는 상황으로 인해, 낮은 자존감을 형성하고 있었으며 우울감과 두통을 자주 호소하였다. 이후 혈액투석 치료는 비교적 잘 적응하고 건강도 차츰 회복되어 갔으나, 여전히 함께 거주하는 언니와 형부로부터 일방적인 도움을 받는 것에 대한 미안한 마음과 죄책감에 심리적으로 힘들어했으며, 이로 인해 두통이나 가슴이 답답하다는 증상과 무기력함을 호소하였다.

−신장투석전문병원 풍성내과의원 제공−

3. 암

1) 암에 대한 이해

인간의 몸을 구성하고 있는 가장 작은 단위인 세포는 자체 조절 기능에 의해 분열하고 성장한다. 그런데 여러 가지 이유로 증식과 억제가 조절되지 않는 비정상적인 세포들이 과다하게 증식하거나 주위 조직 및 장기에 침입하여 종괴를 형성하거나, 정상 조직의 파괴를 초래하는 상태가 발생하게 된다. 이를 암이라고 한다(국립암센터, 2004).

의학기술이 발달한 현 시점에서도 암 원인의 많은 부분은 밝혀지지 않고 있으나, 여러 역학연구를 통해 발암요인과 암 발생의 위험요인이 밝혀지고

있다. 국제암연구소와 미국 국립암협회지에서 밝힌 암의 원인의 70% 정도는
흡연, 감염, 음식 등의 환경요인이고 유전적 원인이 5%로 나타났다. 우리나
라에서 주로 발생하는 암의 원인은 다음의 〈표 7–4〉와 같다.

표 7–4 국내 주요 호발암의 일반적 원인

암종	일반적 원인
위암	식생활(염장식품–짠 음식, 탄 음식, 질산염 등), 헬리코박터 파일로리균
폐암	흡연, 직업력(비소, 석면 등), 대기오염
간암	간염바이러스(B형, C형), 간경변증, 아플라톡신
유방암	유전적 요인, 고지방식, 여성호르몬, 비만
자궁경부암	인유두종바이러스, 성관계

출처: 국립암센터(2004).

  암으로 인해 나타나는 증상은 암의 종류와 위치, 크기에 따라 매우 다양하
다. 암이 상당한 크기로 자랄 때까지 특별한 증상이 없는 췌장암의 경우와 같
이 대부분의 암은 초기에 특별한 증상이 없는 경우가 많다. 또한 그 증상이
다른 질환과 구분이 잘 되지 않기도 한다. 암이 자라면서 주위 구조물, 기관,
신경, 혈관을 압박하고, 여러 증상이 나타나게 되는데 암에서 만들어진 물질
들이 혈관을 통해 전신으로 퍼지면서 신진대사에 영향을 미쳐 체중감소, 발
열, 피로, 전신쇠약, 식욕저하 등의 전신적인 증세를 초래한다.
  암세포를 전멸하여 완전히 없어지도록 하는 것은 거의 불가능하므로 암 치
료는 가능한 많은 수의 암세포를 제거한 뒤 그 상태를 유지함으로써 생명을
연장하여 삶의 질을 향상시키는 것에 궁극적 목표를 둔다(이영숙, 김진숙, 손지
현, 이인정, 2002). 암의 치료는 크게 수술법, 항암화학요법, 방사선치료로 구분
되고 이외에 국소치료법, 호르몬 요법, 광역학치료법, 레이저치료법, 면역요
법, 유전자요법등이 포함된다(국립암센터, 2004).
  주요 치료방법을 살펴보면 다음과 같다.

첫째, 수술요법은 목적에 따라 진단적 수술, 근치적 수술, 예방적 수술, 완화적 수술의 네 종류로 구분된다. 진단적 수술은 종양의 분류와 유형을 알게 되고 확진하기 위해 시행되는 것을 말하며, 근치적 수술은 종양을 둘러싼 림프절과 원발병소를 모두 제거하는 수술을 말한다. 예방적 수술은 암이 되기 전 병변을 제거하는 것으로 암 예방에 도움을 주기 위한 수술이다. 완화적 수술은 종양의 크기를 감소시킴으로써 종양의 성장을 지연시켜 암의 증상을 완화하고 삶의 질을 높이는 것을 목적으로 시행된다(국립암센터, 2004). 이러한 수술은 종양의 크기, 종류에 따라 신체 일부분의 상실이나 이로 인한 장애 등의 영구적인 부작용을 가져올 수 있다. 유방암 환자가 유방절제술로 인해 신체상의 변화 및 자존감 저하, 여성성의 상실 등을 경험할 수 있는 것과 같이, 수술 이후 신체 일부분을 상실하게 된 암환자는 신체상실감과 심리적 어려움을 겪게 된다(이영숙, 김진숙, 손지현, 이인정, 2002).

둘째, 항암화학요법은 항암제를 사용하여 암을 치료하는 것으로 암세포가 전신에 퍼져 있는 경우 시행된다. 항암화학요법은 크게 복합요법, 병용요법, 보조요법, 수술 전 선행요법으로 구분된다. 복합요법은 치료효과를 증진하기 위해 여러 항암제를 조합하여 함께 사용하는 방법이며, 병용요법은 수술 또는 방사선치료와 함께 항암제를 사용하는 것이다. 보조요법은 수술이나 방사선요법을 실시한 경우에도 암세포가 주위에 남아있거나 혹은 이미 신체의 다른 부위로 퍼져 있을 경우 다시 암이 재발될 수 있으므로 치료 후 남아 있을 미세한 암세포를 제거하기 위해 항암약제를 사용하는 것이다. 수술 전 선행요법은 수술이나 방사선 치료 전에 항암치료를 시행하여 병기를 낮추고 조기 전이를 예방하는 것을 목적으로 실시된다.

셋째, 방사선치료는 고에너지 방사선을 조사하여 암세포를 죽이는 치료를 말한다. 방사선치료는 해부학적 위치나 기타 이유로 인해 수술로 종양의 완전 절제가 불가능하거나 전이가 의심스러울 때 수술 후 시행하기도 한다. 또한 수술, 항암화학치료 등이 시행되기 전 또는 후에 보조적 치료로 사용되기도 한다. 방사선치료의 부작용은 방사선이 적용된 부위나 범위, 방사선 양, 환자의 상태에 따라 다양하게 나타나는데 피로, 건조 및 가려움증과 같은 피부의 문제, 탈모, 오심, 구토, 설사 등이 있을 수 있으며, 방사선을 구강과 목 주변에 조사한 경우 구강건조, 치아부식, 잇몸약화 등이 나타날 수 있으며, 골반강 내 방사선을 조사한 경우 빈뇨, 배뇨 후 작열감, 소양감 등의 증상이 있을 수 있고, 여성의 경우 폐경, 남성의 경우 정자 생성능력 상실 등의 부작용이 있을 수 있다.

2) 심리사회적 적응

암을 진단받게 된 경우, 환자들과 가족들은 암을 '선고받았다.'라고 표현하곤 한다. 이는 암이 죽음을 연상시킬 정도로 생명에 크게 위협을 가하기 때문이라고 할 수 있다. 일부 환자는 조기 암인 경우에도 극도의 불안과 걱정을 경험하게 된다(한대흠, 2010). 다음 [그림 7-2]는 암환자를 괴롭히는 신체적 통증보다 환자가 겪게 되는 심리사회적 고통이 더 심각하고 광범위하다는 것을 보여 주는 것이다. 통증은 약물과 치료로 조절할 수 있지만 환자가 겪는 고통은 다각적인 지원이 없이는 조절이 어렵다.

암환자가 겪게 되는 심리적 어려움은 일반적으로 우울, 불안, 자살시도 등을 들 수 있다. 이를 구체적으로 살펴보면 다음과 같다. 먼저 암 진단을 받고 투병하게 되면 죽음에 대한 두려움, 신체상과 자존감의 변화, 사회적 역할과 생활양식의 변화, 경제적·법적 문제 등이 발생한다. 이로 인해 암환자들은 우울과 불안을 경험하게 된다. 우울증 발병의 위험은 일반인에 비해 4배 정도 높은 수준으로(한대흠, 2010), 미국의 NCI(National Cancer Institute)에 의하면 암환자 중 15~25%의 유병률을 보이는 것으로 보고되고 있다(NCI, 2012). 우울증은 구인두암, 췌장암, 유방암, 폐암 등에서 유병률이 높은 것으로 보고되고 있다. 하지만 암환자가 경험하게 되는 슬픔과 걱정은 어느 정도 정상적

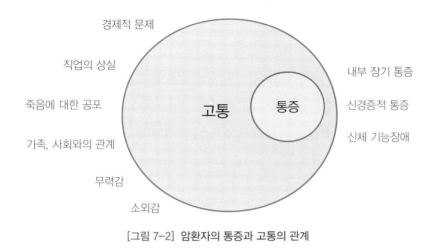

경제적 문제
직업의 상실
죽음에 대한 공포
가족, 사회와의 관계
무력감
소외감

고통　통증

내부 장기 통증
신경증적 통증
신체 기능장애

[그림 7-2] 암환자의 통증과 고통의 관계

인 반응으로 이해할 수 있다. 그렇기 때문에 주요우울장애까지 이르지 않도록 조기 개입하는 것이 중요하다.

　불안은 암환자가 검사, 진단, 치료, 재발의 모든 과정에서 경험할 수 있으며 불안장애로 진단가능한 수준의 불안을 보고하는 경우도 많다(전수연, 심은정, 황준원, 함봉진, 2006). 특히 불안은 환자의 건강관련 행동에 영향을 줄 수가 있는데, 암을 예방하기 위한 검사를 연기하거나 거부하는 등의 문제를 초래할 수 있다. 또한 불안은 치료과정에서 예기통증을 심화시키고 수면장애 등 다른 디스트레스 증상을 야기하며, 예기오심과 구토의 주요한 원인이 된다. 불안은 그 정도와 상관없이 환자와 가족의 삶의 질에 악영향을 미칠 수 있어 의료사회복지사의 개입이 요구된다(NCI, 2012).

　암환자의 자살위험은 일반인에 비해 1.3~3배 정도 높은 것으로 보고되고 있다. 우리나라 암환자를 대상으로 한 조사에서도 일반인과 비교해 암환자의 자살률이 높았으며, 5년 이상 생존한 암환자를 대상으로 한 조사에서 암 이외의 원인으로 사망한 경우 8% 정도가 자살에 의한 것으로 나타났다. 암 진단 1년 내의 자살률이 가장 높았으며, 진단 이후 5년 이내의 자살률도 높은 것으로 나타났다. 가장 높은 위험도를 지닌 진단군은 남성 췌장암 환자군이었으며 여성 폐암환자도 자살률이 높은 것으로 나타났다. 또한 결혼한 적이 없거나 배우자가 없는 환자, 직업이 없는 환자 등에서 자살위험이 높은 것으로 보고되었다(Ahn et al., 2010). 이러한 결과를 통해 알 수 있듯이 의료사회복지사는 암환자의 자살을 막기 위한 심리상담서비스를 제공하고 스트레스 완화를 위한 사회적 지원체계와의 연결 및 자살예방 교육 등의 노력을 기울여야 한다.

3) 의료사회복지사의 개입

(1) 정보수집 및 사정

일차적으로 환자의 신체적 상태에 대한 정보를 수집해야 하는데 진단명, 진단시기, 치료과정(수술 여부, 수술명, 항암치료 및 방사선치료 여부, 치료가 중단된 적이 있었다면 그 사유), 재발 여부, 현재 받고 있는 치료와 앞으로의 치료 계획, 환자가 호소하는 부작용 증상, 예후에 대한 정보를 수집한다.

둘째, 환자의 개인력 및 심리사회적 사정을 위해 학력, 종교, 직업, 성격(내향적, 외향적), 질병에 대한 태도와 심리반응, 최근의 스트레스 상황 여부와 스트레스 대처 전략, 환자가 인지하는 가족지지 정도, 병식과 치료동기에 대한 정보를 수집한다.

셋째, 가족력 및 가족의 심리사회적 평가를 위해 가족성원의 일반적인 사항, 가족병력, 가족이 치료에 대해 가지고 있는 기대수준과 병식, 주보호자 및 의사결정자에 대한 파악, 가족의 부담감, 치료 순응에 방해가 되는 가족 내 문제에 대한 정보를 수집한다.

넷째, 경제력 평가를 위해 의료보장형태, 가계 월수입, 암 보험 가입여부와 보장금액, 집 소유형태, 기타 자산(토지, 자동차 등) 소유 여부, 부채, 저축액, 현재까지 발생한 진료비와 치료비 마련 방법, 경제적 지지를 해 줄 수 있는 활용 가능한 자원(친척, 회사, 동료 등) 여부를 파악한다.

의료사회복지사에게 의뢰되었을 때 환자가 진단 이후 어느 정도 경과된 시점에 있는지에 따라 환자의 심리사회적 상태가 다를 수 있기 때문에 이를 고려하여 문제를 사정하게 된다. 먼저, 진단 직후의 환자는 죽음에 대한 두려움, 부정, 분노, 놀란 감정을 보이고 여러 병원과 의사를 찾아다니는 병원 쇼핑(hospital shopping)의 모습을 보이기도 하며, 감정적인 혼란을 겪게 된다. 그렇기 때문에 이러한 감정이 치료를 방해하는 요인이 되는지 알아본다.

치료 초기에는 환자가 치료계획을 잘 이해하고 있는지, 신체 상태에 따른 잦은 기분 변동이 있는지, 부작용 등으로 인해 치료과정 적응에 어려움이 없는지, 치료로 인하여 파생된 가족 내 역할변화로 인한 적응의 어려움은 없는지 사정한다. 치료 진행시기는 환자가 치료 자체로 인한 고통과 부작용으로 치료지속에 대한 양가감정이 있을 수 있다. 그러므로 환자의 심리적인 변화, 치료 순응도에서의 변화 여부와 그 이유 등을 지속적으로 살펴본다.

치료 종결기는 의료진의 관심 감소, 치료로 인해 발생한 신체적 변화 등과 관련되어 예전 생활로 돌아가고자 하는 기대와 환자역할(sick role)을 지속하고자 하는 것 사이의 갈등이 표출될 수 있다. 그러므로 이러한 점들이 일상생활로 복귀하는 데 문제를 일으킬 수 있는지 사정한다.

이러한 심리적 문제와 더불어 경제적 부분에 대해서 사정하는데 치료비를 자부담하는 것이 가능한지에 대한 평가는 치료 초기부터 실시되어야 하며, 이를 바탕으로 치료계획에 따른 구체적인 해결방안을 모색해야 한다. 가족의 지지 체계에 대해서는 환자가 치료를 유지하는 데 가족이 지지적인 체계가 되어줄 수 있는지를 알아본다. 또한 무료 간병인 연계, 가정방문 도우미, 의료급여 전환, 장애인 등록, 이동서비스, 자조모임 연결, 보건소 재가암 환자 관리 사업 연계, 호스피스 및 요양병원 연계, 종교기관과 같이 환자가 치료를 유지하는 데 활용할 수 있는 지역사회 자원을 파악한다.

(2) 상담 및 자원연계

환자의 치료과정을 고려하여 설정한 목표와 계획에 따라 개입하게 되는데, 심리사회적 부분에 대한 개입은 다음과 같다. 치료동기를 유지하고 치료에 순응할 수 있도록 정서적으로 지지하게 되며 치료 과정 및 부작용, 이에 대처하는 방법에 대하여 설명한다. 그리고 치료에 장애가 되는 심리사회적 요인을 살펴보고 이에 대한 대처방법을 모색하며 환자와 가족의 문제해결능력을 향상시킨다. 또한 암 진단 후 변화된 부부관계에 대하여 정서적 지지 및 상담을 제공한다. 환자에게 진단명, 예후 등을 알리는 문제, 성인 환자가 어린 자녀에게 암 진단과 치료과정에 대해 설명하는 방법에 대하여 함께 상담한다. 말기 암 환자인 경우, 죽음을 준비하는 과정에 대한 상담을 제공하며 환자의 사망 후 가족에 대한 사별관리 상담을 제공한다.

경제적인 측면에 있어서는 재정적 어려움으로 치료유지가 어려울 경우, 건강보험 환자는 의료급여로 전환되는 과정을 원조하고 환자의 치료유지에 도움을 줄 수 있는 후원기관과 연계하여 지원받도록 조정한다. 또한 주민센터와 연계하여 의료급여로 전환받을 수 있도록 한다.

더불어 환자 간에 서로 지지를 제공해 줄 수 있는 자조모임 연계를 통해 환자의 심리사회적 지지자원을 확보하도록 하고, 간병할 가족이 없는 환자에게는 무료 간병인 연계를 하여 안정적인 치료를 진행할 수 있도록 돕는다. 치료를 위해 병원 방문 시 어려움이 있는 저소득층 환자에게는 이동 봉사대, 장애인 차량 봉사대와 연결한다. 종양제거를 위한 수술로 신체의 일부가 절단되거나 장루, 요루 수술을 받은 환자는 장애인 등록을 할 수 있도록 그 절차를 안내하고, 진행을 돕는다.

퇴원계획은 말기 암 환자들 중 종합병원에서 더 이상 의미 있는 치료가 필요하지 않은 경우 요양병원이나 호스피스 기관으로 연계한다. 또한 치료 중에 있으나 퇴원하여 자가관리, 일상생활관리가 어려운 환자들은 가정방문 도우미, 보건소 재가 암 환자 관리사업 등을 연계한다. 특히, 소아암의 경우 다른 질환보다 진료비 및 기타 지원단체들이 많은 편으로 의료사회복지사가 의료비 지원이 가능한 지원단체에 대해 숙지하고 있어야 한다.

사례

> D(15세. 남)는 7년 전 백혈병으로 첫 진단 후 지속적인 치료 진행하고 있으며. 2년 전 조혈모세포이식 받았으나 최근 재발소견으로 입원 후 현재까지 입원치료 중이다. 투약에 대한 고액의 치료비용(본인부담금 2,000여만 원)으로 경제적 부담이 매우 큰 상태이다. D는 지방 소도시에 거주하는 2남 2녀중 넷째로, 연로하신 부모님은 농사. 축산업을 통해 월소득이 200만 원 정도이지만. 남는 것은 거의 없다고 호소하고 있다. D는 항암제 투여에 따라 기분의 변화가 심하고 심리적으로 위축되어 있으며, 오랜 투병 생활로 인해 친한 친구가 거의 없으며 종일 집에서 컴퓨터 게임으로 시간을 보내며 집에만 있으려고 한다. 생업에 바쁜 아버지 대신 D의 어머니가 거의 혼자서 환아 치료를 전담하며 서울을 오가며 치료받고 있는데. 지방 소도시에 거주하고 있어 환아가 쇼크로 응급상황이 오면 어떻게 해야 할지 걱정이 많다. 누나들은 출가하여 경제적 지원이 어렵고 공무원시험 준비를 하는 형도 소득이 없는 상태로서 고액의 치료비. 심리적 위축 등으로 인해 의료사회복지사에게 의뢰되었다.
>
> ─서울대병원 제공─

4. 화상

1) 화상에 대한 이해

화상은 주로 열에 의해 피부와 피부 부속기에 생긴 손상을 의미한다. 화상의 약 90% 정도는 뜨거운 액체나 물건, 화염, 일광 등에 의해 생긴다. 전기화상이나 화학물질에 의한 경우 심각한 후유증을 남길 수 있는데, 특히 전기화

상의 경우 눈에 띄는 화상병변이 적어도 내부조직이나 장기의 손상, 심지어
는 심장의 부정맥을 일으킬 수도 있다. 화상의 정도는 개인에 따라 차이가 있
으나 열의 종류, 온도, 노출시간, 피부 두께 등의 요소에 의해 결정된다.

국내에서 화상으로 치료를 받은 인원은 2017년 897,562명으로 입원 8,497명,
외래 891,775명으로 집계된다(NHIS, 2017). 이 결과는 산업재해 등 사고로 인
한 수가 제외된 통계이므로 실제는 더욱 많을 것으로 추산된다(길명숙, 이용
미, 2019 재인용).

화상은 그 원인에 따라 화염화상, 열탕화상, 전기화상, 화학화상, 접촉화상
으로 구분된다. 화염화상은 화재, 즉 불에 의해 화상을 입은 경우를 말하고,
열탕화상은 뜨거운 물이나 수증기로 인한 화상이며, 전기화상은 고압의 전기
감전으로 인한 화상을 말한다. 화학화상은 화학물질과의 접촉으로 생긴 화
상이며, 접촉화상은 뜨거운 물체를 접촉하여 입은 화상이다.

화상의 깊이에 따라 살펴보면, 조직 손상의 깊이에 따라 표피층만 손상된
경우를 1도 화상, 표피 전부와 진피의 대부분을 포함한 손상을 2도 화상, 표
피, 진피의 전층과 피하지방층까지 손상된 경우를 3도 화상으로 구분한다.

1도 화상은 표피층만 손상된 상태로 화상을 입은 부위에 홍반이 생긴다. 대
개 직사광선에 장시간 노출된 경우, 고도의 발열에 순간적으로 접촉 또는 노
출이 원인이 된다. 이때 약간의 통증과 부종이 생기며 이러한 증상은 약 48시
간 후에 거의 없어지고 감염에 대한 피부의 방어력은 유지된다. 대부분 자연
적으로 치유되며 화상을 입은 후 5~10일 사이에 비늘모양으로 표피가 벗겨
지면서 반흔(scar)을 남기지 않고 치유된다.

2도 화상은 1도 화상보다 더 깊은 조직 손상을 입는 것으로, 끓는 물이나
섬광, 화염, 기름 등에 의해 생기며 표피 전부와 진피의 일부를 포함하는 화
상이다. 2도 화상의 대부분은 물집이 생기고, 피하조직의 부종을 동반한다.
물집을 제거하면 삼출액이 나오고 적색의 윤기 있는 진피가 나타난다. 이 상
처부위는 공기에 노출될 경우 깊어지고 감염의 위험성이 높아지기에, 물집을

그냥 놔두거나 안의 액체만 제거하고 물집 껍데기는 그냥 덮어 둔 채 병원에 방문하여 치료를 받아야 한다.

3도 화상은 화염, 기름, 화학물질, 증기, 고압전기에 의해 생길 수 있다. 표피, 진피의 전층과 피하지방층까지 손상이 파급된 상태로서 창상부위의 조직 괴사가 심해 부종이 심한 편이지만 오히려 통증은 별로 없다. 이는 통증을 전달해야 하는 신경말단이 파괴되었기 때문이다. 전층화상은 피부이식을 하지 않으면 완전히 치유되지 않는다.

화상의 정도와 깊이는 같은 강도의 열에 동일한 시간 동안 노출이 되었다고 하더라도 다르게 나타나는데 이는 신체 각 부위의 피부두께가 다르기 때문이며, 같은 강도의 열이라도 성인보다 아동이 더 깊은 화상을 입게 된다.

화상의 동반증상에 대해 살펴보면, 정도가 약한 화상의 경우 국소적인 발적, 부종, 물집 등의 증상만 있지만, 심한 화상의 경우는 쇼크에 빠질 수도 있으므로 빠른 치료를 요한다. 피부는 몸의 수분과 열의 손상을 방지하는 기능을 하는데, 화상으로 그 기능에 손상을 입었을 경우 화상피부를 통한 수분 증발은 몸에서 많은 열을 빼앗아 가 심한 경우 저체온증에 빠지게 된다. 대량의 열손실로 인해 인체의 신진대사가 증가하여 급격한 에너지 소모를 일으키게 되고 탈수현상으로 혈중 이온의 농도가 증가될 수 있다. 심한 경우 혈액의 점액도가 증가하고, 심장기능이 떨어져 순환혈액량을 감소시켜 콩팥 등 다른 장기의 기능을 떨어뜨릴 수 있다. 또한 피부 방어막의 소실과 면역기능의 약화로 세균의 침입이 쉽게 이루어지기 때문에 심한 경우 패혈증을 일으키는 사례도 종종 있다. 또한 흡입화상을 입은 환자의 경우 만성기관지염이나 기관지 협착증이 생길 수도 있다.

모든 화상 환자는 병원과 응급실에 도착하기 전에 다음의 ATLS(Advanced Trauma Life Support) 지침이 지켜져야 한다(이중의, 2010).

• Airway: 기도확보 및 경추보호

- Breathing: 호흡확보 및 고농도 산소 투여
- Circulation: 순환확보 및 외부 출혈 지혈
- Deformity & Disability: 신체변형 및 기능마비 확인
- Exposure & Environment control: 완전탈의 및 저체온증 확인

2) 심리사회적 적응

화상은 질병 특성상 사고나 재해로 갑작스럽게 발생하며 치료과정 동안 극심한 통증을 수반한다. 또한 관절구축, 비후성반흔, 소양증 등의 신체적 후유증과 불안, 외상 후 스트레스장애, 우울, 수면장애 등의 심리적 후유증 및 대인관계상의 변화, 가족관계의 변화, 직업의 변화 등으로부터 발생하는 다양한 신체적·심리사회적·경제적 사회복귀 및 재활문제를 야기하게 된다(오원희 외, 2003).

화상은 다른 질환보다 상흔이 오래 남아 자아존중감을 떨어뜨리고, 우울, 불안, 분노, 외로움, 가족, 친구와의 관계에서도 변화를 유발할 수 있다. 따라서, 신체적 기능 상실은 심리적 어려움과 대인관계의 문제를 일으킬 수 있다. 특히 안면에 화상을 입은 경우, 화상으로 인해 대인관계에서 받을 영향은 보다 심각할 수 있다(길명숙, 이용미, 2019).

화상환자와 가족이 경험하는 어려움을 치료단계별로 살펴보면, 치료초기에는 해리상태, 급성외상성 반응, 섬망, 통증호소, 죽음에 대한 걱정, 경제적 문제에 대한 걱정 등이 있다. 치료중기에는 용모와 신체기능, 생식기능, 작업능력 등에서 손상을 인식하여 불안, 두려움, 분노, 적개심, 우울, 퇴행을 경험하기도 한다. 치료후기에는 외모변화나 장애로 인한 사회생활적응에 대한 걱정으로 분리불안, 공포, 애도반응, 대인관계 변화 등을 경험한다. 퇴원 후에도 신체적 고통이 여전하며 직장생활을 원하지만 재취업이 어려워 경제적 어려움을 겪는다(이재민, 2010).

사고로 인한 갑작스러운 화상은 가족들의 적응도 위협한다. 자녀가 화상을 입으면 부모는 죄책감, 우울, 불안과 치료비를 충당하면서 다른 자녀들을 돌봐야 하는 책임과 부담을 겪는다. 화상환자의 치료 및 재활과정에서 가족의 보호부담은 지속되어 과도한 스트레스를 겪으므로 다양한 대처자원이 필요해진다(이재민, 2010).

3) 의료사회복지사의 개입

(1) 정보수집 및 사정

화상환자가 호소하는 주요 내용에 대한 체크리스트를 사용하여 화상환자의 심리사회적 어려움을 사정할 수 있다. 체크리스트는 화상환자가 치료과정에서 겪는 우울, 불안, 대인관계 문제, 자신감 결여, 가족 간의 갈등 등의 심리정서적 영역과 수면장애, 거동불편, 치료 시 겪는 통증, 수술 및 후유증에 대한 두려움 등 치료과정상 문제 영역 그리고 퇴원이후 생활걱정, 치료비 부담, 산재처리 과정상의 문제가 사회복귀 및 재활문제 영역으로 분류할 수 있다(박소영 외, 2003).

화상환자는 심리사회적 어려움은 물론이고 경제적 어려움에 처하게 되는 경우가 많다. 화재는 순식간에 신체적인 손상을 입히기도 하지만 재산상의 손실도 가져오게 된다. 특히 집에서 화재가 발생한 경우 일가족이 모두 화상을 입고 전소하거나 일부 재산상의 피해를 입은 경우가 많다. 따라서 초기면접을 통해 경제적인 어려움을 사정하게 된다. 경제적인 어려움을 사정하기 위해 수집할 정보의 내용은 의료보장형태(건강보험, 의료급여, 산재보험, 자동차보험, 일반보험), 주거상태(자가, 전세, 월세, 시설, 일정 주거지 없음), 수입상태(환자의 월소득 또는 연소득, 가족의 가계소득), 부채상태(은행대출, 사채, 친족 간 부채 등), 저축상태(예금 및 적금, 사 보험 등), 치료비 마련 상태(진료비 발생현황, 진료비 납부현황, 주부양자의 경제력), 향후 치료계획에 따른 예상 치료비,

가족성원의 치료비 부담능력 등이다. 위의 항목에 대한 정보 수집을 통해 경제력을 사정하고 치료비 지원 등 각종 자원을 연결한다.

(2) 교육, 상담 및 자원연계

화상환자들이 호소하는 가장 큰 문제는 치료과정과 예후, 후유증에 대한 치료방법 등 주로 의학적 측면에 관한 것이다. 화상센터에서는 환자와 가족의 욕구에 대하여 집단교육을 실시함으로써 궁금해하는 의학적, 심리사회적 측면에 대한 정보를 제공한다(이재민, 2010).

의료사회복지사는 치료초기에 화상 중환자실을 정기적으로 방문하면서 환자의 현실감을 증진시키는 질문이나 치료동기를 가질 수 있도록 긍정적이고 희망적인 상담을 한다. 치료가 진행되면서 응급 입원한 환자의 상태가 어느 정도 안정되고 수주에서 수개월에 걸쳐 화상 당한 자리에 피부이식을 여러 차례 나누어 받는 시기가 중기단계이다. 환자는 자신의 화상 정도에 대해 병식(insight)을 갖고 희망과 절망을 반복한다. 이때는 침대에 누워 이식한 피부가 잘 붙어 있도록 몸을 고정시킨 채로 지내야 하고 감염의 우려가 있으며 기관절개술을 받아야 하고, 정신적으로 지치고, 동통과 신체적 불편감에 밤낮으로 시달리는 시기다. 또한 환자는 많은 영양을 섭취해야 한다. 튜브를 통해 강제적으로 음식을 넣는 관급식(tube feeding)도 감수해야 하는 상황이다. 환자는 이제 용모, 팔다리와 몸, 신체기능, 생식기, 생식기능, 자신의 작업능력 등에서 무엇을 얼마나 상실했는지를 알게 된다. 환자는 이러한 상황에서 심리적으로 적응하기 위해 화상에 대한 생각을 억제하고 퇴행하여 아이처럼 행동하기도 한다. 또한 화상을 입었으며 치료를 받아야 한다는 사실을 수용했다가도 부정하거나 망상을 보이기도 한다. 또한 처음 화상을 입었을 때 극심한 통증을 겪었던 환자는 이를 계속 떠올리게 되고 계속 아플 것이라는 생각에 동통을 호소하는 경우가 있다. 치료중기에는 보통 화상에 대한 두려움과 부정을 하게 되고 분노, 우울, 퇴행의 반응을 보인다.

　의료사회복지사는 환자가 지닌 두려움이나 걱정거리가 무엇인지 묻고 환자가 자세히 이야기하도록 하여 감정이 배출되도록 도와야 한다. 경청한 후에 환자가 느끼는 불안이나 두려움이 정상적인 것이라고 거듭 안심시켜 주어야 한다. 단, 안심은 시키되 과장하거나 거짓말을 해서는 안 된다. 우울이 있는 경우 이전부터 있는 자기파괴적 성향인지 화상으로 인한 이차적인 것인지를 알아야 한다. 극심한 우울은 정신과적 치료를 권해야 하고 애도반응의 경우에는 잦은 신체활동과 대인관계를 활성화시켜 스스로 극복하도록 한다. 환자의 퇴행 이유를 이해하고 어른 같은 행동이 나오면 인정해 주고 칭찬해 주며 강화시키는 것이 필요하다.

　회복기에는 오랜 입원기간 동안 지칠 대로 지친 심신을 이끌고 퇴원을 한다. 고통스런 기억과 상처를 지닌 채 정상생활로 복귀하기 위해 노력하는 시기가 치료후기이며 회복기다. 또한 퇴원 후의 외모변화나 신체장애, 대인관계상의 변화로 사회생활적응에 대해 현실적으로 걱정하는 시기다. 화상환자들은 퇴원 후 심한 불안을 나타내게 되고 의료진이나 가족에게 심한 의존성을 보이며 퇴원 후 몇 주간은 불면증, 짜증, 과민, 불안, 울음과 사고 재현의 악몽을 경험하기도 한다. 이들은 불만을 두려워하는 것이 아니라 자신이 화상을 입었던 상황과 비슷한 환경에 처하게 될까 봐 더 무서워하는 공포증이 나타나기도 한다. 하지만 이러한 것들은 시간이 지나면서 점차 호전된다(이광재, 2002: 290-291).

　중화상환자가 정신병 상태에 이르는 경우는 극소수이고 위축과 퇴행이 극심해져 단지 더 소심해지고 쉽게 마음이 상하는 경우가 많다. 의료사회복지사는 먼저 환자의 심리반응을 이해하고 수용하면서 타인에 대한 신뢰를 회복할 수 있도록 한다. 억울하고 불운하다는 자기연민보다는 생존자로서의 삶의 의미를 갖는 것이 회복기에 도움이 된다. 퇴원 후 겪게 될 현실적인 문제를 함께 논의하고 장애극복을 위한 사회기술훈련을 실시할 수도 있다.

　경제적 상태에 대한 사정 후 치료비를 부분 지원할 것인지 전액 지원할 것인지를 결정한다. 중화상의 경우 가족의 치료비부담을 줄이기 위해 주민센터와 연계하여 '기초생활보장수급자' 선정을 의뢰하고 의료급여를 받을 수 있도록 안내할 수 있다. 환자의 예상치료비에 비해 가족이 부담할 수 있는 능력이 현저히 부족하면 후원기관에 의뢰를 하게 된다. 치료비 후원 외에도 집이 모두 전소된 경우 '사랑의 집 고치기' 지원 사업에 의뢰하여 환자의 주거환경 개선지원을 할 수도 있다.

사례

> E(19세, 여)는 몽골 출신으로 집에서 고기를 구워 먹던 중 부탄가스가 폭발하여 얼굴 및 양팔, 양손, 양하지에 화염화상 19%(심재성 2도 및 3도 화상) 수상하였고, 중환자실에서 창상처치(화상 드레싱)후 일반병실로 옮겼다. 향후 창상상태에 따라 피부이식수술 및 추가진단이 가능한 상태로 전망하고 있는데, 의료비 부담으로 치료를 지속적으로 받기 어려운 상황이다. E는 한국에 관광비자로 입국한 후 비자 연장하지 않고 불법체류 중으로 아르바이트(식당업소 설거지, 청소 등)로 생활하며 월소득 120만 원 정도이다. 부모이혼 후 어머니의 사망으로 부모와는 단절되었고, 몽골에 거주하는 오빠와는 가끔씩 연락을 하지만 오빠 또한 가족의 생계를 담당하고 있어 경제적 지원은 힘든 상황이다. 사고당시 남자친구 집에서 거주하는 등 주거지가 일정하지 않으며 사보험이나 소득이 없어 경제적으로 매우 어려운 상태이며, 가족 등 보호자가 없어 지지체계 또한 부재한 형편이다. 의료진은 약 4주간 입원치료를 예상하고 있으나, 화상으로 인해 발생한 고액의 진료비로 경제적 어려움과 막막함을 호소하고 있다.
>
> −한림대학교 한강성심병원 제공−

제8장

의료사회복지실천의 실제 II

1. 뇌졸중

1) 뇌졸중에 대한 이해

우리나라 뇌졸중 유병률은 1.71%로서 매년 10만 5천 명의 뇌졸중 환자가 새로 발생하며, 2015년 기준 뇌졸중으로 인해 발생하는 직접 비용은 약 1조 6,840억 원으로 알려져 있다. 뇌졸중 골드타임인 증상발생 3시간 이내에 병원에 내원하는 환자의 비율은 10명 중 4명에 그쳤고, 오히려 병원내원 소요시간이 점차 지연되는 문제가 있다. 뇌졸중으로 인한 사망률은 점차 감소하고는 있지만 지역별 격차가 존재한다(대한뇌졸중학회, 2018).

남성이 여성보다 발병 위험률이 1.25배 더 높으며, 흡연자 및 고혈압을 가진 자는 고위험군이 된다. 뇌졸중 발생 이후 신체기능의 제한, 일상생활활동의 제한, 기타 손상 등으로 개인의 삶은 크게 변하며 심각하고도 만성적인 장애가 야기된다. 뇌졸중의 진행에 따라 환자는 수 시간 또는 수일 내에 회복하기도 하지만 지체마비, 언어장애, 안면마비, 사고 및 근육통제를 관여하는 뇌기능의 손상 등으로 인해 심각하고 영구적인 상해를 일으키기도 한다. 일반적으로 뇌졸중 환자의 40~60%는 발병 이후 일상생활에 지원이 필요할 정도의 기능손상을 갖게 된다. 예를 들어, 편마비는 보행과 움직임의 어려움, 말하거나 삼키기의 어려움, 자기관리의 어려움 등을 초래한다(Beder, 2006: 장수미, 2012 재인용).

뇌졸중의 원인은 크게 출혈과 경색의 두 가지로 나뉘는데, 뇌졸중의 예후는 출혈의 경우가 경색의 경우보다 나쁘며 그 침범 부위 및 범위의 크기에 따라 다르나, 전체적인 예후는 18%가 사망하고 9%에서 완전 회복이 일어나며 73%에서 불완전 회복이 일어난다. 재활치료는 뇌졸중의 침습이 있는 직후부터 시작해야 한다고 하는 주장부터 신경학적 손상이 완전히 안정된 후에 시작해야 한다는 주장이 있다. 현재 일반적인 치료 시작 시기는 생체 징후(vital sign)가 안정되면서 48시간 동안 신경학적 병변진행이 없으면 신경학적 안정이 이루어진 것으로 생각하고 재활프로그램을 시작하게 된다(서울의대 재활의학교실, 1995).

뇌졸중의 합병증과 후유증을 살펴보면, 첫째, 운동마비로 뇌졸중은 뇌출혈이나 뇌경색이 일어난 반대편 부위의 팔과 다리가 마비되는 장애를 가져온다. 둘째, 경직이다. 팔다리가 뻣뻣해지고 말을 잘 듣지 않으며 한 방향으로 굳어지는 현상이 생기고 어느 시간까지는 계속 심해진다. 경직이 감소해야 운동회복이 빨라지므로 운동회복을 위하여 의학적으로 경직을 감소시키는 것이 최대 목표다. 셋째, 관절구축으로 팔다리가 운동마비로 움직이지 못함으로써 관절까지 굳어 버리는 증상이다. 다른 사람이 꾸준히 관절을 움직여 주면 굳는 것을 예방할 수 있다. 넷째, 인지기능장애로 의식상태가 저하되고 기억력, 판단력 등 지적인 능력이 저하되며 정서도 불안정한 상태가 된다.

다섯째, 우울감으로 정서적인 조절이 잘 되지 않아 감정이 쉽게 변하고 의욕을 잃게 된다. 이때 가족의 도움은 매우 중요하다. 여섯째, 연하곤란으로 팔다리가 마비되는 것처럼 입속과 목 부근의 근육도 마비됨으로써 음식을 씹거나 삼키는 것을 잘하지 못한다. 이렇게 되면 음식물이 식도가 아니라 기도(기관지)로 들어가 폐렴이 생기는데, 이것은 환자의 생명을 위협하는 위험한 합병증이다. 일곱째, 실어증은 말을 이해하고 말을 하게 하는 뇌의 부위가 손상되어 발생한다. 이때 환자의 상태를 잘 이해해야 하는데, 환자에게 짜증을 내거나 답답해하면 환자는 더욱 위축되어 말을 더 하지 못하게 된다. 말을 많이 들려주고 여러 가지 방식으로 의사소통을 하도록 노력해야 한다. 여덟째, 시야결손은 시각을 담당하는 뇌의 부위가 부분적으로 손상되어 시야가 부분적으로 인식하지 못하는 상태다. 단순히 잘 안 보인다는 것과는 다르게 시야 자체가 좁아지는 현상이다. 아홉째, 어깨통증이 심하다. 팔 근육이 마비되므로 팔의 무게가 중력 때문에 밑으로 빠지는 상태인 아탈구를 보이며, 팔로 가는 자율신경의 작용이 마비되어 팔과 손이 붓고 심한 통증이 오는 교감신경부전증 상태를 보이기도 한다. 열 번째, 욕창문제다. 뇌졸중은 신체가 마비되어 움직이지 못하게 되므로 적극적인 재활치료를 하지 않으면 하루 종일 누워만 있게 되는데, 특히 같은 자세로 2시간 이상 누워 있으면 바닥으로부터 압박을 받는 피부와 조직들에 피가 통하지 않아 썩어 들어가는 욕창이 생긴다. 한번 생긴 욕창은 치료가 잘 안 되며 수술을 해야 하는 경우도 많다. 그러므로 욕창은 무엇보다 예방이 중요하며 예방을 위해서는 부지런히 환자의 자세와 위치를 바꾸어 주어야 한다(최경애, 2000).

2) 심리사회적 적응

뇌졸중으로 인한 신체적 기능손상은 개인의 역할수행을 위한 능력을 변화시킬 뿐만 아니라 자아개념(self-concept)에도 영향을 미친다(Palmer & Glass,

2003). 즉, 환자는 기능적에서 제한적으로, 독립적에서 의존적이 된다(Grant, Elliot, Newman-Giber, & Bartolucci, 2001). 뇌졸중 환자는 질병의 특성상 급성기를 넘기고 생존한다고 하여도 뇌 손상 부위에 따라 운동장애, 감각기능 저하, 인지장애, 언어장애 등 만성장애가 나타나며 이러한 신체적 장애와 함께 우울, 분노 등의 정서장애를 보이는 경우도 많은 것으로 알려져 있다(Kim, 2005). 따라서 뇌졸중 환자는 신체적 장애와 정서적 장애를 함께 가진 상태로 생을 지속해야 하는 경우가 많으므로, 신체적 기능의 회복 외에도 심리사회적인 측면을 포함하는 삶의 질을 고려해야 한다. 뇌졸중 후유증은 뇌졸중 환자의 회복에 영향을 미칠 뿐만 아니라 환자의 삶의 질을 감소시킨다(Choi-kwon, Han, Know, & Kim, 2005).

　뇌졸중 환자 가족의 부양부담은 상당한 것으로 알려져 있다(김태연, 2005). 첫째, 부양자가 부양활동으로 인한 시간의 부족 때문에 경험하는 부담이다. 뇌졸중 노인의 경우 마비로 인한 일상생활동작의 수행이 어렵기 때문에 부양자가 노인환자를 다루는 데 있어 많은 노력과 시간이 필요하며, 언어기능이 손상된 노인환자의 경우 의사소통의 시간이 길어지고, 인지기능이 손상된 노인환자를 부양하는 경우에는 노인환자를 계속적으로 지켜봐야 하므로 이 측면에서의 부담이 크다고 볼 수 있다. 둘째, 부양자의 연배와 비슷한 주변 사람들과 자신의 처지를 비교해 볼 때 혼자만 정상적인 발달과정에서 이탈되어 있는 느낌을 가질 수 있다. 아무런 준비가 없는 상태에서 갑자기 부양활동을 시작하게 되는 부양자는 역할수행에 있어서 곤란을 경험하게 된다. 셋째, 부양활동이 지속되면 부양자는 만성피로감을 갖게 되고 건강상태가 악화되기도 한다. 넷째, 사회적 부담으로 역할갈등에서 비롯된 부양자의 부정적인 감정이 발생한다. 미혼인 부양자의 경우 부양활동 때문에 결혼에 대한 거부감을 나타내기도 하고, 기혼인 부양자의 경우 기존의 역할과 부가된 부양역할을 어떻게 수행해 나갈지에 대해 자신의 배우자나 가족성원과 갈등을 겪을 수 있으며 가족으로부터 소외감을 느끼며 시간상의 제약으로 친구관계나 직장생활 등에서 문제가 발생하기도 한다. 다섯째, 정서적 부담으로서 자신이 알고 사랑하던 사람이 질병으로 인해 변해버리기 때문에 배우자나 가족은 깊은 상실감에 빠지게 된다. 특히 손상 정도가 심한 경우 일상생활동작을 돕기 위해 부양자는 대부분의 시간을 환자와 보내야 하는데, 환자와의 관계나 태도 등을 통해 정서적으로 부정적인 경험을 할 가능성이 높아질 수 있다. 이때 자신이 느끼는 감정에 대해서 진솔한 대화를 나눌 수 있는 사람이 있다면 큰 도움이 된다. 마지막으로 경제적 부담이 상당하다. 뇌졸중 초기에는 환자가 앞으로 얼마나 회복될 것인지, 어떤 치료가 필요할 것인지 예측하기가 어렵다. 뇌졸중 환자의 가족이 된다는 것은 가족의 삶을 재조정하고 이전에 누리던 자유와 수입을 잃어버린다는 것을 의미한다. 부양기간이 길어지면서 부양에 드는 비용도 주보호자뿐만 아니라 가족성원 모두에게 부담을 줄 수 있다. 병원비, 재활치료비, 약품구입비, 의료보조기(휠체어, 환자용 변기, 환자용 침대, 환자용 욕실 등) 구입에 드는 비용도 포함하며, 경제적으로 어려운 가족의 경우에는 더 많은 부담감을 느낄 수 있다.

3) 의료사회복지사의 개입

(1) 정보수집 및 사정

뇌졸중 환자는 주로 재활의학과나 신경외과에서 의료사회복지사에게 의뢰된다. 환자는 인지기능이 저하되거나 의사소통이 어려운 경우가 많으므로 주로 보호자를 만나 상담을 실시한다. 정보수집이 필요한 사항은 인구학적 특성과 함께 발병일시 및 경위, 입원력, 전과 및 전원된 경우라면 전원기록(transfer note)에서 전원 당시 환자의 상태와 의료적 주의사항, 현재 증상 및 예후, 일상생활동작 정도 등 질병 관련 특성을 자세히 조사한다. 클라이언트의 개인력 및 심리사회적 영역에 관한 정보를 수집하면서 클라이언트의 병전 성격(강점과 약점), 현재 신체상태에 대한 정서적 반응, 재활동기 등을 알아본다. 또 가족의 정서적 반응과 가족관계 및 기능, 주보호제공자 및 가족의 지지정도 등 가족의 심리사회적 어려움을 조사한다. 이때 중요한 것은 치료에 대한 환자와 가족의 기대가 현실적인지 살펴보는 것이다. 마지막으로 경제적 측면으로 보험의 종류와 수혜상태, 치료비 지불능력 등과 퇴원 후에 생활할 주거형태, 물리치료 등의 의료서비스를 이용할 수 있는 지역사회자원에 대해서도 미리 알아보아야 한다.

뇌졸중 환자와 가족은 의료사회복지사와 어떤 내용에 대해, 어떻게 상담이 진행되는지 정확히 이해하고 있지 않다. 따라서, 의료사회복지사는 먼저 자신의 소속과 신분을 밝히며 간단하게 의료사회복지사의 역할을 소개하고, 의뢰 경위와 상담 목적을 설명한다. 상담 시간은 환자의 재활 치료 일정 등을 우선하여 시간을 맞추는 것이 좋다. 첫 상담은 30분 정도 소요되므로, 상담 시간이 물리치료나 식사, 검사와 겹치지 않도록 한다. 다음의 예는 환자를 처음 만나기 전에 사회복지상담을 안내하는 내용이다(구미정 외, 2018).

"안녕하세요? ○○○ 환자분(보호자분)이신가요? 저는 재활의학과에서 환자분들의 사회복지상담을 하고 있는 △△△ 의료사회복지사입니다. 담당 □□ 교수님(주치의)께서 ○○○ 환자분이 치료와 관련해서 특별한 어려움은 없으신지, 가족적인 부분이나 경제적인 부분에 대한 지원이나, 치료받고 앞으로 생활하시는 데 필요한 복지정보 등에 대해 안내가 필요하신지 저에게 상담해 줄 것을 요청하셨습니다. 상담시간은 30분 정도 소요될 것 같은데, 언제쯤 상담이 가능하세요?"

출처: 구미정 외(2018).

(2) 집단프로그램

뇌졸중 환자는 병원에 장기 입원하므로 의료사회복지사가 환자와 가족을 위한 프로그램을 실시함으로써 질환 및 입원 등으로 인한 스트레스를 경감시키고, 질병관리 교육을 통해 퇴원준비를 시킬 수 있다. 뇌졸중 환자와 가족을 위한 자조집단프로그램에서는 월 1회 정도 모임을 가져 환자와 가족 간에 정서적 지지를 나누게 된다.

(3) 팀 사례회의

재활의학과에서는 환자의 생심리사회적 어려움에 대해 다학제적 팀 접근을 위해 정기 사례회의(conference)를 실시한다. 사례회의에서 의료사회복지사의 주요 역할은 다음과 같다.

먼저, 초기상담을 통해 수집한 정보를 바탕으로 사정한 환자의 개인력, 가족력, 경제력, 대인관계 등의 사회적 상황, 정서적 상태, 주거환경, 재활에 대한 기대 수준과 퇴원계획 등의 정보를 치료진과 공유한다.

다음으로 치료과정에서 고려해야 할 환자와 가족의 욕구 및 이슈, 의료사회복지사의 개입목표와 개입내용(상담 및 프로그램 등)을 공유한다. 특히, 치료진이 의사소통해야 할 가족 내 실제 의사결정권자와 돌봄 제공자를 파악하고, 수립한 퇴원계획을 공유한다. 마지막으로 의학, 물리치료, 작업치료 등 다른 치료진의 평가와 계획에 대해 공유하고, 환자 및 가족의 기대 수준과 일치 여부를 파악하는데, 기대가 일치하지 않아 조정이 필요한 경우 조정자의 역할을 수행하기도 한다(구미정 외, 2018).

(4) 장애등록에 관한 정보제공

편마비는 영구적인 장애를 가져오기도 하므로 입원 및 퇴원시점에서 환자와 가족에게 장애등록의 절차 및 혜택에 관한 정보를 제공하여 다음의 각종 혜택을 받을 수 있도록 한다. 2019년 장애등급제는 폐지되었지만 장애등록 절차는 유지된다. 의료사회복지사는 장애분류표와 장애인 등록 절차를 정확히 파악한 후 해당되는 뇌졸중 환자에게 구체적인 정보를 제공하고 장애인 등록의 혜택을 받도록 한다.

　장애인 등록 신청 및 그 절차로는 장애인 등록을 신청하고자 하는 사람의 주소지 관할 읍·면·동 주민센터를 방문하여 '장애인 등록 및 서비스신청서'를 작성하여 제출하면 된다. 장애인 등록신청은 본인이 하는 것을 원칙으로 하되, 만 19세 미만의 미성년자와 거동이 불가능한 경우 등 본인이 등록신청을 하기 어려운 경우에는 보호자가 대행할 수 있다. 신청자는 의료기관의 전문의로부터 장애진단 및 검사를 통해 장애진단서를 발급받고, 장애유형별

사례

　F(60세, 남)는 5년 전 직장에서 일하다가 갑자기 쓰러져 뇌출혈 진단을 받고 대학병원에서 수술을 받았다. 그 후 6개월간 재활병원을 전전하며 치료를 받았으나 오른쪽 편마비와 언어장애를 가지고 집으로 퇴원하였다. F는 직장에서 적극적이고 활동적인 성격의 상사이고, 집에서는 자상한 성격의 남편이자 아버지이다. F는 이전의 생활로 돌아가기 위해 대학병원은 물론 재활전문병원과 한방치료, 민간요법, 일본·중국에 침치료 등 적극적으로 치료에 임했으나 결과는 만족스럽지 못했다. 이후 자포자기 상태로 집안만 틀어박혀 생활을 했다. 편마비로 움직임이 원활하지 않아 자연히 부인과 자녀들에게 요구사항이 많아졌으며, 신경질과 짜증을 냈다. 오랜만에 놀러온 큰손녀(5세)와는 TV 채널을 놓고 싸우기도 하였다.

　남편을 돌보던 부인이 관절염으로 무릎 인공관절수술 후 재활치료를 받는 동안, F를 돌봐줄 가족이 마땅치 않았다. 처음에는 출가한 둘째 딸이 나서봤지만, 친정 부모 간호가 쉬운 일이 아니었다. 어머니는 수술이 잘 끝났으며, 재활치료를 위해 일주일간 물리치료를 받고 퇴원하시길 권고받았다. 보호자인 딸은 어머니가 걷지도 못하는데, 벌써 퇴원을 해야 한다는 것이 이해되지 않았고, 집에 가서도 독립적인 생활이 가능하지 않음을 호소하여 주치의에 의해 의료사회복지사에게 의뢰되었다.

-한림대학교 한강성심병원 제공-

필수 구비서류를 갖추어 주소지 관할 읍·면·동 주민센터에 제출하여 장애인 등록을 한다.

2. 척수손상

1) 척수손상에 대한 이해

척추(spine)는 뼈이고, 척수(spinal cord)는 척추뼈 안쪽에 위치한 신경을 말한다. 척추는 위치에 따라서 경추(7개), 흉추(12개), 요추(5개), 천추(5개), 미추(4개)로 나뉜다. 사고나 질병으로 척수손상을 당하면 마치 전화선이 끊어지는 것 같은 현상이 발생하는데, 뇌와 팔다리의 손상이 없어도 전화선에 해당하는 척수신경이 끊겨서 신호전달이 차단, 운동신경과 감각신경이 마비되고 자율신경도 손상을 받아 혈압조절, 체온조절, 소대변조절 기능도 손상을 받는다(한국척수장애인협회, 대한척수손상학회, 대한재활의학회, 2017). 척수손상(Spinal Cord Injury: SCI)은 과격한 충격에 따라 영향을 받게 되며 척추골절 및 탈구의 직접적인 손상에 의해 하반신마비나 사지마비를 초래한다(서문자, 강현숙, 임난영, 김금순, 노국희, 2000). 척수손상은 주로 외상적 사고로 인해 발생하는데, 척수손상 환자의 44%는 자동차와 오토바이 사고, 24%는 폭력행동, 22%는 추락, 나머지는 여가활동 중의 사고에 기인한다(Beder, 2006). 미국에는 약 24만 7,000명의 척추손상환자가 있으며 매년 7,800명의 새로운 환자가 발생한다고 한다. 척수손상 당시의 평균연령은 33.4세이며 이들 중 82%가 남성이고 53%는 미혼으로서, 주로 젊은 미혼남성에게 발생한다(장수미, 2012, 재인용).

미국척수손상협회는 '척수손상의 신경학적 분류 및 국제표준'을 확립하였고, 이 표준은 국제적으로 척수손상 평가에 보편적으로 적용되고 있다. 척수손상은 마비 정도에 따라 완전손상과 불완전손상으로 분류되는데, 장애정도에서 A급은 완전손상이고, B~E급은 불완전손상 및 정상이라 칭한다. 보통 경수 및 흉수손상의 경우, 독립적인 보행이 가능하려면 D등급 이상이어야 하며, A등급에서 D등급으로의 회복은 약 2% 정도이며, B등급에서 D, E등급으로의 회복은 약 20% 정도 가능하다(전세일, 1998: 한국장애인개발원, 2010 재인용).

초기단계에서 척수손상 치료의 목적은 생명유지와 합병증 방지에 있다. 척수는 물론 기타 장기의 이상 유무를 자세히 평가하고 처치해야 할 것이다. 평가과정을 체계 있고 능률적으로 하기 위해 신경학적 문제, 척추 뼈의 손상, 동반된 손상, 내과적 문제, 비뇨기과적 문제, 위장문제, 성문제, 기능회복문제, 합병증 등 9가지 문제체계가 제안되었다. 무엇보다 척수손상의 위치와 그 정도가 규명되어야 하는데, 이는 예후와 치료목표가 전적으로 달려 있기 때문이다. 최근 척수손상 환자의 수명은 상당히 연장되었으며, 이는 요로감염을 비롯한 여러 가지 합병증의 효과적인 예방 및 치료의 발전에 기인한다. 척수손상의 올바른 처치에는 팀 접근이 필요하다. 재활 팀에는 재활의학전문의, 간호사, 물리치료사, 작업치료사, 의료사회복지사, 임상심리사 등으로 구성된다.

급성기의 물리치료는 손상 직후부터 모든 관절의 운동을 최소한 하루 2회씩 실시하고, 폐활량을 증가시키고 분비물을 제거하기 위해서 호흡기 치료 등을 한다. 이외에도 오랫동안 누워 있는 환자의 골다공증 방지, 요로감염 및 요로결석의 예방, 순환작용과 영양상태의 증진 등을 위해 경사대(tilting table)를 이용한 기립자세를 유지하는 운동을 한다. 환자가 스스로 자기의 일상생활을 수행할 수 있도록 침상에서 혼자 일어나기, 앉아서 중심 잡기, 침상 내 옮겨 다니기, 보조기 착용하기, 의자 차에 옮겨 타기 등을 훈련한다. 모든 척수손상 환자가 완전한 독립적 일상생활을 영위할 수 있는 것은 아니며, 척수손상 환자의 손상부위에 따라 환자가 획득할 수 있는 기능적 회복수준은 다

르다. 환자의 나이, 합병증, 동기 등 여러 요인이 변수로 작용할 수 있다(서울
의대 재활의학교실, 1995).

2) 심리사회적 적응

척수손상으로 인한 정서적 충격은 매우 크며, 환자가 자신과 상황을 어떻
게 보는지에 영향을 미친다. 척수손상 환자의 심리적 복지는 인구학적, 심리
사회적 변인에 따라 다르다(Livneh & Antonak, 1997). 척수손상을 당한 연령이
낮을수록, 교육 및 수입이 높을수록, 기혼인 경우, 직업이 있는 경우가 그렇
지 않은 경우보다 심리적 복지 수준이 높았다. 또한 사회적 지지와 자기효능
감도 관계가 높다. 뇌졸중 환자와 마찬가지로 척수손상 환자의 가족도 비슷
한 역동을 갖는데, 많은 가족성원이 환자상태, 예후에 대한 정보, 돌봄의 질
에 대한 확신과 정서적 지지를 얻기 원한다(Beder, 2006).

척수손상 환자는 신체의 일부 혹은 전신마비로 독립적인 생활이 어렵다.
또 자기조절기능을 상실하게 되어 예전의 신체구조, 기능, 외모에 대한 신체
상(body-image)이 바뀌었기 때문에 현재의 신체상에 대해 수용하기를 거부
한다. 일반적으로 급격한 신체적 외상 후의 반응은 급성기, 수용기, 재활기의
3단계를 거치게 된다.

첫째, 급성기에는 병에 대한 강렬한 부인(denial), 퇴행, 불안 및 두려움, 적
개심, 상실, 비애 등의 감정이 나타난다. 이 감정은 정상반응이지만 이러한
심리상태가 오래 지속되고 과장될 때는 자아기능이 약화되므로 지나친 의존
과 퇴행, 다른 신체증상이 나타날 수 있다. 둘째, 수용기에는 급성기의 심리
반응이 다소 완화되면서 자신에게 발생한 문제를 현실적으로 해결하려는 협
상과정이 싹트는 시기다. 이 시기가 지나야 장기적인 대책을 세워 적응하는
재활시기로 접어든다. 셋째, 재활기로서 신체적 또는 다른 장애를 지닌 사람
들의 가능한 활동을 회복시킴으로써 삶을 질적으로 향상시키며 책임감과 독

립적인 사회적 기능을 유지하여 사회로 복귀하는 과정이다. 이상의 과정은 손상부위, 질병의 정도, 병전인격, 지적·경제적 수준 및 보상관계 등에 따라 차이가 있지만 보통 급성기 3~6개월, 수용기 6개월~1년 후를 거쳐 재활기로 접어들게 된다.

척수손상이 되면 장애로 인해 주변사람에 대한 의존은 증가하는 반면, 사회적 접촉은 감소하여 사회적으로 고립될 가능성이 커진다. 사회적 역할의 상실은 우울, 무력감 등의 정서적 어려움을 초래하며 우울이 심할 경우 불면증, 식욕부진과 같은 신체화 증상도 나타나게 된다. 하지마비나 사지마비의 기능상실로 인한 고통은 죽음보다 더 무섭게 지각될 수 있으며, 척수장애인은 무력감, 절망감으로 인해 자포자기의 심리상태를 경험한다. 공허감, 불안정감, 긴장감, 무기력, 어떤 일을 성취하지 못하는 것에 대한 불만족, 어떤 도움도 청하지 않고 아무도 도와줄 수 없다는 지각, 과거나 미래는 없으며 오직 현재의 존재만을 인식하므로 정서적으로 황폐해질 수 있는 상황으로 신체상, 자아존중감, 역할수행, 자아개념의 장애가 초래된다(한국장애인개발원, 2010).

3) 의료사회복지사의 개입

(1) 정보수집과 사정

재활치료의 목표는 장애가 있는 환자를 신체적, 정신적, 사회적, 경제적 독립상태로 회복시키는 것이기 때문에 재활의학에서는 전인격(whole person)에 관심을 가지며, 이런 목표를 이루기 위해 환자에 대한 다양한 정보, 즉 질병 자체뿐만 아니라 이로 인한 가족 및 사회환경, 직업, 경제상태 등에 미치는 영향도 포괄적으로 알아야 한다(서울의대 재활의학교실, 1995).

또한 인구학적 특성과 심리상태, 가족관계, 경제적 능력 등 기본적인 사항 이외에 척수손상 환자의 경우 퇴원 후 생활할 주거환경의 구조, 간병을 담당할 주보호제공자의 여부, 보험관련 상태 등에 대해 자세히 살펴보아야 한다.

(2) 가족회의(family conference) 및 퇴원계획

가족회의는 재활의학과에 입원한 환자 중 가족 간에 의사소통 문제가 있거나 비협조적인 경우, 환자의 상태를 가족이 받아들이지 못하는 경우, 퇴원의 어려움이 있는 경우 등에 의료진이 치료계획과 가족의 협조사항을 알려 주어 가족이 필요한 역할을 하도록 하는 것이다. 구체적인 목적으로는 첫째, 환자와 가족이 환자의 신체적 상태를 수용하도록 한다. 둘째, 입원기간 중 가족이 환자보호에 필요한 적절한 역할을 하고 협조하도록 한다. 셋째, 퇴원에 필요한 심리적, 환경적 준비를 하여 퇴원 후 계획을 세우고 퇴원상황에 적응할 수 있도록 돕는 것이다. 특히, 퇴원계획을 위한 가족회의는 필수적이다. 우리나라 척수손상환자들의 입원은 세계적으로 긴 편이다. 하지마비 환자의 평균 입원기간이 1년 반, 사지마비 환자는 2년으로 미국의 2~3개월, 유럽의 6~7개월에 비하면 상당히 길다. 입원이 길어지면 사회적 관계의 단절 등으로 사회복귀의 어려움, 입원비, 간병비 등 경제적 부담이 발생하므로 아무리 길어도 1년 이내에는 퇴원하는 것을 권유하고 있다(한국척수장애인협회, 대한척수손상학회, 대한재활의학회, 2017).

가족회의가 필요하다고 판단되는 환자나 가족이 있으면 사회복지사는 의료진과 상의하여 가족회의 여부를 결정한다. 가족회의를 결정하면 의료사회복지사는 환자나 가족과 만나 현재 가족상황이나 어려운 점에 관해 정보를 조사하고 모임의 필요성과 가족참여를 이끌어 낸다. 특히 환자에게 중요한 지인들(significant others)은 가능한 전원 참석하게 하는데, 가족성원 중 의사결정자(decision maker)는 반드시 참석해야 한다.

가족회의를 시작하면서 의료사회복지사는 먼저 가족과 의료진을 소개한다. 환자와 가족성원의 관계, 거주지 등을 간단히 이야기하고 의료진과 인사한다. 언어소통에 장애가 없는 환자라면 같이 참석하는 것이 바람직하다. 의료사회복지사는 환자의 치료방향에 대한 논의와 퇴원에 대한 설명, 퇴원에 대한 준비사항 논의가 주요 목적임을 알린다. 다음으로 환자의 주치의가 환자의 의료적 상태, 병원에 입원할 당시의 상황과 현재의 상황, 치료내용, 예상되는 예후 등에 대해 설명한다. 일반인이 이해할 수 있는 쉬운 용어로 설명하고 주치의의 설명이 끝난 후 가족들은 궁금한 점을 질문한다. 의료적 상태에 관한 질의응답과 함께 자연스럽게 가족의 입장을 표현하는데, 주로 환자상태에 대한 불안감, 호전에 대한 기대감, 퇴원에 대한 두려움 등을 토로한다. 만약 가족이 경직되어 침묵이 계속되면 의료사회복지사가 이전에 조사했던 정보를 이용하여 가족들의 입장을 다시 설명하고 논의해 갈 수 있도록 이끌어야 한다.

이러한 과정을 통해 환자나 가족의 심리적·사회적·환경적 상태를 다시 한번 확인하고, 참여한 의료진이 가족에게 필요한 심리적 지지를 제공하거나 부적절한 지식을 교정하고, 치료방향을 제시해 준다. 또한 가족의 역할이 어떠해야 할지를 설명하고 가족의 상황에 맞는 대안을 선택하도록 지지한다. 그리고 예상되는 퇴원시기를 알려 주고, 이에 맞추어 퇴원계획을 세우도록 촉진한다. 모임이 진행되는 상황에서 결정할 수도 있지만 그렇지 않을 수도 있다. 가족회의 전에 의료사회복지사와 미리 면담을 한 가족이라면 그 자리에서 중요한 사항을 의사결정할 수도 있다. 이외에도 다른 가족문제나 환자와 관련된 가족갈등이 심해서 심도 있는 상담이 필요한 경우는 가족회의를 종료한 후 의료사회복지사가 따로 가족상담을 실행한다.

가족회의는 의료진과 환자 및 가족 양측의 만족감을 높이는 데 도움이 된다. 환자와 가족은 의료진이 환자에 대해 관심을 갖고 자세히 설명해 주는 것에 만족스러워하고 추후 치료진행 방향을 이해하게 된다. 의료진은 환자의 가족상황에 대해 이해하고 치료계획에 대해 가족의 동의나 협조를 구할 수 있다. 의료사회복지사는 환자, 가족, 의료진 간의 중간역할을 수행하며 대변인 역할, 의사결정을 촉진하는 역할을 한다(김동민, 서소라, 김경아, 2002). 또

G(62세, 남)는 갑작스런 교통사고 이후 흉수 12번 척수손상 진단을 받고 하지마비로 오랜 기간 재활병원과 요양병원을 전전하며 입원 중이다. 원래 보험대리점을 운영하였으나 매출 신고액이 높지는 않았고, 경기불황으로 실적이 좋지 않았다고 한다. 교통사고 당시 이혼 상태였고 당시 자녀들과도 거의 왕래가 없는 상황으로 가족지지체계가 부재하다. 병원에서는 퇴원권유하고 있으며 재활치료를 마치고 퇴원해야 하지만 퇴원 이후의 독립적인 생활이 두렵고 가족도 없어 좀 더 병원 생활을 하고 싶어 계속 퇴원을 미루고 있다. 오랜 병원 생활로 갖고 있던 돈을 다 써 버리고 돌아갈 집도 없는 형편이다. 오랫동안 왕래하지 않았던 결혼한 딸 집에는 미안해서 갈 엄두가 나지 않으며 지금 있는 요양병원에 한 달에 20만 원만 내면 먹여주고 재워주니 오히려 편하다고 한다. 앞으로의 계획을 물으니 갈 곳이 없어서 막막하고 아무 계획도 없다고 한다. 이러다 평생 요양병원을 못 벗어나는 신세가 될까 걱정이 되어 퇴원계획을 위해 의료사회복지사에게 찾아왔다.

－한국척수장애인협회, 대한척수손상학회, 대한재활의학회(2017) 사례에서 재구성－

한, 의료사회복지사는 퇴원을 앞둔 환자를 위해 병원과 지역사회를 연결하는 역할도 수행해야 하므로 퇴원 후 환자의 적응을 위해 지역사회의 다양한 자원을 숙지하고 연결할 수 있어야 할 것이다. 다음 〈표 8-1〉은 척수손상 환자를 위한 재활서비스 기관의 장점 및 단점을 정리한 것으로, 사회복지사가 퇴원계획을 수립할 때 참고자료로 활용될 수 있다.

표 8-1 척수손상 환자 재활서비스 기관별 장단점

재활서비스 기관	장점	단점
종합병원 재활의학과	초기 및 급성기 재활치료 시 바람직 재활의학뿐 아니라 다분야의 특수전문의사의 의학적 개입 용이	집중적인 재활치료과정이 부족할 수 있음 장기적인 입원치료의 어려움
재활전문 병원	장애인의 기능향상을 위한 집중적인 재활치료과정에 효과적 재활의학과 의사뿐만 아니라 다영역의 팀 접근 제공이 용이 재활치료를 위한 시설(각종 치료실) 및 다양한 치료 장비 보유	의학적인 문제발생 시 즉각적인 특수전문의사의 개입이 어려움 재활전문병원 부족으로 입원 대기기간이 긴 경우가 있음 장기적인 입원치료의 어려움 사회복귀에 대비한 종합적 지원이 부족
재활요양 병원	기능적 손상이 커 기능향상의 잠재력은 낮지만 전문적인 의료인의 관리가 지속적으로 필요한 경우 적합 지속적인 재활치료를 위한 중장기 입원이 가능	집중적인 재활치료를 요하는 경우 부적합
재활의학과 의원	특정 기능향상을 위한 개발영역의 재활치료에 적합 자신의 선택에 의한 재활치료 접근이 가능함 거주 지역 내에서의 접근이 용이	지속적인 통원이 가능한 자에게 한정됨 다영역의 팀 접근을 통한 재활치료는 어려움
보건소	무료 혹은 저렴한 비용으로 이용 가능 지속적인 물리, 운동치료에 적합	개별영역치료에 한정
복지관	무료 혹은 저렴한 비용으로 이용 가능 지속적인 기능관리에 적합	재활치료서비스 제공 여부 확인이 필요 이용자가 많아 대기기간이 긴 경우도 있음 척수장애인에 대한 전문성 부족 척수장애인을 위한 재활서비스를 제공하지 않는 경우도 많음

출처: 국립재활원(2008); 한국척수장애인협회(2009): 한국장애인개발원(2010) 재인용.

3. 치매

1) 치매에 대한 이해

치매(dementia)란 뇌의 질환으로 인해 생기는 하나의 증후군으로 후천적으로 발생한 다발성 인지기능 저하이며(최성혜, 2012), 대개 만성적이고 진행성으로 나타나며 기억력, 사고력, 지남력, 이해력, 계산력, 학습능력, 언어 및 판단력 등을 포함하는 고도의 뇌 피질 기능의 다발성장애로 노년기 대표적 기질적 정신장애다(권중돈, 2010). 우리나라 65세 이상 노인 인구 중 추정 치매환자는 2017년 기준으로 약 70만 명으로 평균 치매 유병률은 10%이다. 이 중 여성 치매환자의 비율이 64%로 남성보다 높다(보건복지부, 중앙치매센터, 2018).

치매를 유발하는 원인은 내과, 정신과, 신경과 질환 등 100여 가지에 이를 정도로 다양하다. 전체 치매의 절반 정도는 원인이 명확히 밝혀지지 않고 있으며, 현재까지 밝혀진 치매의 주요 원인은 알츠하이머병, 파킨슨병, 다발성 뇌경색, 알코올중독 등 다양하다. 이 중 알츠하이머성 치매는 전체 치매의 50~70%를 차지하고 있으며, 혈관성 치매가 20~30%, 나머지는 기타 원인에 의한다.

치매는 다양한 증상을 보일 수 있지만, 크게 인지증상과 정신행동증상으로 나눌 수 있다. 인지증상으로는, 첫째, 기억력장애가 있다. 초기에는 최근에 있었던 일을 기억하지 못하는 단기 기억력 감퇴가 나타나며 이로 인해 새로운 정보를 습득하는 능력을 상실하게 된다. 시간이 지남에 따라 장기 기억력의 감퇴도 동반된다. 둘째, 지남력(orientation) 장애로 오늘이 며칠인지, 무슨 요일인지, 혹은 무슨 계절인지를 모르게 되는 등 날씨, 계절에 대한 감각이 떨어지는 시간 지남력의 장애를 보인다. 이에 따라 자주 날짜를 착각하여 실수를 하게 된다. 셋째, 언어장애로서 말을 하는데 단어가 떠오르지 않거나 적절한 단어를 사용하지 못하고 다른 단어를 사용하게 된다. 또한 말수가 현저하게 줄어들어 의사소통이 제대로 되지 않는 등 언어소통능력에 장애를 보이게 된다. 넷째, 시공간 능력의 장애로 자주 다니던 익숙한 거리에서 길을 잃거나 심하게는 집 안에서 방이나 화장실 등을 찾아가지 못하는 상황으로까지 발전한다. 자동차를 운전하는 경우에 목적지를 제대로 찾아갈 수 없게 되기도 한다. 다섯째, 실행능력장애이다. 감각 및 운동기관이 온전한데도 불구하고 목적성 있는 행동을 못하는 것을 의미하는데, 초기에는 운동화 끈을 매지 못하는 등의 증상에서 시작하여 몇 가지 순서를 밟아야 되는 일, 가령 음식 차리기 등에 어려움을 느끼게 된다. 또한 도구의 사용법을 잊어버려서 집 안의 간단한 도구, 예를 들면 가스레인지 혹은 텔레비전을 적절하게 사용하지 못하게 된다. 치매가 진행됨에 따라 식사를 하거나 옷을 입는 단순한 일조차 수행할 수 없게 된다. 여섯째, 판단력의 장애로 돈 관리를 제대로 못하게 되며 때로 필요 없는 물건을 사기도 한다.

정신행동증상으로는 치매환자 자신이나 환자를 돌보는 가족을 고통스럽게 만들어 병원이나 요양시설 등의 시설입소에 이르게 하는 것은 기억력 감퇴와 같은 인지기능장애가 아니라 다양한 형태의 비인지적 문제행동 증상이다. 이러한 증상은 초기보다는 중기 이후 빈번하게 나타나다가 와상 상태(누워서만 지내는 상태)에 가까울 정도로 기력이 저하되는 단계에 이르면 오히려 줄어드는 경향을 보인다(국가치매지식정보포털, 2012). 예를 들어, 인지기능 저하에 대한 반응으로, 혹은 이와 상관없이 우울증을 보인다. 이유 없이 자꾸 서성거리고 한자리에 오래 앉아 있지 못하는 일이 많으며 자신의 소지품을 제대로 챙기지 못하고 자꾸 다른 사람이 자신의 것을 훔쳐 간다든지 하는 의심이 늘어나게 된다. 수면장애가 생겨 낮에는 자고 밤에는 돌아다니며 가족들의 수면을 방해하는 일이 자주 있게 된다. 때로는 지각의 장애가 생겨 다른 사람의 눈에는 보이지 않는 것을 본다든지 다른 사람의 귀에 들리지 않는 것을 듣는다든지 하는 환각현상을 보이기도 한다.

　일반적으로 '치매에 걸리면 치료할 수 없다.'라는 잘못된 생각 때문에 치매를 적극적으로 치료하지 않는 경향이 있다. 하지만 일부 치매는 치료되며, 조기에 발견하여 치료하면 증상의 지연이 가능하다. 치매환자에 대한 약물치료는 대체로 인지기능에 관한 약물치료와 정신증상을 완화시키는 약물치료로 구분할 수 있다. 현재 치매를 근본적으로 치료할 수 있는 약물은 개발되어 있지 않지만 치매의 발병과 진행을 늦추거나, 증상을 완화하거나, 치매의 부차적 증상인 정신증상을 완화할 수 있는 약물이 사용되고 있다. 다음으로 정신사회적 치료이다. 치매환자는 인지기능장애가 진행되면 발병 이전에 별다른 어려움 없이 할 수 있었던 일들을 더 이상 하기 어렵다는 것을 느끼게 되면서 자아존중감과 자아정체성에 심한 타격을 받게 된다. 이런 정서적 문제가 심각한 경우 심한 공황상태가 나타나기도 한다. 정신사회적 치료 중 행동 지향적 치료는 문제행동이 언제, 어디서, 어떻게 일어났는지를 정확하게 기술하도록 하여 그 행동의 유발요인과 결과를 평가하고 이에 따른 치료적 개입을 결정한다. 감정 지향적 치료는 회상 치료와 같이 과거 기억과 정서를 자극하여 인지기능을 개선시키는 등의 노력을 기울이게 된다. 인지 지향적 치료는 현실 지남력과 기술훈련을 포함하여 인지적 결손을 교정하는 치료다. 자극 지향적 치료는 오락과 예술요법 등을 통해 문제행동을 완화하고 감정을 개선시키는 치료다.

2) 심리사회적 적응

　치매환자를 돌보는 가족을 '숨겨진 환자' 또는 '숨겨진 희생자'라고도 할 정도로 치매환자 가족의 부양부담은 심각하다고 할 수 있다. 실제 치매노인이 발생하였을 때 치매노인의 점차적인 일상생활동작 수행능력의 상실로 24시간 보호가 필요하다. 치매노인 1명의 발생은 평균적으로 가족성원 3.8명을 필요로 하여 치매환자 가족에게 사회적 고립, 역할역전의 스트레스, 가족 기능의 파괴, 근심과 우울, 신체건강의 악화 등을 가져와 신체적·정신적·사회적·경제적·환경적으로 많은 고통과 부담감을 주게 되어 그 결과는 매우 심각하고 복잡하다(유광수, 2001). 이러한 부양 부담의 내용을 구체적으로 살펴보면 다음과 같다.

먼저, 치매환자 가족은 환자의 개인위생 관리를 수발해야 할 시간이 늘어나고 환자의 문제행동 방지를 위해 지속적인 관찰과 사후처리를 위해 많은 시간을 소모해야 한다. 따라서 가족들은 친구를 만나거나 외출하는 데 어려움을 겪고 치매환자가 의심하는 증상이 있는 경우 전화하는 것조차 불가능하게 될 수 있어 사회적 관계에 많은 제한을 받게 된다. 치매환자를 돌보는 가족의 심리적 어려움으로 다른 사람을 대할 때 짜증이 증가하거나, 남을 심하게 비판하는 것이다. 또한 자신을 통제할 수 없는 경우가 있으며, 심한 경우는 우울증상, 분노, 적대감이나 좌절감, 허무감, 무기력함을 보이기도 한다. 다음으로 경제적 부담이다. 보건복지부(2012)에 따르면, 치매로 인한 연간 총 진료비는 2010년 8,100억 원으로 노인성질환 중 뇌혈관질환에 이어 2위를 차지하였으며, 1인당 진료비는 연간 310만 원으로 5대 만성질환보다 높은 수준이다. 이러한 경제적 부담은 고스란히 가족들이 떠안게 된다. 또한 환자를 돌보는 부담과 가족의 생계유지를 위해 경제활동을 해야 하는 이중의 부담을 지게 될 경우 역할 긴장을 경험하게 되는데, 환자를 부양하면서 잦은 결근과 외출, 재교육 및 훈련 기회 상실, 경제활동 시간의 단축, 경제활동 중단, 승진 기회 상실 등의 부담을 겪게 된다. 이런 부담은 치매의 사회적 비용이 암, 심장질환, 뇌졸중 세 가지 질병을 모두 합한 비용을 초과한다는 보고(Alzheimer Disease International, 2009)에서도 그 심각성을 살펴볼 수 있다.

치매노인을 부양하는 부양자는 고혈압이나 뇌졸중 같은 만성질환을 가진 노인을 돌보는 부양자보다 신체적, 심리적 부담감이 훨씬 큰 것으로 알려져 있다. 치매 부양자의 약 40~55%에서 부양 이후 신체적 질환을 주로 많이 호소하는데 심장질환, 요통, 고혈압, 관절염, 소화기 질환 등이 보고되고 있으며, 그 외에도 만성피로, 수면방해, 두통 등을 경험하게 된다. 치매환자는 가족에게 의존하게 되면서 무력감과 자괴감 등의 부정적 감정을 가지게 되고 가족에 대해서는 죄책감, 배신감 등을 경험하는 경향이 있다. 가족 역시 치매환자의 과도한 보호욕구에 직면하였을 때 부정적 감정을 경험할 가능성이 높아 환자와의 관계 악화 가능성도 높아진다.

3) 사회복지사의 개입

(1) 교육, 지지, 상담, 자조집단 프로그램

치매환자에 대한 개입은 환자를 돌보는 가족의 부양부담의 경감에 초점을 맞추게 된다. 환자가족에 대한 직접적 개입으로, 첫째, 교육 및 지지집단 프로그램이다. 교육 및 지지 프로그램의 내용은 치매와 치매노인의 기능변화에 대한 의학적 이해, 치매 증상별 대처방법과 간호방법(증상관리, 신체질병관리, 영양관리 등), 치매노인을 위한 활동요법(인지요법, 작업요법, 미술요법, 음악요법, 원예요법 등), 가족생활환경의 정비 및 효과적 가족관계 형성 방법, 부양자의 건강 및 스트레스 관리기법, 시설 및 재가서비스에 대한 정보 제공 및 자원연계, 치매가족 자조모임의 조직화 등이 있다. 이러한 프로그램 운영을 위해서는 의사, 간호사, 영양사, 의료사회복지사 등으로 구성된 팀 접근이 필요하다.

둘째, 치매가족 상담이다. 치매가족의 상담은 전화상담, 인터넷상담, 가족상담 및 가족치료로 구분하여 살펴볼 수 있다. 먼저 전화상담은 치매환자 가족이 상담을 목적으로 외출하는 것이 어렵기 때문에 전화를 활용하는 것이 용이하다는 점에서 장점이 있다. 전화상담은 즉각적이고 정확한 응답을 하는 것이 중요하므로 치매에 대한 임상적 지식, 치매 관련 시설에 대한 정확한 정보, 치매 전문 의료기관과 입소자격 및 소요비용, 제공서비스에 대한 구체적 정보를 확보하고 있어야 한다. 둘째, 인터넷상담은 사회의 정보화에 발맞추어 치매에 대해서 가족들이 전국 어디에서나 간편하고 빠르게 정보를 확보할 수 있다는 이점이 있다. 인터넷 게시판 등을 통한 상담은 질문 이후 빠른 답을 제공하여야 한다.

셋째, 가족상담과 가족치료는 치매환자 가족에게 치매 발병 이후 가족성원 전체가 역할 및 관계에서 재조정이 요구되기 때문에 위기상황에 처하게 되고 이러한 위기를 잘 극복하여 적응해 나가도록 도와야 한다. 그렇기 때문에 의료사회복지사는 치매가족의 부정적 관계변화를 야기하는 치매환자의 인지장애, 문제행동, 일상생활 수행능력 저하, 부정적 성격변화와 대인관계변화를 충분히 이해하고 있어야 하며, 치매의 임상적 이해와 돌보는 방법에 대한 지식과 기술을 갖추고 있어야 한다. 상담을 통해 가족들이 생각과 감정을 표현하게 하고 가족성원 간의 상호작용에 대한 인식의 차이를 드러내고 부양부담이 많고 자아존중감이 낮은 부양자의 부양방법과 태도를 긍정적으로 재해석해 주도록 해야 한다(권중돈, 2012).

넷째, 가족을 위한 휴식서비스이다. 치매환자를 부양하는 가족은 치매환자를 돌보는 일과 더불어 가사활동, 자녀양육 등의 가족부양에 대한 과중한 역할부담을 경험하게 된다. 따라서 치매환자 가족을 위한 교육 및 훈련 서비스 등과 함께 치매가족휴가제가 제공되어야 할 필요가 있다. 이러한 휴식서비스는 치매환자에게 일상생활 지원 등의 구체적인 서비스를 제공하면서 부양가족에 대해서는 부양 책임에서 벗어나 자신만의 시간을 가질 수 있도록 한다. 이러한 휴식서비스는 부양가족의 역할부담과 부양부담을 경감하고, 신체 및 정신 건강과 사기를 증진시키고 지속적인 부양역할 수행에 대한 확신을 증진시켜 주는 효과가 있다.

휴식서비스로는 부양휴가제도, 치매환자 주간보호, 야간보호, 단기보호 서비스 등이 있다. 부양가족에 대해서는 건강지원서비스(건강검진, 운동요법 등), 아동 및 청소년 자녀교육 지원서비스 등이 함께 제공될 수 있다.

다섯째, 치매가족 자조집단으로서 자조집단은 상호 간의 정서적 지지와 필요한 자원 및 정보를 교환할 수 있는 장점이 있다. 치매가족의 경우 대리부양자가 없어 자조집단모임에 참여하기 어려운 경우가 많기 때문에 자조모임을 계획할 때는 치매가족의 편의를 최대한 고려하여 시간과 장소를 결정해야 한다. 일부 치매가족협회와 노인복지관에서 실시되고 있는 치매가족 자조모임은 치매환자 돌봄 방법에 대한 교육과 가족 간의 정보교류와 정서적 지지를 주된 목적으로 하고 있으며, 향후 조직화와 연계를 강화하여 치매가족의 권익옹호 사업 등을 적극적으로 전개해 나갈 필요가 있다.

(2) 자원연계

의료사회복지사는 치매환자와 가족을 돕기 위해 다양한 사회적 자원을 연계하여 지원하게 되는데, 이때 활용 가능한 사회적 자원은 다음과 같다(장종환, 2012).

첫째, 치매 치료관리비 지원 사업에 대한 정보를 제공한다. 만 60세 이상의 치매환자를 대상으로 정부에서 시행하는 사업이다. 이 사업은 치매 진단을 받고 치매치료제를 복용 중이며, 전국 가구 평균소득의 50% 이하인 환자를 조기에 지속적으로 치료 및 관리함으로써 효과적으로 치매 증상을 호전시키거나 증상 심화를 방지하여 노후 삶의 질 제고 및 사회경제적 비용절감에 기여하는 것을 목적으로 한다. 지원내역은 치매치료 관리비 보험급여분 중 본인부담금(치매약제비 본인부담금+약 처방 당일의 진료비 본인부담금)으로 월 일정액을 지원한다.

둘째, 공립요양병원에 대한 연결로서 정부에서는 치매노인의 전문적 치료 및 요양서비스를 제공하여 치매질환의 악화방지 및 치매노인 가족의 부담경감을 목표로 공립치매병원을 확충·지원하고 있다. 따라서 병원 명칭은 시·도립(또는 군립) 요양병원으로 한다. 치매환자와 의료급여환자 입원을 우선으로 하며 전체 환자 중 치매환자를 2/3이상 유지해야 하는 병원이다.

따라서 노인요양병원에 입원이 필요한 경우 거주지의 시·군·도립 노인요양병원을 확인하고 문의하면 도움을 받을 수 있다.

셋째, 노인복지시설 서비스에 대한 정보를 제공한다. 노인복지시설은 크게 노인주거복지시설, 노인의료복지시설, 재가노인복지시설로 구분하며, 저소득 노인에서부터 경제적 어려움이 없는 노인에 이르기까지 입소범위가 매우 넓다. 먼저 노인주거복지시설은 일상생활이 가능한 노인에게 급식과 그밖의 일상생활에 필요한 편의를 제공하여 안정된 노후 생활을 도모할 목적으로 만들어진 시설이다. 무료입소대상자는 일상생활에 지장이 없는 만 65세 이상 노인으로 기초생활수급대상이거나 수급대상 노인이 아닌 자 중, 생계를 같이 하는 부양의무자로부터 적절한 부양을 받지 못하는 노인이다. 노인의료복지시설은 노인요양시설과 노인요양공동생활 가정으로 분류하며, 입소대상자는 노인장기요양급여 1~2등급과 3등급자 중 불가피한 사유 및 치매 등으로 등급판정위원회에서 시설급여대상자로 판정받은 노인, 그리고 학대피해노인과 거주지가 없거나 부양의무자가 없는 경우 보호하는 시설이다. 재가노인복지시설은 정신적·신체적인 이유로 독립적인 일상생활을 수행하기 곤란한 노인과 노인부양 가정에 필요한 각종서비스를 제공함으로써 노인이 가족과 친지와 더불어 건강하고 안정된 노후생활을 영위할 수 있도록 함과 동시에 노인부양으로 인한 가족의 부담을 덜어 주기 위한 시설이다. 재가노인복지시설은 방문요양서비스, 주야간보호서비스, 단기보호서비스, 방문목욕서비스, 재가노인지원서비스 중 하나 이상의 서비스를 제공하는 시설이다. 이용대상자는 장기요양급여수급자, 장기요양급여수급자 등급 이외의 자 중 수급권자 및 부양의무자로부터 부양을 받지 못하는 노인으로 혼자서 일상생활을 수행하기 어려워 재가서비스의 제공이 필요한 노인이다. 이용절차는 국민건강보험공단으로 장기요양인정신청을 하여 장기요양급여수급자로 판정을 받은 후 이용 가능하다.

넷째, 노인돌봄종합서비스로서 혼자 힘으로 일상생활을 영위하기 어려운 노인에게 가사, 활동지원 또는 주간보호서비스를 제공하여 안정된 노후생활 보장 및 가족의 사회 경제적 활동기반을 조성하기 위한 서비스다. 서비스 대상자는 만 65세 이상의 노인 중 가구소득, 건강상태 등을 고려하여 돌봄서비스가 필요한 노인이다. 서비스는 시 · 군 · 구청별로 재가노인복지시설 등에서 제공하고 식사, 세면, 옷 갈아입히기, 체위변경, 신체기능의 유지 및 증진, 화장실 이용, 외출동행, 생필품 구매, 청소 및 세탁 등의 서비스를 제공한다. 이 서비스는 바우처를 발급하여 지정된 기관에서 서비스를 이용하도록 하고 있다.

　다섯째, 치매상담센터는 지역사회 치매예방 및 관리사업을 원활하게 수행하고 치매노인 등록에 따른 관리 및 이에 필요한 상담 · 지원 등의 서비스를 제공함으로써 치매노인이 보다 건강한 삶을 누릴 수 있도록 설치되었다. 2017년 기준 전국의 치매상담센터는 254개소로서 치매 조기발견률율은 64.2%에 달한다고 한다. 인지재활프로그램의 수는 3,265개, 가족교실 수는 452개, 자조모임 수는 386개이다(보건복지부, 중앙치매센터, 2018). 주요업무는 치매노인 등록 및 관리, 치매노인 및 그 보호자에 대한 상담 및 지원(치매노인 가족모임, 치매예방관리사업 홍보, 배회 가능 어르신 인식표 보급 등), 치매예방 및 치매노인 간병요령 등에 관한 교육, 재가치매노인에 대한 방문 · 관리, 치매노인의 사회적 지원 안내(노인장기요양보험, 주간보호시설 및 관내 복지관 재활프로그램의 이용, 전문요양시설, 치매전문요양병원, 노인전문병원 등에의 입소 등), 기타 시 · 군 · 구청장이 치매예방 및 치매노인 관리를 위하여 필요하다고 인정하는 업무다. 치매검사나 치매 관련 상담 등이 필요한 경우 이용 가능한 기관이다.

H(75세, 여)는 올해 초부터 욕설과 공격적인 성향과 온순한 태도가 반복되는 등 감정기복이 크고, 외출하려고 하지 않으며 위생관리가 안 되는 등의 행동변화를 보이고 있다. 초기에는 인지기능의 저하로 인해 병원에 방문하였고 작년까지는 경도인지장애 상태였으나 최근 치매 진단을 받았다. 슬하에 4남을 두었고, 남편과는 오래전에 사별하였다. 최근까지 이혼한 아들의 자녀들을 돌보느라 손자들과 함께 거주하였다. 월 소득은 예전에 모아놓은 돈과 자녀들이 용돈으로 주는 100만 원 정도로 생활하고 있으며, 주보호자인 며느리가 인근에 살면서 H를 돌보고 있었다. 의료사회복지사와의 면담에서 주보호자는 최근 환자의 행동 및 감정변화로 인해 돌봄 부담이 크다고 호소하고 있으며, 경제적으로도 어려운 상태로 치료비, 약제비 부담을 갖고 있다.

                                                        −한림대학교 한강성심병원 제공−

제9장

의료사회복지실천의 실제 III

1. 호스피스완화의료

1) 호스피스완화의료에 대한 이해

호스피스완화의료는 '호스피스'와 '완화의료'가 결합된 용어이다. '호스피스'는 본래 여행자나 손님을 따뜻한 마음으로 접대하는 장소를 뜻하는 말로, 중세시대 순례자와 여행자의 휴식처를 의미했다. 근대 이전 서구에서 요양원이나 수도원에서 호전되지 않는 임종환자들을 돌보는 것으로 의미가 변화되었고, 손더스(Saunders)가 1967년 성크리스토퍼 호스피스(St. Christoper hospice)를 설립하면서 현대적 호스피스가 시작되었다.

'완화의료'는 환자들이 질병으로 인해 겪게 되는 증상, 통증, 스트레스를 경감하여 환자와 가족의 삶의 질을 높이는 것을 목적으로 하는 의료활동이다.

세계보건기구(World Health Organization: WHO)는 완화의료를 '생명을 위협하는 질환으로 어려움에 처한 환자와 가족의 삶의 질을 향상시키는 접근으로, 신체적 · 심리사회적 · 영적 고통과 문제를 조기에 확인하고 정확하게 사정하며 치료하여 고통을 예방하고 해소하는 것'이라고 정의하였다.

우리나라에서는 1965년 '마리아의 작은 자매회'에서 처음 임종 환자를 돌보면서 호스피스가 도입되었다. 이후 종교 및 사회복지시설 중심으로 임종 환자 돌봄이 확대되어왔다. 2002년부터 호스피스를 보건의료체계의 돌봄 연속성을 유지하며 질환 치료까지 이루어지는 통합된 서비스로 제도화하려는 노력이 기울여졌고, 이를 통해 '호스피스'와 '완화의료'와의 포괄적 접근이 이루어져 현재의 '호스피스완화의료'체계가 마련되었다.

호스피스완화의료는 '생명을 위협하는 질환을 가진 환자의 신체적 증상을 적극적으로 조절하고 환자와 가족의 심리사회적 · 영적 어려움을 돕기 위해 의사, 간호사, 사회복지사 등으로 이루어진 호스피스완화의료 전문가가 팀을 이루어 환자와 가족의 고통을 경감시켜 삶의 질을 향상시키는 것을 목표로 하는 의료 서비스'라고 이해될 수 있다(국립암센터, 2020).

정리하면, 호스피스완화의료는 다음의 특성을 갖는다.

① 암과 같이 치명적 질병에 걸린 환자와 그 가족을 대상으로 하며
② 진단 이후 모든 치료 과정에 걸쳐 신체적 고통을 완화하고 심리사회적 · 영적 문제를 해결하는 총제적 돌봄(holistic care)을 제공하여
③ 환자와 가족이 삶의 질을 유지 및 향상하여 환자가 죽음을 수용하고 존엄한 죽음(death with dignity)을 맞을 수 있도록 돕고
④ 사별 후 남겨진 가족들이 상실과 슬픔에 적절히 대처하여 일상적 삶으로의 복귀를 돕는다.
⑤ 이를 위해 의사, 간호사, 사회복지사, 성직자, 자원봉사자가 다학제팀을 이루어 접근한다.

호스피스완화의료에서 제공되는 주된 서비스는 다음과 같다.

통증 및 신체적 증상 조절

환자와 가족 대상 교육과 심리상담

가족 문제에 대한 상담 및 중재

가족 소진 예방을 위한 휴식 입원

사회적·경제적 자원연계

영적 상담 및 종교적 돌봄 제공

자원봉사자의 신체적·심리사회적 돌봄

미술요법, 원예요법, 음악요법, 아로마요법, 웃음요법 등 다양한 프로그램 제공

사별가족 지지 프로그램

우리나라 호스피스완화의료는 입원형, 가정형, 자문형으로 구분할 수 있으며 구체적 내용은 다음의 〈표 9-1〉과 같다.

표 9-1 호스피스완화의료 유형

유형구분		대상	서비스내용
입원형	보건복지부로부터 지정받은 전문기관의 호스피스 병동에 입원한 말기암 환자 및 가족들을 대상으로 호스피스 돌봄 및 전문 완화의료 서비스 제공함	말기암환자	포괄적인 초기평가 및 돌봄 계획 수립과 상담 음악/미술 요법 등 프로그램 환자 및 가족의 심리/사회/영적 문제 상담 24시간 전화상담 및 응급 입원 서비스 호스피스·완화의료 자원봉사자의 돌봄 봉사 통증 및 신체증상 완화 사별가족 돌봄 서비스 임종 관리 자원연계 및 이벤트 프로그램 운영 환자와 가족 교육(환자를 돌보는 방법, 증상 조절 등)

가정형	가정에서 지내기를 원하는 말기환자 및 가족을 대상으로 보건복지부로부터 지정받은 전문기관의 호스피스팀이 가정으로 방문하여 돌봄 및 전문완화의료서비스를 제공함	말기암 말기후천성면역결핍증 말기만성폐쇄성 호흡기질환 말기만성간경화	포괄적인 초기 평가 및 돌봄 계획 수립과 상담 환자 및 돌봄 제공자 교육 24시간 주 7일 상담전화 사별가족 돌봄 서비스 심리적/사회적/영적지지 장비 대여/연계 및 의뢰 서비스 임종 준비교육 및 돌봄 지원
자문형	일반병동과 외래에서 진료를 받는 말기환자 및 가족을 대상으로 호스피스팀이 담당의사와 함께 전문완화의료서비스 및 호스피스 돌봄을 제공함	말기암 말기후천성면역결핍증 말기만성쇄성 호흡기질환 말기만성 간경화	신체증상관리 자문 생애말기 돌봄 계획 및 상담 지원 임종 준비 교육 및 돌봄 지원 재가서비스 연계 심리적/사회적/영적 지지 자원연계/경제적 지원 호스피스 입원 연계 (말기 암인 경우)

호스피스완화의료에 대한 오해와 진실을 정리하면 다음과 같다(국립암센터, 2020).

표 9-2 호스피스완화의료에 대한 오해와 진실

오해	진실
호스피스완화의료 서비스는 암환자만 받을 수 있다?	암 외에도 만성 폐쇄성 호흡기 질환, 후천성면역결핍증, 간경화 환자 중 호스피스완화의료가 필요한 경우 서비스를 받을 수 있다. 단, 호스피스완화의료 전문기관에 입원은 암환자만 가능하며 다른 질환자는 가정형, 자문형 호스피스 서비스를 제공받을 수 있다.
호스피스완화의료는 환자에게 아무것도 해주지 않는다?	환자를 힘들게 하는 통증, 구토, 호흡곤란, 복수들의 증상을 적극적으로 치료하며 심리적·사회적 지지와 임종 돌봄, 사별가족 돌봄도 제공한다.

호스피스완화의료 전문기관은 임종할 때 죽음을 기다리는 곳이다?	호스피스완화의료 전문기관은 적극적으로 통증 등 증상 치료와 환자와 가족의 정서적·사회적·영적 지지를 받을 수 있는 곳이다.
호스피스완화의료 전문기관에서는 가족과 함께 지낼 수 없다?	가족이 함께 지낼 수 있다. 가족의 심리적·사회적 어려움에 대해서도 도움받을 수 있다.
호스피스완화의료 서비스는 비싸다?	다른 의료서비스와 같이 건강보험이 적용된다. 상급 병실료 등 비급여 항목 부분은 병원마다 다르게 적용되고 있다.

2) 호스피스완화의료 대상자에 대한 이해

치료기술의 발달과 암을 극복하고자 하는 국가적 노력 등에 힘입어 암환자의 생존율이 증대되었음에도 불구하고 여전히 치료되지 못한 말기암 환자들이 존재하며, 이들은 임종을 맞이할 준비를 해야 하는 상황에 처하게 된다. 이러한 말기암환자들이 경험하는 심리적 상태에 대해 엘리자베스 퀴블러 로스(Elisabeth Kübler Ross, 1973)는 다음의 5단계로 심리적 변화상태를 설명하였다(이광재, 2003).

① 부정과 고립 단계

자신이 임종에 가깝다는 시한부 사실을 알게 된 많은 환자들은 '아닐 거야, 믿을 수 없어, 나에게 이런 일이 일어날 수 없어.'라는 반응을 보이며 자신을 죽음에 내맡기기를 거부하고 부정하며 스스로 고립상태에 빠지게 된다. 이때 환자는 잘못된 진단을 받았다는 생각으로 여러 의사와 여러 병원을 찾아다니게 된다. 이때 환자를 돕기 위해서는 환자가 이러한 반응이 정상적 반응이라는 사실을 이해하고, 자신의 말기 상태를 부정할 시간적 여유를 갖도록 해야 하며, 병에 대한 현실적 인식을 갖도록 도와야 한다.

② 분노 단계

더 이상 자신이 죽음에 이르게 된다는 사실을 부정할 수 없게 되면서 분노하고 절망하는 단계다. 이때 환자는 '왜 하필이면 나인가?'라고 말하면서 자기 자신, 사랑하는 사람, 병원 직원 또는 신에게 직접적으로 분노를 표현하게 된다. 사회복지사는 환자가 분노를 적절히 표현할 수 있도록 도와 환자가 분노의 감정을 표출하여 편안해질 수 있도록 해야 한다.

③ **타협 단계**

절박하게 다가온 죽음에 대해 초인적인 능력, 의학, 절대자(신)와의 타협을 통해 어떻게 해서든 죽음을 연기해 보려는 시도를 하게 된다.

④ 우울 단계

이 시기는 체념과 절망이 뒤섞여 '그래, 내 차례다.'라는 식의 반응을 나타내며 극도의 상실감으로 인해 우울증에 빠진다. 수술로 인한 신체의 손실, 실직, 자녀를 돌볼 수 없는 자신의 상태와 앞으로 사망 후 부모 없이 남게 될 자녀에 대한 걱정, 경제적 부담을 지게 될 가족에 대해 걱정을 하게 된다.

⑤ 수용 단계

말기암 환자는 이 단계에 대개 극도로 지치고 쇠약해지며 감정의 공백기를 겪게 된다. 환자는 '이제 더 무슨 소용이 있겠나.' 하는 마음을 가지며 자신의 감정을 털어놓을 정도로 여유가 생긴다. 이 단계에서 죽음을 앞둔 환자는 버림받지 않았다는 확신을 받게 되면 큰 위로를 받게 되며, 동시에 자신은 사랑을 받고 있으며 가치 있고 소중한 존재임을 인식하게 된다.

의료사회복지사는 말기환자의 심리적 변화와 더불어 환자의 심리사회적 고통을 이해해야 한다. 말기 환자는 심리적 충격, 불안, 우울 등을 경험하며,

장기간 투병과 고액의 치료비 발생 등으로 경제적 부담이 큰 상태일 수 있다. 환자의 가족들은 사랑하는 사람을 잃게 된다는 슬픔과 절망, 죄책감, 무력감 등을 경험하게 되며 지속적인 간병과 가족 내 역할 변화 등으로 소진을 겪고 있을 수 있다. 또한 임종 준비와 관련하여 심폐소생술을 할 것인지 여부를 결정해야 하며, 인공호흡기에 의존하는 등 의미 없는 의료집착적 행위로 인한 윤리적 문제가 발생할 수 있어 사전연명의료의향서를 작성하도록 돕는 것이 좋다. 또한 종교적 갈등과 영적 대상자에 대한 원망으로 영적인 어려움을 경험하기도 하므로 영적 상담 등이 필요하다.

3) 호스피스완화의료에서 의료사회복지사의 역할

호스피스완화의료에서 의료사회복지사는 임종을 앞둔 말기 환자와 가족의 삶의 질을 증진시키기 위해 그들이 경험하는 사회경제적 고통을 경감시키고 사회적 기능 회복을 돕는 전문적 활동을 수행한다. 이를 위해 의료사회복지사는 '상황 속의 인간'과 '환경 속의 인간'에 토대를 두고 전인적 돌봄 관점에서 개입한다. 미국사회복지사협회에서 제시한 호스피스완화의료에서 의료사회복지사의 역할은 다음과 같다(NASW, 2004).

- 환자와 가족의 독특한 심리사회적 욕구를 규명한다.
- 환자와 가족의 심리사회적 고통 혹은 복합적인 슬픔을 사정한다.
- 환자와 가족의 강점과 대처기술을 사정하고 강화한다.
- 환경에 대한 대처 정도를 사정하고 필요한 경우 지역사회자원을 연계한다.
- 환자와 가족의 소망을 토대로 다학제적 팀이 협력하여 만든 총체적 돌봄 계획에 부합하는 심리사회적 개입 방법을 모색한다.
- 특정 증상을 경감시키고 고통의 위험을 경감시킬 수 있도록 개입한다.
- 통증의 심리사회적 측면들을 사정하고 관리한다.

- 정신질환과 학대 여부를 스크리닝하고 관련 내용을 교육하고 개입한다.
- 치료개입 방법의 효과성을 평가한다.
- 모든 환자와 가족이 양질의 돌봄을 받을 수 있도록 법률적 · 정책적 장치 마련을 위해 옹호 활동을 수행한다.

의료사회복지사의 구체적 활동 내용은 다음과 같다.

① 초기 면접과 사정

말기환자와 가족에게 수집한 사회적 정보를 분석하여 의료사회복지사가 전문적 소견으로 환자와 가족의 문제와 욕구를 판단한다. 의료사회복지사는 말기환자와 가족의 정보를 사회적, 환경적 측면을 고려하여 수집, 분석, 종합한다. 초기 면접부터 종결 시점까지 환자와 가족의 욕구를 중심으로 지속적으로 평가하게 된다. 의료사회복지사가 사정하게 되는 주요 내용은 다음과 같다.

표 9-3 호스피스완화의료에서 사정하게 되는 주요 정보

구분	내용
일반적 사항	병원번호, 이름, 성별, 나이, 진료과, 입원/외래, 면담일시, 의뢰 경위 및 문제, 진단명, 주치의, 주소, 연락처, 의료보장형태, 정보제공자, 결혼, 종교, 학력, 직업 등
심리사회적 상태	정서상태, 디스트레스, 병식, 문제대처 방식, 사회적 지지 및 사회적 관계, 사회적 자원, 발달력, 사회적 고통, 해결되지 못한 문제, 강점과 약점 등
가족 상황	주돌봄제공자, 의사결정자, 가족의 병식, 가족응집력, 지지체계, 사별반응위험정도, 가계도, 가족력(가족성원, 상실경험과 반응, 가족 문제) 등
경제적 상황	건강보험/의료급여, 사보험 가입 여부, 주 수입원, 월소득, 부채 등 경제적 상황
퇴원 계획 및 임종 준비	퇴원계획의 필요성, 임종 준비 정도, 거주지 환경 등

말기환자와 가족의 문제와 욕구를 사정한 내용에 기반하여 수립한 계획을 토대로 의료사회복지사는 개별 및 가족 상담, 경제적 지원, 자원연계 및 개발, 사회적 지지체계 수립, 맞춤형 돌봄 프로그램 연계 등을 실시하게 된다.

② 개별 및 가족 상담

의료사회복지사는 개별, 집단 상담을 통해 말기환자와 가족의 심리사회적 고통을 경감시키고 정서적 안정과 평형을 유지하도록 지지 상담을 제공한다. 죽음 불안과 상실에 대한 두려움 등을 말기환자와 가족들이 표현할 수 있도록 돕는다. 개별상담을 통해 환자가 지난 삶의 의미를 정리할 수 있도록 도와 자아통합감을 느끼며 생을 마무리할 수 있도록 한다. 또한 가족상담을 통해 말기 환자와 가족이 남은 생을 슬픔과 비탄과 두려움 속에 지내는 것이 아니라 서로 애정을 표현하고 상호 용서 및 화해할 수 있도록 돕는다. 자녀가 있을 경우 자녀에 대한 장래 계획을 세우도록 돕는다. 말기 진단 이후 적응의 어려움으로 자살 사고나 자살 시도를 보이는 환자에 대해서는 위기 상담을 진행한다.

③ 경제적 지원

투병과정에서 발생한 치료비와 간병비 등으로 경제적 부담이 누적된 상태에서 말기에 이른 환자와 가족은 경제적 어려움을 겪을 수 있다. 그러므로 의료사회복지사는 후원 기관이나 지역사회자원을 동원하여 경제적 문제를 해결할 수 있도록 지원한다.

④ 자원연계 및 개발

의료사회복지사는 호스피스완화의료팀, 가족, 지역사회 등에서 이용가능한 지지적 자원을 동원하여 말기 환자와 가족을 돕는다. 제공가능한 자원을 선택하고 잘 활용할 수 있도록 환자와 가족에게 정보를 제공하고 안내한다.

환자에게 적합한 호스피스완화의료기관으로 의뢰 및 연계하는 업무를 수행
하기도 한다. 자원연계 및 개발의 예를 살펴보면, 의료사회복지사는 간병 지
원관련 자원을 동원하여 가족의 돌봄 부담을 경감하며, 지역사회복지관의 프
로그램이나 지역 보건소의 서비스를 이용할 수 있도록 연계하기도 하고, 사
별을 대비하여 종교기관과 연계하여 종교적 장례준비를 도울 수 있다. 또한
간병 지원 관련 자원을 동원하여 가족의 돌봄 부담을 낮춘다.

⑤ 맞춤형 돌봄 프로그램 기획 및 조정

말기환자와 가족의 심리적 지지를 위해 미술요법, 음악요법, 원예요법 등
프로그램 연계한다. 마지막 생일파티를 열어 가족, 친지, 친구들과 행복한 시
간을 보내고 추억을 남기도록 돕거나 마지막으로 방문하고 싶은 장소를 갈
수 있도록 지원하고, 마지막 소원 성취 등의 이벤트 프로그램을 진행하여 여
명을 의미 있게 보낼 수 있도록 돕는다.

⑥ 호스피스완화의료 자원봉사자 관리

자원봉사자는 호스피스완화의료팀의 일원으로 말기환자를 돌보기 위해
신체적 · 심리사회적 · 영적인 측면에 대한 이해를 갖추고 있어야 한다. 또한
돌보던 환자가 사망하게 되면 정신적 소진을 경험하게 되기도 하므로 자원봉
사자 관리에 대한 지식 및 기술을 갖춘 의료사회복지사의 관리가 요구된다.
의료사회복지사는 자원봉사자 개개인에 대한 이해를 바탕으로 환자와의 연
계 업무를 수행하고 자원봉사자의 정기적 교육과 소진예방을 위한 프로그램
을 기획 및 진행한다.

⑦ 사별관리

사별은 죽음으로 인해 의미 있는 사람을 상실한 객관적인 상황으로, 남겨
진 가족들은 상실로 인한 슬픔과 애도를 포함하여 죽음에 수반되는 복합적인

반응을 경험하게 된다. 사랑하는 가족을 죽음으로 잃은 경우 신체적·심리사회적·영적으로 총체적 고통을 경험하게 된다. 사별관리는 사별의 슬픔과 충격을 완화할 수 있도록 돕고 슬픔의 과정을 극복하여 고인이 없는 새로운 생활에 적응할 수 있도록 돕는 것을 목적으로 한다. 사별관리를 위해 개인 및 가족상담을 진행하고 가정방문 및 전화 상담을 진행하며, 정기적으로 편지를 보내기도 한다. 사별가족의 사회적 연계망을 강화하기 위해 사별가족 자조모임에 연계하고, 고인을 애도하거나 추모하는 행사 참여하여 가족들을 위로할 수 있다.

일반적으로 사별 후 6개월에서 2년 정도의 기간이 지나면 감정적으로 격한 고통이 치유되는 것으로 이해되고 있지만, 사람마다 사별반응은 다르다는 것을 유념해야 한다. 의료사회복지사는 호스피스완화의료팀의 일원으로 비정상적인 애도반응을 보일 수 있는 고위험군을 스크리닝하여 사전에 개입할 필요가 있다. 고위험군의 예측 요인은 다음과 같다.

사회적으로 지지가 부족한 경우, 경제적 어려움에 처해 있는 경우, 기존에 우울증 등 정신질환의 병력이 있는 경우, 과거에 부정적인 상실경험이 있는 경우, 예상치 못한 죽음인 경우, 다른 중요한 스트레스 상실이 있는 경우, 자녀의 죽음인 경우, 의존적인 남성노인이 배우자를 사별한 경우, 알코올이나 담배, 약물 의존인 경우, 자살인 경우가 있다.

사례

I는 48세 남자환자로 간암 말기진단을 받고 호스피스병동에 입원하였다. I는 발병 전 일용직으로 건설현장에서 일하며 생계를 유지해 왔는데, 건강 악화로 일을 나가지 못하게 되어 치료비 마련을 물론이고 생계비조차 힘든 상태이다. 간절제술. 약물치료. 색전술 등을 받으면서 치료비로 인한 빚을 지게 되었고 경제적 어려움이 심각해지자 아내와 잦은 말다툼을 하게 되었다고 한다. 결국 아내는 지적장애가 있는 딸을 돌봐야 한다며 친정으로 가서 생활하게 되었고, 현재 I와 아내는 3년째 별거 중이다. 아내와 딸

에게 제대로 잘해 준 것이 없어 미안하고 그립기도 하면서 연락 한 번 하지 않는 가족
이 자신을 버렸다는 생각에 서운하기도 하고 화가 치밀기도 한다고 하였다.

　I는 오랜 투병 생활에 친구들과의 관계도 소원해져 병원에 찾아오는 사람도 없으며
자신을 돌봐줄 사람도 없어 심한 통증을 혼자 겪어내야 할 때는 자살 충동을 느끼기도
했다고 한다. 현재 간병해 줄 사람도 없고 간병인을 고용할 수 있는 돈도 없어 병원 생
활에 어려움을 호소하였다.

　간암 말기라는 진단을 받고 자살을 생각하다가도 두렵기도 하고 이렇게 만든 세상에
화가 나기도 하며 이렇게 죽는 게 억울하기도 해 자살을 시도하지 못하고 있다며 우울
감을 호소하였다.

2. 장기이식

1) 장기이식에 대한 이해

(1) 장기기증과 장기이식

　장기이식(organ transplantation)이란 질병이나 사고 등으로 신체 장기가 손
상되어 더 이상 제 기능을 하지 못하고 어떠한 치료로도 회복하기 어려울 때
뇌사자 또는 살아 있는 다른 사람의 건강한 장기로 이를 대체하여 신체에 옮
겨 심는 치료법이다(장기이식관리센터, 2019). 여기서 장기(organ)는 사람의
내장, 그밖에 손실되거나 정지된 기능회복을 위하여 이식이 필요한 조직(組
織)으로 신장, 간장, 췌장, 심장, 폐, 소장, 췌도, 안구, 골수, 말초혈, 손・팔,
발・다리 등이 해당된다.

　장기이식은 장기기증을 받아 이루어지며 장기기증은 뇌사기증, 사후기증,
살아있는 자간 기증의 3가지 형태로 구분된다. 뇌사기증과 사후기증을 통해
이루어지는 기증을 사체이식이라고 하며, 살아 있는 사람 간 기증으로 이루

어지는 이식을 생체이식이라고 한다. 즉, 장기이식은 기증된 장기의 근원에 따라 장기이식은 생체이식과 사체이식으로 구분된다고 할 수 있다. 생체이식은 살아있는 공여자(기증자)의 기능에 손상을 주지 않는 범위에서 장기 일부 또는 전부를 기증받아 이식하는 것이다. 사체이식은 뇌사 또는 심장사로 사망한 사람에게 장기를 기증받아 이식하는 것이다. 이를 정리하면 〈표 9-4〉와 같다.

표 9-4 장기기증 유형과 장기이식 유형

장기기증 유형		장기이식 유형
뇌사기증	• 뇌사자의 장기를 가족 또는 유족의 신청에 의하여 기증하는 경우. 신장, 간, 심장, 폐, 췌장, 췌도, 소장, 각막, 손·팔, 발·다리 등을 기증. • 뇌사상태는 뇌혈관질환·교통사고 등으로 인한 뇌기능이 손상되어 인공호흡기에 의존해서만 맥박, 호흡, 혈압 등을 일시적으로 유지하는 상태. • 뇌사자는 스스로 호흡하는 것이 불가능하여 어떠한 치료에도 2주 이내 사망하는 환자를 말함.	사체이식	뇌사 또는 심장사로 사망한 기증자에게 장기를 기증받아 이식하는 것
사후기증	심장이 완전히 멈춰 사망한 후 안구와 인체조직 기증		
살아 있는자 간 기증	• 생체기증이라고도 하며, 부부·직계존비속·형제자매·4촌 이내의 친족·타인 등 살아 있는 사람 간의 장기기증 • 국립장기이식관리센터로부터 이식대상자 선정승인 과정을 거쳐서만 이식수술 가능. • 생체이식 가능 장기: 신장, 간장. 췌장, 췌도, 소장, 폐, 골수, 말초혈.	생체이식	살아있는 기증자의 기능에 손상을 주지 않는 범위에서 장기 일부 또는 전부를 기증받아 이식하는 것

장기기증과 이식과정은 「장기 등 이식에 관한 법률」에 따라 국립장기이식
관리센터(Korean Network for Organ Sharing: KONOS)에서 전반적으로 관리하
고 있다. KONOS는 장기이식이 필요한 중증 환자는 많지만 장기기증 건수는
이에 미치지 못해 발생하는 장기이식의 수요와 공급의 불균형 문제에 적절히
대처하고 장기이식대상자의 공정한 선정, 장기 적출 및 이식의 적정성을 도
모하기 위해 설립된 기관이다.

(2) 장기이식 주요 유형

• 신장이식: 만성신부전증 등으로 신장기능을 잃은 환자에게 건강한 신장
  을 이식하여 정상적인 신장기능으로 회복시켜 주는 치료방법이다.
• 심장이식: 다른 방법으로는 치료가 불가능한 말기심부전증 환자에게 뇌
  사자의 심장을 제공받아 환자에게 이식해 주는 수술이다. 심장이식은
  내과 및 외과적 치료가 불가능한 심부전증 환자 가운데 1년 생존 가능성
  이 75% 미만인 경우 심장이식의 대상자로 고려될 수 있다(서경필, 1992).
• 골수이식: 골수에 이상이 발생한 환자에게 건강한 사람의 골수를 이식하
  는 치료법이다. 골수이식은 수술이 아니라, 수혈과 같은 방법으로 피 대
  신 골수를 주입하는 것이다. 골수는 뼛속에 있는 스펀지와 같은 연한 조
  직으로 적혈구, 백혈구, 혈소판 등의 혈액성분과 면역체계의 여러 성분
  들을 만들어 내는데, 이러한 조혈능력이 있는 세포를 통틀어서 조혈모
  세포라고 한다. 즉, 골수이식이란 골수에 있는 조혈모세포를 이식하는
  것이며, 이러한 조혈모세포는 골수 이외에 일반 말초혈액에도 존재하므
  로 이를 이용한 이식방법도 가능하다. 조혈모세포이식은 백혈병, 골수
  이형성증후군, 중증재생불량성빈혈 등 악성혈액질환의 주요한 치료방
  법이 되었다. 최근에는 고위험 고형종양, 대사성질환, 유전성 질환, 면
  역결핍성 질환, 자가면역성 질환 등에서도 주요한 치료방법으로 시행되
  고 있다(추정인, 2003).

• 간이식: 말기 간질환 또는 간암을 앓고 있는 환자에게 정상인의 간을 수술적으로 적출하여, 대상 환자에게 이식하는 수술법이다. 간이식 대상 환자의 대다수가 수술 전 상태가 나쁜 경우가 많아 기초 체력 자체가 떨어져 있고 간이식수술 자체가 출혈이 많아 이식수술 직후 집중적인 관찰이 필요하다. 또한 이식된 간에 대한 거부 반응을 억제하기 위해 면역 억제 치료를 받게 되는데, 이로 인해 감염의 위험이 증가하므로 일정기간 집중적인 관리를 필요로 한다.

2) 이식 단계별 환자와 가족의 심리사회적 문제

(1) 이식 준비 및 평가단계

이 시기의 환자는 이식대상자로서 적합성을 평가받고 기증자의 장기를 기다리게 된다. 이식 기회가 매우 적고 기증자가 선정되기까지 상당한 시간이 걸리기도 하기 때문에 환자는 이식을 받기 전까지 자신 건강이 버틸 수 있을지, 실제로 장기를 기증받을 수 있을지 불안해한다. 또한 환자들은 남에게 나쁜 일을 해서 병을 갖게 되었다는 생각에 죄책감을 경험하기도 하며, 장기의 기능 쇠퇴와 상실로 인한 상실감, 무력감을 느끼기도 하고 화를 잘 내기도 한다. 장기간 투병해 온 환자 경우 누적된 치료비뿐만 아니라 이식을 위해 준비하는 과정에서 발생하는 검사비 등으로 경제적 압박을 느끼게 된다.

이러한 환자의 부담들은 가족 부담으로 이어져 가족지지체계는 약화된다. 가족들은 환자로 인한 불안, 우울, 환자에 대한 적개심을 느낄 수 있다. 환자의 투병으로 가족들은 역할변동이나 역할상실을 지속적으로 경험하게 된다. 환자 배우자의 경우 성문제를 겪고 있을 수 있으며 오랜 기간 환자를 돌보면서 가족 내 간병 부담에 따른 정서적 갈등이 있을 수 있다. 또한 가족 내 장기 기증자를 찾아야하는 경우 누가 기증해야 할지에 대한 의견차이 등으로 가족들 간 적대감과 죄의식, 갈등을 겪게 되기도 한다.

(2) 수술단계

환자는 이식을 받을 수 있어 기쁘고 장기의 기능을 회복할 수 있을 것이라는 희망을 갖게 되지만, 이식이라는 큰 수술을 앞두고 자신의 예후에 대한 걱정과 두려움을 가지게 된다. 또한 이식수술이 성공할 수 있을지, 수술 후 경과가 좋을지에 대한 불안감이 증폭된다. 특히 심장이식환자들은 심장이식수술 후 거부반응으로 인해 심장기능이 소실될 경우 사망에 이를 수 있다는 점에서 공포감, 죽음 불안이 클 수 있다.

이식수술 비용은 환자와 가족 모두 큰 부담이 될 수 있다. 환자는 이식 전부터 질병으로 인해 경제활동을 하지 못하게 된 경우가 많고 치료비가 누적되어 있는 상황에서 고액의 이식수술비 마련이 어려울 수 있다.

(3) 초기회복단계

이식수술 후 1년까지 이르는 시기로, 환자는 수술 이후에도 지속적으로 치료를 받게 된다. 또한 이식 장기의 거부반응 등으로 잦은 응급 치료를 받게 되기도 한다. 이 때문에 직장 복귀가 어렵게 된다. 또한 면역억제제 복용으로 인해 감염우려가 있기에 외출을 최소화하게 되면서 수술 이전에 해 오던 사회생활을 유지하는 것이 힘들게 된다.

이식 시 수술비 부담이 높은 데다 이식 후 평생 복용해야 하는 거부반응약제 비용이 발생하고, 정기적인 외래검사와 잦은 입원을 하게 되면서 의료비지출과다로 경제적인 부담이 증대한다. 직장 복귀가 어렵게 되면서 수입이 단절될 수도 있어 치료비 마련과 생계유지에 어려움을 겪을 수 있다.

또한 환자들은 다양한 심리정서적 스트레스를 경험하게 된다. 이식 후 건강상태가 좋아질 것이라고 기대한 수준까지 건강과 장기의 기능이 좋아지지 않는다면 실망감과 불안을 경험하기도 한다. 또한 뇌사자 기증이나 사후기증 등으로 장기를 제공받은 환자의 경우, 기증자의 죽음에 대하여 죄의식의 감정을 갖게 되기도 하며, 이러한 감정은 새로운 장기를 자신의 것으로 받아들이고자 하는 심리적 통합을 방해하게 된다.

(4) 장기적응단계

장기적응단계는 이식수술 후 5년 이내 기간으로 환자는 이식된 타인의 장기를 거부하는 반응을 억제하기 위하여 거부반응약제를 계속 복용해야 한다. 면역억제제는 감염위험성을 증가시키므로 신체변화를 감지하기 위해 매일 체온, 맥박, 혈압, 체중측정 습관을 가져야 한다. 또한 면역억제제 장기 복용으로 고혈압, 당뇨, 위장장애, 감염, 다모증, 신기능 장애가 있을 수 있어 정기적인 진료와 검사가 필요하고, 식이요법 등의 건강관리와 생활조절을 해야만 한다. 면역억제제 복용으로 인한 비만, 피부색의 침착, 많은 양의 발모 등의 신체적 변화는 겉으로 보이는 변화이기에 환자들은 극심한 외모 스트레스를 경험하게 되기도 한다.

환자의 가족들이 이식 후 환자의 기능 수준과 건강관리에 대한 이해가 부족할 경우 환자와 가족 간의 갈등으로도 이어질 수 있다. 이식 후 환자의 건강회복과 가족 및 사회적 역할 수행에 대한 부적절한 수준의 기대를 갖는 가족들은 지속적으로 돌봄과 관리가 필요하고 사회적 기능을 수행하는 데 어려움을 겪는 환자에 대한 이해 부족으로 갈등을 겪게 되는 것이다.

3) 장기이식 분야에서의 의료사회복지사의 역할

장기이식업무에 대한 사회복지사 활동은 「장기 등 이식에 관한 법률」에 법적 근거를 두고 있다. 「장기 등 이식에 관한 법률 시행규칙」 제10조에서 뇌사판정의료기관은 사회복지사 1명의 인력을 갖추도록 명시하고 있다.

장기이식분야에서의 의료사회복지사의 역할을 장기이식 시기별 단계에 따라 살펴보면 다음과 같다.

(1) 이식 준비 및 평가단계

의료사회복지사는 장기이식을 준비하는 단계에서 환자(이식대상자)가 이식에 대한 결정을 내리는 것을 돕고, 이식 관련 정보 및 지지 제공을 목적으로 개별상담 및 가족상담을 진행하며 이를 위한 심리사회적 평가를 수행한다. 심리사회적 평가 내용은 〈표 9-5〉와 같다.

표 9-5 장기이식 시 심리사회적 평가 내용

구분	평가 내용
환자 평가	• 환자의 병력 파악: 발병 시기, 치료과정, 현 증상, 예후 등 • 환자의 성장 과정: 질병 발생 후 심리사회적 문제와 대처방법 • 심리적 불안, 우울, 성격 변화, 자살동기 등 특별한 행동과 태도의 변화 • 질병으로 환자의 대인관계 유형의 변화 여부와 그 변화에 따른 적응 여부 • 가족들이 공유할 수 있는 적절한 스트레스 관리방법 • 질병에 대한 수용 정도 • 이식 후 자기관리 정도 • 일상적인 사회역할과 변화한 역할에 대한 인식 • 이식수술에 대한 결정(자의적인가, 타의적인가) • 이식수술에 대한 기대(현실적인가, 비현실적인가)
가족 상황 평가	• 질병에 대한 가족의 반응 • 환자의 주요 돌봄 제공자 • 가족 성원의 이식수술에 대한 이해 정도 • 가족 상호 간의 의사소통 방식 • 환자 돌봄을 담당하는 가족(특히 주요 돌봄 제공자)의 스트레스 관리 여부 • 이식 후 환자의 사후관리 지원 여부 • 이식에 수반되는 비용 부담 정도
경제 상황 평가	• 현재 사회보장 형태 • 이식 비용과 사후관리 비용 지불 가능성 • 친척들의 경제적 원조 정도와 자원연계 가능성

이식수술을 준비하는 단계에서 의료사회복지사는 환자와 가족들이 이식에 대한 현실적인 기대감을 갖도록 하고 환자와 가족의 불안에 대해 지지 상담을 제공한다. 가족 역동을 사정하고 가족상담과 교육을 통해 환자와 가족이 이식 전후 의사소통이 원활하게 이루어져 상호 지지적 관계가 유지될 수 있도록 돕는다.

살아있는 자간 기증을 통해 생체이식수술이 진행될 경우 의료사회복지사는 장기기증순수성평가를 수행하게 된다. 장기기증순수성평가는 기증자의 의도가 사적으로 어떠한 목적을 가진 것이 아닌 생명을 살리고자 하는 순수한 의미에서의 기증인지를 평가한다. 이는 장기를 기증하는 사람과 이식받을 환자 간 장기 매매와 같이 경제적 이해관계가 있는지 여부를 검토하는 것으로 장기이식 업무에서 의료사회복지사의 중요한 역할 중 하나이다.

(2) 수술단계

장기이식수술은 수술비가 고액이며 수술을 위한 검사가 많아 높은 의료비용이 발생한다. 생체기증의 경우 환자뿐만 아니라 기증자의 검사 비용까지 환자가 부담해야 하기 때문에 경제적 부담이 크다. 환자와 가족이 수술비와 검사비를 감당하기 어려울 때 의료사회복지사는 후원단체와의 연계 및 지역사회 자원을 동원하여 원활한 치료 진행을 돕는다. 수술이후 퇴원계획을 환자, 가족과 함께 수립한다.

(3) 초기회복단계

의료사회복지사는 장기이식수술 후 환자들의 적응을 돕기 위해 집단프로그램을 운영할 수 있다. 집단프로그램의 형태는 치료집단, 자조모임집단, 선배환자와의 멘토링 프로그램 등으로 진행될 수 있다. 이들 프로그램을 통해 이식환자들이 자신의 신체상태에 대해 잘 이해하도록 돕고, 사회복귀를 준비하는 과정에서 겪을 수 있는 심리사회적 문제들에 대처할 수 있는 역량을 갖추도록 돕는다(김연수 외, 2017).

이 단계에서 환자와 가족들은 면역억제제 비용과 잦은 입원 및 검사비로 지속적인 의료비 부담을 겪게 된다. 그러므로 의료사회복지사는 환자의 경제력을 평가하고 지역사회자원과 연계하여 지원한다.

(4) 장기적응단계

의료사회복지사는 환자와 가족의 삶의 질 향상에 대해 지속적인 관심을 가지고 지원하게 된다. 이를 위해 장기이식환자와 가족들을 위한 캠프를 기획, 진행하기도 하고 이식환자와 가족들을 위한 스트레스 관리 프로그램을 진행하기도 한다.

표 9-6 이식단계별 주요 문제와 의료사회복지사의 개입

이식단계	주된 문제	의료사회복지사의 개입 내용
준비 및 대기 단계 이식대상자로서 적합성을 평가받고 장기기증을 기다리는 시기	• 지속적인 신체 장기의 기능 약화와 심각한 수준의 건강 악화 • 장기적 치료로 인한 경제적 부담 • 가족의 역할 및 관계 변화 • 삶의 질 변화	• 과거 생활 습관 및 행동 패턴에 대한 사정 및 이식 준비 상담교육 • KONOS 장기기증순수성 평가 시행 • 가족 역동 사정 및 개입 • 이식관련 정보제공 및 경제적 지원 및 지역사회자원 연계
수술단계 장기이식수술 후 입원 초기	• 장기기능 회복에 대한 희망과 불안 • 수술 후유증에 대한 두려움과 불안	• 심리적 지지 • 퇴원계획 • 멘토링 연계
초기 회복단계 이식수술 후 1년까지	• 이식 장기의 거부반응 • 감염 등 새로운 건강문제 발생 • 가족 역할 재조정 • 경제생활의 변화에 대한 적응	• 이식 후 적응교육 • 가족상담 및 교육 • 지지집단프로그램 • 자조모임 연계

장기 적응단계 이식수술 후 최소 5년까지	• 만성적 거부반응 • 이식 실패 시 조치 • 질병 위험에 대한 지속적 노출 • 지속적 건강관리에 대한 부담 • 가족 관계, 경제생활의 변화와 부담	• 이식인 캠프 기획 및 진행 • 이식 실패 상담제공 • 스트레스 관리 프로그램

 사례

J(59세, 무직)는 간경화가 악화되어 빨리 이식을 받지 못하면 생명에 위협을 받을 수 있는 상황이다. 이에 J는 수년간 연락을 하고 지내지 않던 아들에게 간 기증을 부탁하였고, 아들(31세)이 장기이식순수성평가를 받기 위해 의료사회복지사와 상담하게 되었다. 아들과 함께 온 J의 아내는 J가 아들이 초등학교도 입학하기 전 외도로 집을 나가 지내 왔고, 양육비나 생활비를 한 번도 보낸 적도 없다면서 이제 와 아들에게 간 기증을 해 달라고 하는 것은 염치가 없는 짓이라며 이식을 반대하였다. 아들은 자녀 된 도리로 간을 기증하겠다고 하였다. 아들은 현재 결혼하여 생후 10개월 된 아기가 있으며 아내 역시 기증을 반대하고 있지만, 아들은 아버지의 생명을 살릴 수 있다면 어머니와 아내를 설득하고 자신의 간을 기증할 수 있다고 하였다.

제10장

지역사회기반 의료사회복지실천

1. 지역사회기반 실천

우리사회는 2017년 8월 고령사회로 진입, 2026년 초고령사회(65세 이상의 노인 인구가 전체 인구의 20% 차지)로 진입할 것으로 추정되고 있다. 이로 인해 노인인구 증가, 질병구조 변화로 노인 의료비 및 돌봄 비용증가가 전망됨에 따라 개인뿐만 아니라 국가와 사회전체에 영향을 미칠 것으로 예상된다. 또한 현재 굳이 입원하지 않고 외래진료만 받아도 될 정도의 질환을 가진 환자가 장기간 병원에 입원하는 '사회적 입원'이 사회적 문제로 부각되고 있다. 퇴원후 집으로 돌아가길 원하지만 가족돌봄 부담문제와 이를 도와줄 재가서비스 부족 등으로 결국 다시 병원으로 입원하는 '회전문 현상'이 발생하는 등의 문제가 발생하고 있다. 또한 지역사회에서는 기존의 서비스 공급이 기관별, 사업별로 단편적으로 제공되고, 통합적 제공이 아니라 분절적 서비스가 제공되고 있는 문제점도 있다. 이러한 문제를 해결하고자 2018년 문재인 정부에서는 커뮤니티 케어 개념을 도입하여, 주민이 자신이 살던 곳에서 개개인의 욕구에 맞는 서비스를 누리고 지역사회와 함께 어울려 살아갈 수 있도록 통합적인 서비스를 제공하고자 하는 정책을 기획하였다. 즉, 퇴원을 앞둔 환자를 종합적으로 평가하여 퇴원계획을 수립, 퇴원 전부터 필요한 지역사회자원을 연계하여 지역사회 안에서 삶의 질 만족을 높이도록 돕는 서비스 과정이다.

2. 커뮤니티 케어의 개념과 필요성

1) 커뮤니티 케어(지역사회통합돌봄) 개념과 필요성

커뮤니티 케어란 '돌봄(care)'을 필요로 하는 노인, 장애인 등이 자택이나 그룹홈 등 지역사회에 거주하면서 개개인의 욕구에 맞는 복지급여와 서비스를 누리고, 지역사회와 함께 어울려 살아갈 수 있도록 주거 · 보건의료 · 요양 · 돌봄 · 독립생활의 지원이 통합적으로 확보되는 지역주도형 사회서비스 정책으로 정의한다(보건복지부, 2018)

우리사회는 고령사회를 지나 앞으로 2026년이 되면 초고령사회에 진입하게 된다. 이로인해 광범위한 돌봄이 필요하며 아울러 돌봄의 사각문제가 예상되기도 한다.

2017년 노인실태조사 결과에 의하면, 노인 57.6%가 '거동이 불편해도 살던 곳에서 여생을 마치고 싶다.'고 답했으나 실상은 병원이나 요양시설에서 지내야 하는 상황이 많고 불충분한 재가 서비스로 인해 가족(특히 여성)에게 돌봄은 큰 부담이 되고 있다. 2016년 장기요양보험 통계를 보면, 노인장기요양서비스 이용노인(약 52만 명) 수발 가족 중 여성이 73%(38만 명), 자녀 중에는 딸과 며느리 86%가 돌봄 부담을 안고 있다. 이는 불충분한 재가서비스로 인하여 돌봄 욕구 충족에 한계를 보여주고 있다. 2015년 실태조사에 의하면 '성인 돌봄'은 서비스 필요도가 18.8%이나 이용률은 1.8%, 미충족률이 90.4%였다.

더욱이 이미 있는 서비스도 분절적으로 제공되어 체감하기 어려운 실정으로 이는 사람을 중심으로 연계되고 통합적으로 제공되는 것이 아니라 공급기관·사업별로 단편적으로 제공되어, 서비스 간 연계 부족으로 인해 시설, 병원 등이 삶의 터전이 되고 있다. 무엇보다 이로 인해 노인의 삶의 만족도와 삶의 질이 낮게 평가되었다.

커뮤니티 케어는 '지역사회에서 돌봄이 필요한 모든 대상자에 대해 적정 서비스를 연계, 지역사회에서 생활을 지원하는 과정이다. 의료사회복지사는 '보건·의료 문제를 가진 사람들 중 지역사회에서 돌봄이 필요한 사람, 또는 지역사회에서 돌보고 있는 사람 중 보건·의료 문제로 인해 의료서비스를 필요로 하는 사람에게 지역사회와 의료기관 내 접점으로서 역할이 필요하다.

2) 커뮤니티 케어 해외 동향

주요 선진국의 경우, 초고령사회를 대비한 커뮤니티 케어를 정착시키고 있다. 스웨덴은 1950년대 재가 돌봄서비스를 도입, 1992년 아델 개혁 추진(Adel Reform) 제정, 2001년에 「사회서비스법」을 개정하여 지역의 책임과 재량을 확대하였다. 노인의료 및 복지서비스 책임 주체를 기초지자체로 일원하여 노인 중심의 통합적 보건의료 및 보호서비스를 제공하였다.

영국에서는 1970년대 시봄(seebohm)개혁으로 지방정부 사회서비스부를 설치하여 국가 중심의 통합서비스 지원체계를 추진하였다. 1980년대 지역에서 시범사업을 3년간 실시하여 다양한 모델 개발을 개발하고, 1990년 「커뮤니티케어법」을 제정하여 지자체에서 케어매니지먼트를 도입하였다. 2018년

보건부를 보건사회케어부로 개칭하여 케어, 일차의료, 약무, 정신건강, 치매 및 장애인업무를 담당하였다.

일본에서는 2005년 지역포괄케어센터 설치 규정 신설, 2013년 후생노동성에 '의료·개호서비스제공체계 개혁본부'를 설치하였다. 2013년 '단카이세대'가 후기고령자(75세)가 되는 2025년을 대비하여 '사회보장제도개혁 국민회의 보고서' 발표, 2014년 「의료개호일괄법」을 제정하였다. 지역의 실정을 잘 아는 지자체가 자율적으로 추진하였고 초기 2007년도에 노인, 장애인(2017), 최근(2018. 6.) 정신장애인으로 확대하였다[1].

3) 커뮤니티 케어 정부정책 방향

복지는 노인·장애인·정신장애인 등이 살던 곳에서 건강한 노후를 보낼 수 있는 포용국가를 만들겠다는 비전 아래 2025년까지 지역사회 통합 돌봄(커뮤니티 케어) 제공기반 구축을 목표로, ① 주거(노인 맞춤형 케어 안심주택·집수리사업·커뮤니티 케어형 도시재생뉴딜), ② 건강의료(집중형 방문건강서비스·방문의료·노인 만성질환 전담 예방관리·병원·지역연계실 운영), ③ 요양돌봄(차세대 노인장기요양보험 구축·재가 의료급여신설·식사배달 등 다양한 신규 재가서비스·회복재활서비스), ④ 서비스 연계(읍·면·동 케어안내창구 신설, 지역케어회의 등 지역사회 민관서비스 연계협력(시·군·구)의 4대 핵심요소를 구축하기로 하였다(보건복지부, 2018).

이중, 건강의료분야의 노인분야는 어르신의 집으로 찾아가는 방문건강 및 방문의료를 실시하기 위하여, 첫째, 어르신을 찾아가 건강관리를 하는 '주민건강센터' 대폭 확충, 둘째, 어른신의 집에서 진료·간호 등을 하는 방문의료 본격 제공, 셋째, 지역사회 기반의 어르신 만성질환 전담 예방·관리, 넷째,

---

1) 김승연 외(2018).

경로당·노인교실에서 운동, 건강예방 등 프로그램 활성화, 다섯째, 병원 '지역연계실'을 통해 퇴원환자의 원활한 지역 복귀 지원을 실시하고자 한다. 즉, 퇴원 후 지역사회로 복귀하는 연결경로를 설정하여 서비스를 끊임없이 제공하고 불필요한 사회적 입원을 최소화하기 위하여 퇴원 후 재가 생활로 끊임이 없는 서비스 연계를 한다. 병원에 '지역연계실'을 설치하여 퇴원 전 종합적인 환자평가와 퇴원계획을 수립하여 지역사회와 연계한다는 구상이다.

이를 위해 정부는 '지역연계실'을 의료법 개정을 통해 병원급 이상 의료기관에 설치하도록 제도화할 방침이며, 이는 의사, 간호사, 사회복지사 등 다학제팀을 구성하여 협업을 통해 퇴원환자의 지역사회 복귀를 위한 퇴원계획 수립과 돌봄 자원을 연결하고자 한 구체적인 서비스이다. 예를 들어, 퇴원 전에 환자에게 필요한 각종 서비스를 미리 연결하여 안전하게 집에서 생활하게 하는 것이다.

이를 위해 정부에서는 건강보험수가 보상 및 적정인력 배치를 위해 의료법 개정을 추진하고자 하며, 특히 의료기관을 '급성기–재활기–유지기'로 구분하여 재활의료기관은 회복기 환자를 대상으로 집중재활을 지원, 장애를 최소화하고 조기 일상 복귀를 하고자 하며 병원 퇴원 시 장기요양 재가 급여가 필요하면 장기요양 인정 신청 후 등급판정 전까지 재가 급여를 제공함으로써 끊임이 없는 돌봄서비스를 제공하고자 하는 것이다.

이 모델은 2019년 6월부터 2년간 전국 8개 지방자치단체에서 노인분야(광주서구, 경기 부천시, 충남 천안시,전북 전주시, 경남 김해시), 장애인분야(대구남구, 제주 제주시), 정신질환분야(경기도 화성시)로 나누어 '지역사회 통합돌봄 선도사업' 이라는 시범사업을 실시하였다. 이 시범사업은 2020년 16개 지방자치단체[2]로 확대 실시하여 지역 특성을 반영한 모델을 개발하고 장차 우리

---

2) 부산북구, 부산진구, 경기도 안산시, 경기도 남양주시, 충북 진천군, 충남 청양군, 전남 순천시, 제주 서귀포시 등

나라에 맞는 커뮤니티 케어 보편화 모델을 개발할 계획이다.

또한 시범(선도)사업 지역에서는 빅데이터 기반의 집중형 지역사회건강관리 모델을 개발하는 실증사업도 계획하고 있으며, 국민건강보험공단이 보유한 빅데이터 정보 등을 활용해 건강·의료 측면에서 통합 돌봄이 필요한 대상자를 우선 발굴-치료-급여 재가 서비스 제공으로 건강관리를 하고자 하는 것이다.

사례

배우자와 사별한 60대 중반 여성인 의료급여 환자는 파킨슨질환으로 5년간 외래에서 경과를 관찰하던 중 점차 일상생활수행능력이 저하되어, 종합병원에서 몇 주간 재활치료를 받고 호전되어 퇴원하였다. 환자는 약간의 도움만 있다면 본인의 집에서 살 수 있음에도 불구하고, 자녀들이 충분한 돌봄을 제공할 수 없어 자녀들 거주지 주변 요양병원으로 전원하게 되었다. 이후 요양병원 전원을 수년째 거듭하면서 오히려 ADL 능력은 현저히 저하되었다. 이는 현재 만성질환이 있는 환자들에게 아주 흔한 사례로서 병원에서 퇴원 후 약간의 도움만 있었다면 집에서 생활이 가능함에도 불구하고 요양병원 생활로 인해 신체적 기능은 물론 무기력, 우울감이 악화되는 경우가 있다. 앞으로는 병원에 지역연계실(가칭. 환자지원실 등)을 설치하여 퇴원계획 수립한다. 이 과정에서 '지역연계실'은 의료급여관리사(시·군·구) 또는 동 주민센터 통합센터와 협력하여 퇴원 후 필요서비스 평가하고 필요한 서비스를 연계한다. 둘째, 환자가 바로 집으로 퇴원이 어려운 경우 환자의 신체능력에 따라 회복기 재활의료기관에서 집으로 복귀를 목표로 집중적인 재활치료를 받고 일상생활을 영위할 수 있도록 치료 후 퇴원할 수 있다. 이때 준비된 퇴원 후 집으로 돌아와 필요할 경우 재가 의료급여 및 장기요양보험을 통해 방문의료, 간병, 돌봄, 영양, 이동지원 등의 통합서비스를 제공받을 수 있다.

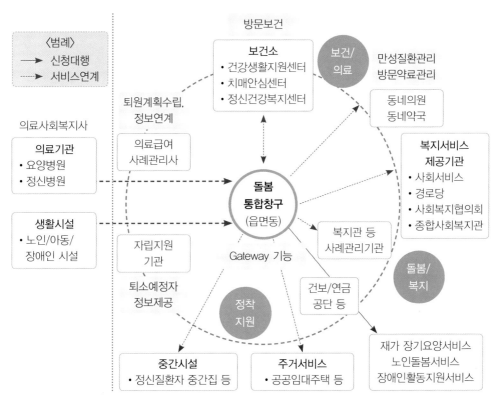

[그림 10-1] **커뮤니티 케어 제공체계**

출처: 보건복지부.

비전	노인이 살던 곳에서 건강한 노후를 보낼 수 있는 포용국가

목표	2025년까지 지역사회 통합 돌봄(커뮤니티 케어) 제공기반 구축

4대 핵심요소	주거	• 노인 맞춤형 케어안심주택	
		• 집수리 사업	• 커뮤니티 케어형 도시재생뉴딜
	건강 의료	• 집중형 방문건강서비스	• 방문의료
		• 노인 만성질환 전담 예방 · 관리	• 병원 '지역연계실' 운영
	요양 돌봄	• 차세대 노인장기요양보험 구축	• 재가 의료급여 신설
		• 식사 배달 등 다양한 신규 재가서비스	• 회복 · 재활서비스
	서비스 연계	• '케어안내창구' 신설(읍면동)	
		• 지역케어회의 등 지역사회 민 · 관서비스 연계 · 협력(시군구)	

추진 로드맵	① 선도사업 실시 및 핵심 인프라 확충 단계(2018~2022) • 선도사업 실시: 커뮤니티 케어 모델 개발 • 생활 SOC 투자: 케이안심주택, '주민건강센터', 커뮤니티 케어 도시재생뉴딜 • 법 · 제도 정비: '(가칭)지역사회 통합 돌봄기본법', 개별 법 및 복지사업지침 정비 ② 지역사회 통합 돌봄(커뮤니티 케어) 제공기반 구축 단계(~2025) • 장기요양 등 재가서비스 대대적 확충 • 인력 양성, 케어매니지먼트 시스템 구축 및 품질관리체계 • 재정 전략 마련 ③ 지역사회 통합 돌봄(커뮤니티 케어) 보편화 단계(2026~)

[그림 10-2] **커뮤니티 케어 제공체계**

출처: 보건복지부.

3. 커뮤니티 케어와 의료사회복지사의 역할

1) 퇴원계획

미국병원협회(American Hospital Association: AHA) 정의에 의하면, 퇴원계획(discharge planning)은 한 환경에서 다른 환경으로의 환자 이전을 용이하게 해 주는 모든 활동으로서 환자와 가족을 도와 퇴원 후 보호 계획을 개발할 수 있도록 해 주는 병원 차원의 팀 접근 과정이다.

생태체계적 관점에 의하면 퇴원계획은 '환자, 가족, 치료팀, 병원 지역사회 등의 많은 집단 간 체계 간의 상호작용과 서비스 연결, 조정 등을 통해 환자가 지역사회로 무사히 이전할 수 있도록 돕는 복합적인 심리사회적 활동'으로 정의하고 있다.

대한의료사회복지사협회 직무해설서에도 의료사회복지사의 업무는 심리사회적상담, 경제적 상담, 지역사회자원연결 상담, 재활 상담과 함께 퇴원계획 상담이 포함되어 있다(대한병원협회, 2017).

오늘날 전문적인 퇴원계획은 의료 및 정신의료현장에서 요구되는 종합적인 사회복지실천으로, 환자 및 보호자의 교육이 강조되는 입원 및 외래에서 중요하다(Tuzman & Cohen, 1992). 퇴원계획의 일차적인 초점은 재입원을 막고 환자의 독립적인 생활과 재활을 촉진하는 데 있다. 전통적인 의료사회복지 관점에서 퇴원계획은 병원에서 근무하는 사회복지사의 주요 기능으로, 적절하게 모니터링되고 수행된다면 재원일수 단축과 의료비용 감소를 가져올 수 있다. 따라서 시기적절하고 효과적인 퇴원계획 서비스는 모든 환자치료 계획의 일부분으로 요구된다(Carlton, 1989).

이상진(1998)은 퇴원계획을 위한 의료사회복지사의 활동을 다음과 같이 설명하였다.

- 환자 및 가족의 권익옹호: 부적절한 퇴원조치나 의료적 처치가 더 필요한 환자의 치료에 대한 접근권 및 서비스 향유권의 보장과, 나아가 환자보호 측면에서 퇴원계획과정이 적법하고 적정한 것인지에 대해 평가한다.
- 퇴원시기의 조정: 환자 및 가족들이 퇴원과정에 동의하고 환경적·심리적으로 퇴원준비를 충분히 하여 효과적인 퇴원계획 진행에 도움이 되도록 퇴원시기를 늦추거나 조정한다.
- 누가 돌볼 것인가에 대한 가족의 역할조정: 가족 상담을 통해 의도적인 가족의 역할 변화에 새로운 가족관계 설정을 돕는다. 때로는 가족 외 기관이나 후견인을 정할 수도 있다.
- 가옥구조 변경: 환자를 잘 돌보거나 환자재활에 최상의 환경이 되도록 주거환경의 개선에 대한 정보를 제공하고 실제로 가족들이 이러한 환경 변화에 적응하도록 돕는다.
- 다른 기관으로의 전원: 가정에서 집에서 환자를 지속적으로 보호하기 어려운 경우, 환자를 최적으로 돌볼 수 있는 2차 진료기관이나 사회복지 시설로의 전원을 의뢰하고 준비한다.
- 경제적 지원: 경제적 문제로 적정한 퇴원조치가 지연되는 사례에 대해 경제력 평가 후 경제적 지원을 실시하여 퇴원을 유도한다.
- 보장구, 가정에서 필요한 보호 장비 준비
- 건강보험, 의료급여, 산업재해보험 및 자동차보험 등 각종 복지정보 및 지역사회자원정보 제공 및 연계

사회복지사의 퇴원계획 업무와 관련된 이슈를 살펴보면, 첫째, 연계활동(liaison activities)으로 사회복지의 전통적 퇴원계획영역이 확대되었다. 이는 병원, 가족, 지역사회기관 간의 환자의 돌봄(care)을 조정하는 것이다(Csikai & Sales, 1998). 효율적인 퇴원계획 업무를 하기 위해서는 퇴원 후 지역사회 자원으로의 연결이 매우 중요하다. 하지만 활용할 수 있는 지역사회자원이

충분하지 않고 병원과 지역사회기관의 연계체계가 부족해 퇴원계획에 한계
가 있다. 둘째, 퇴원계획 시 우선순위와 관련된 이슈다. 퇴원계획에서는 환
자의 욕구가 개입의 일차적 초점이 되어야 하지만, 의료사회복지사는 한 번
에 두 가지 이상의 문제에 당면한다. 의료사회복지사는 '권익옹호와 협조' 환
자에 대한 충성과 조직에 대한 충성 사이에서 계속 갈등을 겪거나(Mizrahi &
Berger, 2001), 환자의 자율성과 자기결정을 우선하는 전문직 모델과 병원조
직에 만연된 의료모델이 충동할 때 또 다른 저항에 부딪힌다(Pockett, 2003).
셋째, 누가 퇴원계획을 담당할 것인가에 논쟁이다. 에간과 카두신(Egan &
Kadushin, 1995)은 병원의 사회서비스가 사회복지사나 간호사, 혹은 둘 다 수
행해야 하는지에 대해 간호사와 사회복지사를 대상으로 조사하였다. 그 결
과 사회복지사나 간호사 모두 주거환경, 요양원 입소, 보험과 재정관련 업무
등과 같은 구체적 서비스를 제공하는 데 사회복지사가 더 자격을 갖추고 있
다고 동의하였다. 넷째, 병원에 근무하는 제한된 사회복지 인력 및 퇴원계획
에 투여할 수 있는 시간의 부족도 효율적인 퇴원계획을 저해하는 것이 현실
이다. 점차 경제적 효율성의 요구에 따라 제한된 시간 내에 최대한의 효과를
가져올 수 있는 퇴원계획 프로그램이 필요하다. 이를 위해서는 퇴원계획에
대한 합리적인 수가체계가 필요하다.

2) 퇴원계획과 의료사회복지사

보건복지부는 퇴원환자를 대상으로 급성기(종합병원)병원−회복기(재활
병원)−만성기(요양병원) 의료기관을 연계한 새로운 의료시스템을 구축하였
다(보건복지부, 2019). 이는 급성기병원과 재활병원, 요양병원 등을 연계하는
의료기관 네트워크 구축의 시발점이라는 점에서 의료생태계 대변화가 예상
된다.

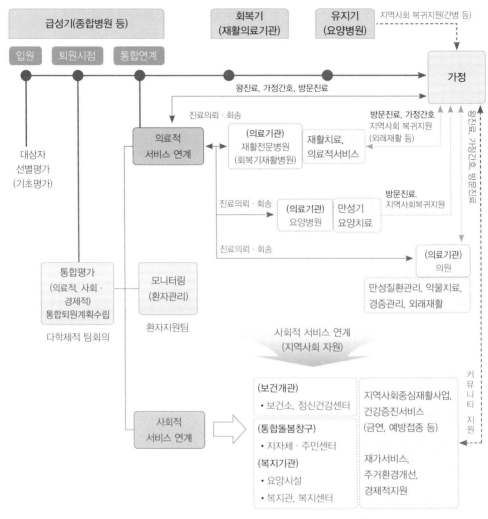

[그림 10-3] 급성기환자 퇴원지원 및 지역연계 모형[3]

　　지금까지의 의료시스템은 상급종합병원이나 종합병원에서 수술과 처치를 마친 노인환자들이 입원료 체감제(급성기병원 15일, 요양병원 6개월)로 퇴원 후 지역병원이나 요양병원 등에서 입원과 퇴원을 반복해 왔다. 문제는 이들 고

3) 출처: 보건복지부.

령 환자가 병원을 떠돌다 질환이 악화되면서 치료비용 증가와 가족갈등 등 가정문제로 대두되고 있고, 환자 자신의 삶의 질 만족도도 낮다는 것이다.

보건복지부는 병원 퇴원 시 환자상태를 통합적으로 평가하고 적절한 퇴원계획을 통해 환자들이 지역사회로 복귀할 수 있는 체계를 구축한다는 방침이다. 사업모형은 환자지원팀(또는 지역연계실)을 구성해 환자의 의료적, 경제사회적 요구도를 평가하고 팀 회의 등을 거쳐 퇴원계획을 수립해 적정 의료기관 및 지역사회서비스기관 등에 연계하는 방식이다.

3) 요양병원 퇴원계획 우선 실시: 환자지원실 설치 법제화(2019년)

요양병원 퇴원환자 10명 중 8명 이상은 의료기관에 다시 입원하는 것으로 나타났다. 이런 재입원의 사유는 '치료가 필요해서' '간병해 줄 사람이 없어서' 등으로 다양하다. 이러한 상황에서 요양병원 퇴원환자 사회복귀를 돕기 위해 퇴원환자 계획에 대한 관심이 커뮤니티 케어와 함께 높아졌다(조경희, 2018).

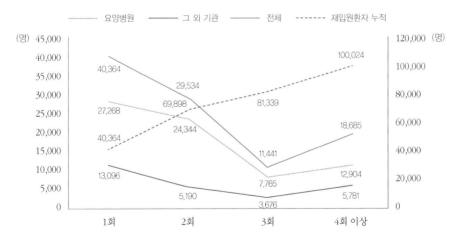

[그림 10-4] 2017년도 요양병원 퇴원환자의 재입원 현황

출처: 국민건강보험공단.

2017년 요양병원에서 퇴원한 이력이 있는 환자는 총 12만 1,483명이었고, 이 중 요양병원 및 그 외 의료기관에 한 번이라도 재입원 환자는 총 10만 24명으로 전체의 82.3%에 달했다. 이중 15.4%(1만 8,685명)는 4회 이상 입원한 것으로 나타났다.

환자는 퇴원을 해 집으로 돌아가고 싶지만 재가서비스 부족과 가족의 돌봄 부담으로 병원으로 다시 입원하는 '회전문 현상'이 발생하고 있고, 특히 요양병원의 재입원 문제가 심각한 것으로 나타났다. 이에 2019년 국민건강보험공단에서는 퇴원환자모형을 제시하였다.

(1) 요양병원 퇴원환자 지역사회 연계 업무[4]

① 목적
- 요양병원 환자지원팀이 환자의 의료 · 사회경제적 욕구를 포괄적으로 파악하여 욕구를 반영한 지역사회자원을 연계함으로써, 퇴원 후 환자의 안정적 지역사회 복귀를 지원하는 '요양병원 환자지원체계'를 마련

② 관련근거 마련
가. [건강보험 행위 급여 · 비급여 목록표 및 급여상대가치점수] 제3천 제3부(요56-요양병원 지역사회연계료)… 보건복지부 고시제 2019-182호(2019. 8. 22.)
나. [요양급여의 적용기준 및 방법에 관한 세부사항] VI. 요양병원 제3부 (요56-요양병원 지역사회 연계로)… 보건복지부 고시 제 2019-183호 (2019. 8. 22.)

---

4) 국민건강보험(2019). 요양병원 퇴원환자 지역사회 연계 업무 안내서.

③ 주요내용

　가. 요양병원 환자지원팀이 환자의 의료·사회경제적 욕구를 포괄적으로 파악하여 욕구를 반영한 지역사회자원을 연계함으로써, 퇴원 후 환자의 안정적 지역사회 복귀를 지원

　나. 요양병원 지역연계 수가 신설

　　환자지원 심층평가(별지 제17호 서식) 실시, 퇴원지원 표준계획(별지 제 18호 서식)을 수립 작성하고 지역사회 자원연계 후 퇴원 시 수가 산정.

④ 시행일: 2019. 11. 1.

⑤ 지역사회 연계 관리료

• 산정기준: 환자지원팀이 환자(또는 보호자)를 대상으로 [별지 제18호 서식]에 따라 퇴원지원 표준계획을 수립·작성하고 지역사회 자원연계 계획에 따라 연계가 이루어진 경우 산정한다. 환자지원팀이 환자(또는 보호자)와 함께 지역 행정기관 등을 방문하여 연계가 이루어진 경우 '지역사회 연계 관리료 II' 산정, 이외에는 요양병원 지역사회 연계 관리료 I 산정한다. 단, 산정횟수는 연계의 종류 및 횟수를 불문하고 퇴원 시 1회만 산정할 수 있다.

표 10-1 요양병원 지역사회 연계료 수가(20.1.1. 기준)

분류번호	코드	분류	행위점수	금액(원)
요-56	AW001 (16001)	가.요양병원 지역사회 연계 평가료 II (사회·경제적평가)	233.27	21,620
	AW002 (16002)	나. 요양병원 지역사회 연계 관리표 I (기관 내 활동)	295.76	27,070
	AW002 (16002)	다. 요양병원 지역사회 연계 관리표 II (현장 방문활동)	631.72	53,250

- 교통비: 산정기준은 지역사회 연계 관리료 II를 산정한 경우 소요시간, 방문지역 등에 불문하고 1회 방문 당 교통비 산정하며, 환자 전액 본인 부담[단, 방문당 108.30점(8,110원)…2019년 기준]으로 한다.
- 기록 제출 및 보관 환자지원 심층평가표, 퇴원지원 표준계획서 등에 기록·보관하고 요양기관정보마당에 제출하며, 심층평가 2회 산정할 경우에는 그 사유와 연계 내역 등은 진료기록부에 기록·보관한다.

4) 종합병원으로 확대: 급성기환자 퇴원 후 지역사회 자원연계 시범사업 추진(2020년)

요양병원에 이어 보건복지부는 '급성기환자 퇴원 지원 및 지역사회 연계 활동 시범사업 추진'을 설계하였다. 2020년 12월부터 일부 국공립 종합병원을 중심으로 뇌혈관 질환 퇴원환자의 원활한 지역사회 복귀를 위한 급성기-재활·회복기-지역사회 연계 활동 시범사업을 추진한다. 이번 시범사업은 뇌혈관 질환의 급성기 진료 이후 통합평가, 계획수립, 지역사회 연계 등을 통해 지역사회로 원활히 복귀하도록 맞춤형 관리를 실시하는 시범사업을 추진한다는 것이다. 그동안 대형병원에서 퇴원 후 재활 또는 유지 치료를 위해 의료기관으로 전원할 경우 기관 선정 및 정보 공유가 분절적으로 이뤄져 왔다. 일부 병원의 사회사업팀(사회복지팀)이 운영 중이지만, 비용 보상이 제한적이어서 인력 확보 및 적극적인 서비스 제공에 어려움이 있었다. 이에 환자별 치료요구도 및 사회경제적 지원 필요성 등을 종합적으로 파악하고 의료적·지역사회 자원과 연계하고 관리할 수 있도록 건강보험 수가를 적용하여 실시한다. 전문의와 간호사, 사회복지사 등이 참여하는 다학제팀 구성이 가능한 권역 심뇌혈관질환센터 및 국·공립병원에서 구체적 퇴원계획을 수립해 환자 및 보호자에게 설명하고, 지역사회의 복지 자원에 대한 정보를 제공한다.

이는 급성기 퇴원환자 지원을 통해 퇴원환자의 원활한 지역복귀를 지원하고 재활의료 전달체계를 구축해 장기적으로 환자 및 가족들의 삶의 질을 향상시키고 의료자원을 효율적으로 이용할 수 있는 기반을 마련하고자 함이다.

• 환자지원 심층평가표 서식

[별지 제17호 서식]   (앞면)

요양병원 환자지원 심층평가표

A. 일반적 사항

1. 환자성명:
2. 입원일: 3. 작성일:
4. 읽고 쓰기가 가능합니까? □ 1. 가능   □ 2. 불가능   □ 3. 확인 불가
5. 주민등록상의 가구원 수 (   )명
6. 가구형태
    6-1. 주민등록기준   □ 1. 1인 가구   □ 2. 부부가구 [□ 2-1. 둘 다 노인 □ 2-2. 한 쪽만 노인 □ 2-3. 둘 다 노인이 아님]
                            □ 3. 자녀동거가구   □ 4. 기타 가구 (   )
    6-2. 실제거주기준   □ 1. 1인 가구   □ 2. 부부가구 [□ 2-1. 둘 다 노인 □ 2-2. 한 쪽만 노인 □ 2-3. 둘 다 노인이 아님]
                            □ 3. 자녀동거가구   □ 4. 기타 가구 (   )
7. 입원 전 거주지
    □ 1. 환자본인 집   □ 2. 자녀/친인척/지인 등의 집   □ 3. 의료기관 [□ 3-1. 요양병원 □ 3-2. 요양병원 외의 의료기관]
    □ 4. 장기요양시설   □ 5. 장기요양시설 외 사회복지시설 □ 6. 기타 (   )
8. 의료보장유형
    □ 1. 건강보험   □ 2. 건강보험 차상위 1종   □ 3. 건강보험 차상위 2종
    □ 4. 의료급여 1종   □ 5. 의료급여 2종   □ 6. 기타 (   )

B. 경제적 측면

1. 현재 직업 유무
    □ 1. 현재 일을 하고 있음   □ 2. 과거에는 일을 하였으나 지금은 하지 않음   □ 3. 평생 일을 하지 않음
    1-1. (1번 문항의 답이 '2' 인 경우에만 응답) 현재 일을 하지 않는 이유?
        □ 1. 정년퇴직   □ 2. 장애/질병으로 인한 휴직   □ 3. 장애/질병으로 인한 중도퇴직
        □ 4. 해고 등으로 인한 실직   □ 5. 본인 스스로 퇴사   □ 6. 기타 (   )
2. 주 수입원의 종류 (해당항목 모두 체크)
    □ 1. 근로소득 [□ 1-1. 노인일자리사업 □ 1-2. 그 외]   □ 2. 부동산 등 재산소득   □ 3. 사회보험
    □ 4. 정부보조금   □ 5. 가족, 친척 등 지원   □ 6. 후원금   □ 7. 기타 (   )
    2-1. (2번문항의 답이 '3'인 경우에만 응답) 사회보험 종류 (해당항목 모두 체크)
        □ 1. 공적연금   □ 2. 고용보험   □ 3. 산재보험   □ 4. 기타 (   )
    2-2. (2번 문항의 답이 '4'인 경우에만 응답) 정부보조금 종류 (해당항목 모두 체크)
        □ 1. 국민기초생활보장급여 [□ 1-1. 생계급여 □ 1-2. 주거급여 □ 1-3. 자활급여]   □ 2. 장애수당 및 장애아동 부양수당
        □ 3. 기초노령연금   □ 4. 긴급복지지원금   □ 5. 잘 모름   □ 6. 기타 (   )
3. 월 가구 소득
    □ 1. 50만 원 미만   □ 2. 50만 원~100만 원 미만   □ 3. 100만 원~200만 원 미만   □ 4. 200만 원 이상
4. 가구의 현재 재산 규모 (해당항목 모두 체크)
    □ 1. 동산 (   )원   □ 2. 부동산 (   )원   □ 3. 기타 (   )원
5. 과거에 정부보조금을 받기위해 주민자치센터나 복지관을 통해 신청을 의뢰하였던 적이 있습니까?
    □ 1. 아니요   □ 2. 예 [□ 2-1. 승인되어 수혜를 받고 있음 □ 2-2. 기각됨 □ 2-3. 신청 중]
6. 병원비 보상을 받을 수 있는 민간보험이 있습니까?   □ 1. 아니오   □ 2. 예
7. 부양 의무자로부터 부양을 받을 수 있습니까?   □ 1. 아니오   □ 2. 예

C. 심리사회적 측면

■ 가족 및 지지체계

1. 가족 교류(왕래) 정도

☐ 1. 전혀 없음   ☐ 2. 가끔(2개월에 한번)   ☐ 3. 보통 (한 달에 한번)   ☐ 4. 자주   ☐ 5. 가족 없음

2. 친척/친구/이웃/지인 교류(왕래) 정도

☐ 1. 전혀 없음   ☐ 2. 가끔(2개월에 한번)   ☐ 3. 보통 (한 달에 한번)

☐ 4. 자주   ☐ 5. 친척/친구/이웃/지인 없음

3. 여가 및 사회활동참여 (해당항목 모두 체크)

☐ 1. 경로당 ☐ 2. 사회(노인)복지관 ☐ 3. 동호회 ☐ 4. 종교단체 ☐ 5. 봉사단체 ☐ 6. 지역단체 ☐ 7. 기타 ( )

4. 가족과의 관계에 어려움이 있습니까? ☐ 1. 아니요   ☐ 2. 예 (답이 '예'인 경우만 4-1평가)

4-1. 가족관계 평가(대처자원, 가족발달주기, 의사소통, 가족역할의 유연성 등에 대해서 평가하여 기술)

[   ]

5. 도움을 받을 수 있는 지지체계가 있습니까?   ☐ 1. 아니요   ☐ 2. 예 (답이 '예'인 경우만 5-1평가)

5-1. 지지체계의 종류   ☐ 1. 가족   ☐ 2. 가족 외( )

[   ]

■ 질병의 이해 및 수용 정도 (※ 6번~8번 문항은 평가자가 환자와 가족의 상담을 통해 평가)

6. 질병(장애)에 대한 환자의 이해정도   ☐ 1. 명확히 이해   ☐ 2. 일부 이해   ☐ 3. 이해 못함

7. 질병(장애)에 대한 환자의 수용정도   ☐ 1. 명확히 이해하고 수용   ☐ 2. 일부 이해   ☐ 3. 이해 못함

8. 질병(장애)에 대한 가족의 이해정도   ☐ 1. 명확히 이해 ☐ 2. 일부 이해   ☐ 3. 이해 못함   ☐ 4. 해당 없음

9. 사회복귀 후 다음의 역할 수행이 가능합니까?

9-1. 일상생활   ☐ 1. 가능   ☐ 2. 불가능   ☐ 3 기타 ( )

9-2. 가족 역할   ☐ 1. 가능   ☐ 2. 불가능   ☐ 3 기타 ( )

9-3. 사회적 역할   ☐ 1. 가능   ☐ 2. 불가능   ☐ 3 기타 ( )

D. 퇴원관련사항

■ 환자와 가족의 퇴원준비

1. 환자의 퇴원 고려 정도

☐ 1. 의료적 치료가 완료 되는대로 퇴원 희망   ☐ 2. 퇴원과 관련된 어려움(걱정)이 있어 거부   ☐ 3. 기타 ( )

1-1.(1번 문항의 답이 '2' 경우만 응답) 퇴원방해 요인 (해당항목 모두 체크)

☐ 1. 퇴원 후 거처 없음   ☐ 2. 돌봄 제공자 부재   ☐ 3. 병원비   ☐ 4. 경제적 어려움

☐ 5. 식사 준비   ☐ 6. 가족 간의 불화   ☐ 7. 질병과 관련한 막연한 불안/두려움

☐ 8. 의료적 관리가 필요한 부분에 대한 대처(호흡기, 욕창, 배뇨, 기관절개, 감염 등)

☐ 9. 이동의 어려움   ☐ 10. 고립감/외로움   ☐ 11. 기타 ( )

2. 가족의 퇴원 고려 정도

☐ 1. 의료적 치료가 완료 되는대로 퇴원 희망   ☐ 2. 퇴원과 관련한 어려움(걱정)이 있어 거부   ☐ 3. 기타 ( )

2-1. (2번 문항의 답이 '2'인 경우에만 응답)퇴원방해 요인 (해당항목 모두 체크)

☐ 1. 퇴원 후 모실 곳이 없음   ☐ 2. 돌봄 제공자 부재   ☐ 3. 병원비   ☐ 4. 경제적 어려움

☐ 5. 식사 준비   ☐ 6. 가족 간의 불화   ☐ 7. 질병과 관련한 막연한 불안/두려움

☐ 8. 의료적 관리가 필요한 부분에 대한 대처(호흡기, 욕창, 배뇨, 기관절개, 감염 등)

☐ 9. 이동의 어려움   ☐ 10. 기타 ( )

■ 퇴원 후 거주지

3. 퇴원 후 거주지가 있습니까?   ☐ 1. 아니요   ☐ 2. 예

3-1. (3번 문항의 답이 '예'인 경우에만 응답)퇴원 후 거주지

☐ 1. 환자 본인 집   ☐ 2. 자녀/친인척/지인 등의 집   ☐ 3. 장기요양시설

☐ 4. 장기요양시설 외 사회복지시설   ☐ 5. 기타 ( )

4. 일상생활이 불편한 경우, 거주하고 싶은 곳
 □ 1. 환자 본인 집   □ 2. 자녀/친인척/지인 등의 집
 □ 3. 돌봄, 식사, 생활편의 서비스 등이 제공되는 장기요양시설을 포함한 사회복지시설
 □ 4. 기타 (   )   □ 5. 해당 없음 (   )
5. 주택 임차료, 유지수선비 등 주거안정비용 지원이 필요합니까? (국민기초생활수급권자인 경우만 체크)
 □ 1. 아니요   □ 2. 예   □ 3. 해당 없음

■ 퇴원 후 돌봄제공자
6. 치료 및 돌봄 주 의사결정자
 □ 1. 환자 본인   □ 2. 가족 (관계:)   □ 3. 기타 (관계:)
7. 입원 전 돌봄 제공자 (해당항목 모두 체크)
 □ 1. 환자 본인   □ 2. 가족 (관계:)   □ 3. 유급 간병인
 □ 4. 요양보호사(노인장기요양보험등) □ 5. 기타 (관계:)
8. 퇴원 후 돌봄 제공자 (해당항목 모두 체크)
 □ 1. 환자 본인   □ 2. 가족 (관계:)   □ 3. 유급 간병인
 □ 4. 요양보호사(노인장기요양보험등) □ 5. 기타 (관계:)

■ 주거환경개선
9. 주택소유 형태   □ 1. 자가   □ 2. 공공임대   □ 3. 일반 전·월세 □ 4. 기타 (   )
10. 주택유형
 10-1. 가옥형태   □ 1. 아파트   □ 2. 빌라   □ 3. 단독주택   □ 4. 다세대주택 □ 5. 기타 (   )
 10-2. 진입형태 (복수선택 가능) □ 1. 엘리베이터   □ 2. 계단   □ 3. 경사로   □ 4. 난간   □ 5. 기타 (   )
11. 화장실 유형   □ 1. 양변기   □ 2. 화변기   □ 3. 이동변기   □ 4. 기타 (   )
12. 집으로 퇴원 시 주거환경 개선 지원이 필요합니까?   □ 1. 아니요   □ 2. 예
13. (12번 문항의 답이 '예'인 경우에만 응답) 주거환경 개선 필요 부분 (해당항목 모두 체크)
 13-1. □ 안전관리   [□ 1. 문턱 □ 2. 미끄럼방지 □ 3. 손잡이 □ 4. 기타 (   )]
 13-2. □ 이동   [□ 1. 계단 □ 2. 문턱 □ 3. 안전 바 □ 4. 기타 (   )]
 13-3. □ 일상생활   [□ 1. 화장실 □ 2. 부엌 □ 3. 거실 □ 4. 침실 □ 5. 기타 (   )]
 13-4. □ 기타 (   )

■ 퇴원 후 이동수단
14. 퇴원 시 또는 퇴원 후 이동 시 도움 제공자 유무   □ 1. 없음   □ 2. 있음   □ 3. 도움이 필요 없음
15. 이동수단
 □ 1. 자가용   [□ 1-1. 자가운전 □ 1-2. 타인운전]
 □ 2. 대중교통   [□ 2-1. 자립이용 □ 2-2. 도움필요]
 □ 3. 구급차   □ 4. 교통약자 이동지원   □ 5. 도보   □ 6. 기타 (   )

E. 활용가능자원파악

1. 장애정도   □ 1. 해당 사항 없음   □ 2. 신청이 필요하나 신청하지 못함   □ 3. 신청 중
                    □ 4. 신청하였으나 인정 못 받음   □ 5. 장애정도 인정받음(장애인복지법에 따른 등록장애인)
 1-1. (1번 문항의 답이 '5'인 경우에만 응답) 장애의 종류
    □ 1. 지체장애   □ 2. 뇌 병변장애   □ 3. 시각장애   □ 4. 청각장애   □ 5. 언어장애
    □ 6. 안면장애   □ 7. 신장장애   □ 8. 심장장애   □ 9. 간장애   □ 10. 호흡기장애
    □ 11. 장루·요루장애 □ 12. 간질장애   □ 13. 정신지체장애   □ 14. 정신장애   □ 15. 발달장애
 1-2. (1번 문항의 답이 '5'인 경우에만 응답) 장애 정도   □ 1. 심한 장애인   □ 2. 심하지 않은 장애인

2. 이용 중이거나 경험한 사회복지 서비스가 있음　　□ 1. 아니요　　　　□ 2. 예

2-1. (2번 문항의 답이 '예'인 경우에만 응답) 사회복지 서비스의 종류 (해당항목 모두 체크)

　　□ 1. 사례관리　　　□ 2. 재가서비스　　□ 3. 노인돌봄서비스　□ 4. 방문보건서비스

　　□ 5. 가사간병서비스　□ 6. 장애인활동보조서비스　　　□ 7. 기타(　)

F. 문제사정

문제유형	문제여부
■ 경제적 문제	
1. 병원비 마련에 어려움이 있습니까?	□ 1. 아니요　□ 2. 예
2. 퇴원 후 생계유지에 어려움이 있습니까?	□ 1. 아니요　□ 2. 예
3. 퇴원 후 치료유지에 어려움이 있습니까?	□ 1. 아니요　□ 2. 예
■ 심리사회적 문제	
4. 질병, 장애에 대한 이해가 부족합니까?	□ 1. 아니요　□ 2. 예
5. 질병, 장애에 대한 수용이 어렵습니까?	□ 1. 아니요　□ 2. 예
6. 사회복귀에 어려움이 있습니까?	□ 1. 아니요　□ 2. 예
7. 사회적 지지체계가 부족합니까?	□ 1. 아니요　□ 2. 예
8. 가족기능에 문제가 있습니까?	□ 1. 아니요　□ 2. 예
■ 퇴원계획 문제	
9. 퇴원 후 거주지 문제가 있습니까?	□ 1. 아니요　□ 2. 예
10. 퇴원 필요성에 대한 인식이 부족합니까?	□ 1. 아니요　□ 2. 예
11. 퇴원 후 환자 돌봄에 문제가 있습니까?	□ 1. 아니요　□ 2. 예
12. 퇴원 후 주거환경에 문제가 있습니까?	□ 1. 아니요　□ 2. 예
13. 퇴원 또는 외래 치료 시 이동수단의 문제가 있습니까?	□ 1. 아니요　□ 2. 예

■ 지역사회 자원연계 문제

14. 사회복지서비스 연계 필요합니까?　　　□ 1. 아니요　　　　□ 2. 예

14-1. (14번 문항의 답이 '예'인 경우에만 응답) 필요한 지역사회 자원의 종류(해당항목 모두 체크)

　　□ 1. 일자리　　　□ 2. 주거　　　□ 3. 일상생활　　　□ 4. 신체건강 및 보건의료

　　□ 5. 정신건강 및 심리정서　　□ 6. 보호 및 돌봄, 요양　　□ 7. 안전 및 권익보장

G. 개입계획 및 개입수준

유형유형	개입계획			
	문제의 심각성		개입수준	
심리사회적문제	□ 1. 문제없음　□ 2. 심하지 않음 □ 3. 중간 정도　□ 4. 심함		□ 1. 해당 없음　□ 2. 단순연계 □ 3. 서비스연계　□ 4. 집중사례관리	
경제적문제	□ 1. 문제없음　□ 2. 심하지 않음 □ 3. 중간 정도　□ 4. 심함		□ 1. 해당 없음　□ 2. 단순연계 □ 3. 서비스연계　□ 4. 집중사례관리	
퇴원계획문제	□ 1. 문제없음　□ 2. 심하지 않음 □ 3. 중간 정도　□ 4. 심함		□ 1. 해당 없음　□ 2. 단순연계 □ 3. 서비스연계　□ 4. 집중사례관리	
지역사회자원연계문제	□ 1. 문제없음　□ 2. 심하지 않음 □ 3. 중간 정도　□ 4. 심함		□ 1. 해당 없음　□ 2. 단순연계 □ 3. 서비스연계　□ 4. 집중사례관리	

환자지원팀 : 의사(　　), 간호사(　　), 사회복지사(　　), 기타1(　　), 기타2(　　)

평가자(직종) : ＿＿＿＿＿＿ (서명 또는 인)

• 퇴원지원 표준계획 서식

[별지 제18호 서식]

요양병원 퇴원지원 표준계획서

<table>
<tr><td rowspan="3">기본
사항</td><td colspan="2">성명:</td><td colspan="2">성별:</td><td colspan="2">생년월일:</td><td colspan="3">년 월 일(만 세)</td></tr>
<tr><td colspan="2">행정 주소지:</td><td colspan="4">환자 전화번호:</td><td colspan="3"></td></tr>
<tr><td colspan="2">퇴원 후 거주지:</td><td colspan="4">보호자 전화번호:</td><td colspan="3"></td></tr>
<tr><td rowspan="6">보건
의료
정보</td><td colspan="2">입원일</td><td colspan="2">년 월 일</td><td colspan="2">퇴원 예정일</td><td colspan="3">년 월 일</td></tr>
<tr><td colspan="2">담당의</td><td colspan="8"></td></tr>
<tr><td rowspan="2">퇴원 후 관리가
필요한 부분</td><td>□해당 없음</td><td>□기관지 절개관 관리</td><td colspan="2">□흡인</td><td>□산소요법</td><td>□욕창간호</td><td colspan="2">□암성통증간호</td></tr>
<tr><td>□도뇨관리</td><td>□장루간호</td><td>□투석간호</td><td colspan="2">□당뇨발 간호</td><td colspan="3">□기타 질병에 대한 유의점 ( )</td></tr>
<tr><td>만성질환</td><td>□해당 없음</td><td>□고혈압 □당뇨</td><td>□만성폐쇄성폐질환</td><td colspan="2">□천식 □고지혈증</td><td>□심부전 □치매</td><td colspan="2">□기타 ( )</td></tr>
<tr><td>약제 관리
- 다제 약물</td><td>□해당 없음
□해당 없음</td><td>□완전자립
□5개 미만</td><td>□투약도움 필요
□5~9개</td><td colspan="2">□10~14개</td><td colspan="3">□15개 이상</td></tr>
<tr><td rowspan="14">건강
수준
(신체
정신)</td><td>식사 하기</td><td>□완전자립</td><td>□감독필요</td><td>□약간의 도움</td><td>□상당한 도움</td><td>□전적인 도움</td><td colspan="2">□행위 발생안함</td></tr>
<tr><td>- 형태</td><td>□일반식</td><td>□잘게 썰어줌</td><td>□죽 또는 미음</td><td colspan="2">□경관영양</td><td colspan="2"></td></tr>
<tr><td>- 삼킴 장애</td><td>□없음</td><td>□있음</td><td>[□간헐적 □항상]</td><td colspan="2">□확인불가</td><td colspan="2"></td></tr>
<tr><td>체위 변경하기</td><td>□완전자립</td><td>□감독필요</td><td>□약간의 도움</td><td>□상당한 도움</td><td>□전적인 도움</td><td colspan="2">□행위 발생안함</td></tr>
<tr><td>옮겨 앉기</td><td>□완전자립</td><td>□감독필요</td><td>□약간의 도움</td><td>□상당한 도움</td><td>□전적인 도움</td><td colspan="2">□행위 발생안함</td></tr>
<tr><td>- 보행능력</td><td>□완전자립</td><td>□감독필요</td><td>□1명 도움필요</td><td>□2명 도움필요</td><td>□걷지 못함</td><td colspan="2"></td></tr>
<tr><td>- 이동방법(실내)</td><td>□도보</td><td>□지팡이</td><td>□보행기</td><td>□휠체어</td><td>□기타 ( )</td><td colspan="2"></td></tr>
<tr><td>화장실 사용하기</td><td>□완전자립</td><td>□감독필요</td><td>□약간의 도움</td><td>□상당한 도움</td><td>□전적인 도움</td><td colspan="2">□행위 발생안함</td></tr>
<tr><td>- 방법</td><td>□화장실</td><td>□이동식변기</td><td>□간이식 침상변기</td><td colspan="2">□기저귀</td><td colspan="2"></td></tr>
<tr><td rowspan="2">인지기능</td><td colspan="3">□스스로 일관성 있고 합리적인 의사결정을 함</td><td colspan="4">□인식기술이 다소 손상됨</td></tr>
<tr><td colspan="3">□새로운 상황에서만 의사결정의 어려움이 있음</td><td colspan="4">□인식기술이 심하게 손상됨</td></tr>
<tr><td rowspan="3">문제행동</td><td>□없음</td><td>□망상</td><td>□환각</td><td>□초조/공격성</td><td>□우울/낙담</td><td>□불안</td><td>□수면/야간행동</td></tr>
<tr><td>□들뜬 기분/다행감</td><td colspan="2">□탈억제</td><td>□과민/불안정</td><td>□배회</td><td colspan="2">□무감동/무관심</td></tr>
<tr><td colspan="2">□이상운동증상 또는 반복적 행동</td><td>□식욕/식습관의 변화</td><td colspan="2">□케어에 대한 저항</td><td colspan="2">□배회</td></tr>
<tr><td rowspan="13">사회
환경
상황</td><td>퇴원 후 거주지</td><td>□환자 본인 집</td><td>□자녀/친척/지인 등의 집</td><td>□장기요양시설</td><td colspan="2">□장기요양시설 외 사회복지시설</td><td colspan="2">□기타 ( )</td></tr>
<tr><td>가구 형태</td><td>□1인 가구</td><td>□부부가구</td><td>□자녀동거부부</td><td colspan="2">□기타 ( )</td><td colspan="2"></td></tr>
<tr><td>퇴원 후
돌봄 제공자</td><td>□환자 본인</td><td>□가족(관계:)</td><td>□유급 간병인</td><td colspan="2">□요양보호사</td><td colspan="2">□기타 (관계:)</td></tr>
<tr><td rowspan="4">주거환경
개선 필요성</td><td>□안전관리</td><td>[□문턱</td><td>□미끄럼방지</td><td>□손잡이</td><td>□기타 ( )]</td><td colspan="2"></td></tr>
<tr><td>□이동</td><td>[□계단</td><td>□문턱</td><td>□안전 바</td><td>□기타 ( )]</td><td colspan="2"></td></tr>
<tr><td>□일상생활</td><td>[□화장실</td><td>□부엌</td><td>□거실</td><td>□침실</td><td colspan="2">□기타 ( )]</td></tr>
<tr><td>□기타 ( )</td><td colspan="6"></td></tr>
<tr><td rowspan="2">이동 수단</td><td>□자가용</td><td>[□자가운전</td><td>□타인운전]</td><td>□대중교통</td><td>[□자립이용</td><td colspan="2">□도움필요]</td></tr>
<tr><td>□구급차</td><td>□교통약자 이동지원</td><td></td><td>□도보</td><td>□기타 ( )</td><td colspan="2"></td></tr>
<tr><td>장기요양등급</td><td>□해당 없음</td><td>□신청 [□신청 예정</td><td>□진행 중</td><td>□완료(등급)</td><td>□기 등급자(등급)</td><td colspan="2">□추후 재의뢰</td></tr>
<tr><td>장애정도</td><td>□해당 없음
□신청하였으나 인정 못 받음</td><td colspan="2">□신청 필요하나 신청하지 못함</td><td colspan="2">3. 신청 중
5. 장애정도 인정받음</td><td colspan="2"></td></tr>
<tr><td>기초생활수급 및
차상위</td><td>□해당 없음
□주거급여수급권자</td><td>□의료급여수급권자 1급
□자활급여수급권자</td><td colspan="2">□의료급여수급권자 2급
□차상위</td><td>□생계급여수급권자
※ 해당사항 모두 체크</td><td colspan="2"></td></tr>
<tr><td rowspan="14">지역
사회
자원
연계
계획</td><td rowspan="2">일자리</td><td>□해당 없음</td><td>□직업상담 및 알선</td><td colspan="2">□직업능력개발 및 직업교육</td><td colspan="3">□창업지원</td></tr>
<tr><td>□자활 및 일자리사업</td><td>□직업유지 및 지원</td><td colspan="2"></td><td colspan="3">□구직관련 비용지원</td></tr>
<tr><td>주거</td><td>□해당 없음</td><td>□주거환경개선</td><td colspan="2">□거처마련 및 이주지원</td><td colspan="3">□주거관련 비용지원</td></tr>
<tr><td rowspan="2">일상생활</td><td>□해당 없음</td><td>□가사지원</td><td colspan="2">□식사(식품)지원</td><td colspan="3">□활동(이동)지원</td></tr>
<tr><td>□위생(이미용)지원</td><td>□생활용품 지원</td><td colspan="2">□일상생활관련 비용지원</td><td colspan="3">□복합지원</td></tr>
<tr><td rowspan="2">신체건강 및
보건의료</td><td>□해당 없음</td><td>□검진, 진단 및 치료</td><td colspan="2">□재활치료</td><td colspan="3">□질병예방 및 건강관리</td></tr>
<tr><td>□의약품, 의약외품 및 보장구 지원</td><td colspan="2"></td><td colspan="4">□보건의료관련 비용지원</td></tr>
<tr><td rowspan="2">정신건강 및
심리정서</td><td>□해당 없음</td><td>□정신건강교육</td><td colspan="2">□심리검사 및 진단</td><td colspan="3">□정서발달 및 치유지원</td></tr>
<tr><td>□정신, 심리상담</td><td>□정신질환자 치료 및 사회복귀 지원</td><td colspan="2"></td><td colspan="3">□정신건강관련 비용 지원</td></tr>
<tr><td rowspan="2">보호 및
돌봄, 요양</td><td>□해당 없음</td><td>□장기시설보호</td><td colspan="2">□단기 시설보호</td><td colspan="3">□주야간 보호</td></tr>
<tr><td>□간병 및 돌봄 서비스</td><td>□장제서비스</td><td colspan="2">□돌봄, 요양관련 비용지원</td><td colspan="3"></td></tr>
<tr><td rowspan="2">안전 및
권익보장</td><td>□해당 없음</td><td>□안전 및 인권교육</td><td colspan="2">□학대 및 폭력피해자 지원</td><td colspan="3"></td></tr>
<tr><td>□법률 및 재무상담</td><td>□법률지원관련 비용지원</td><td colspan="2"></td><td colspan="3"></td></tr>
<tr><td rowspan="2">퇴원 후 연계
필요 기관</td><td>□해당 없음</td><td>□지자체(케어안내창구)</td><td colspan="2">□보건소</td><td colspan="3">□사회복지기관(복지관 등)</td></tr>
<tr><td>□중독관리센터</td><td>□치매 안심센터</td><td colspan="2">□건강보험공단(건강관리사업, 노인장기요양운영센터 등)</td><td colspan="3"></td></tr>
<tr><td></td><td colspan="2">□정신건강증진센터</td><td>□건강 생활지원센터</td><td colspan="3">□사회복지시설(요양시설 등)</td><td>□기타 ( )</td></tr>
<tr><td rowspan="2">종합
평가
의견</td><td colspan="8">환자지원팀: 의사( ), 간호사( ), 사회복지사( ), 기타1( ), 기타2( ), 기타3( )</td></tr>
<tr><td colspan="8">작성일: 년 월 일</td></tr>
<tr><td colspan="9">상기 내용에 대해 충분히 설명을 들었고, 환자지원팀의 지원 계획에 동의하십니까? 환자(보호자) :   (서명)</td></tr>
<tr><td colspan="5">요양기관명:</td><td colspan="4">전화:</td></tr>
<tr><td colspan="5">주소:</td><td colspan="4">팩스:</td></tr>
</table>

제11장

의료환경의 변화와 의료사회복지의 과제

미래 의료사회복지를 전망하기 위해서는 현재 의료사회복지와 관련해서 나타나는 다양한 변화에 대한 이해가 필요하다. 이에 이 장에서는 보건의료정책의 변화, 병원 환경 및 의료서비스의 변화 등 최근 이루어지고 있는 의료환경에서의 변화에 대해 알아본다. 또한 이와 같은 변화에 대응하기 위한 의료사회복지의 과제 및 대응 방법을 살펴보고자 한다.

1. 의료환경의 변화

1) 보건의료정책의 변화

최근에 이루어지고 있는 우리나라 보건의료정책은 소득, 건강, 돌봄 등 전

국민의 기본생활을 보장하고, 인구 변화 및 4차 산업혁명 등 미래 환경변화에 선제적으로 대응하는 것을 기본 방향으로 하고 있다. 이에 건강보험 보장성 강화, 공공의료 인프라 확충, 예방 · 건강증진 및 정신건강 지원 강화, 안전한 보건의료 환경 조성을 주요 목표로 하고 있다. 또한, 지역사회중심 보건복지정책 혁신 방향으로 지역사회중심 선진 사회보장체계를 구축하고 정보통신기술(Information and TeChnology: ICT, 이하 ICT)을 활용해 맞춤형 보건복지서비스를 지원하는 것을 주요 과제로 제시하면서 건강 및 돌봄에 대한 부담을 경감시키는 것을 목적으로 하고 있다.

(1) 건강보험 보장성 강화

국민들의 의료비 부담을 경감시키기 위해 정부에서는 건강보험 보장성 강화를 적극적으로 추진하고 있다. 건강보험 보장성 강화는 의료비 부담에 대한 국가의 책임을 강조하면서 비급여 부담 완화, 급여 적용범위 확대, 본인부담상한액 조정 등 다양한 방법을 통해 건강안전망을 강화시키는 정책이다. 예를 들면, 재난적 의료비 지원제도의 경우, 최근 지원 사업 대상을 확대하면서 고액의 의료비가 발생하면 어떤 질환이라도 지원을 받을 수 있도록 하였다. 또한, 본인부담 상한제 개선 등을 통해 취약계층의 과다한 의료비 부담 비율을 낮출 수 있도록 하였다. 이와 같이 다양한 건강보험 보장성 강화 방안이 지속적으로 제안되면서 국민의 의료비 부담을 경감시키고 있다.

(2) 공공의료 인프라 확충

보건의료의 공공성 강화는 공공의료기관의 기능과 역할을 확대하며, 공공의 목적을 위해 개입함으로써 의료 양극화를 해소하는 것을 의미한다. 다시 말해, 돈이 없어 병원에 못 가는 이들이 의료서비스에 접근할 수 있게 해 주는 것을 수요 측면의 공공성을 높인다고 하고, 의사들의 진료행위를 규제하거나 약값을 마음대로 올리지 못하게 하는 것을 공급 측면의 공공성을 높인다고 한다. 이와 같이 의료공공성을 높이기 위해 정부는 지역과 중앙을 연결하는 체계적 공공의료 시스템 구축, 의료자원 확충방안, 일차 진료 역할 확대, 중증 외상 진료체계 국가지원 강화, 응급의료 인프라 확대 등을 추진하고 있다.

(3) 예방 및 건강증진 지원 강화

최근 정부에서는 국민들의 건강한 생활 지원을 위한 예방 및 건강 투자를 강화하고 있다. 건강증진을 위한 인프라를 확충하기 위해 건강생활지원센터 및 건강증진형 보건지소를 확충하고 다양한 건강증진 시범사업을 실시하고 있다. 또한, 예방적 건강관리를 위해 동네의원 중심 고혈압, 당뇨 등에 대한 통합관리 서비스를 제공하는 일차의료 만성질환관리 시범사업을 확대하며, 금연 종합대책 및 비만−운동클리닉 표준모형개발 등을 마련하고 있다. 특히, 2019년부터는 건강검진에 국가폐암검진을 도입하는 등 국가건강검진 대상자 및 항목도 확대함으로써 검진을 통한 예방 및 관리 체계를 강화하고 있다.

(4) 안전한 보건의료 환경 조성

안전한 보건의료 환경을 조성하기 위해 감염병 대응, 결핵관리, 환자안전, 의료인 안전 등 안전 보호 체계를 강화해 나가기 위한 정책을 추진하고 있다. 표준매뉴얼 개정, 관리체계 개선, 다 부처 협력 강화 등을 주요 대응 방안으로 건강 위협 요인으로부터 국민을 보호하는 것을 목적으로 한다. 특히, 병원에서의 안전한 진료환경을 구축하기 위해 의료인 폭행 관련 실태조사를 수행하고, 처벌을 강화하며, 안전장비 인력 지원을 추진하고 있다.

(5) 지역사회 중심의 보건의료체계 강화

최근 정부는 지역사회 통합 돌봄(커뮤니티 케어) 정책을 추진하면서 돌봄이 필요한 주민이 자신이 살고 있는 지역에 거주하면서 주거, 보건의료, 요양, 돌봄 등 욕구에 맞는 서비스를 통합적으로 지원받을 수 있도록 하고 있다. 지역사회 통합 돌봄 정책에서는 특정 지역 여건을 반영한 통합 돌봄 모델을 마련하고, 모델에 기반한 지역 연계 통합 서비스를 제공하며, 케어안심주택, 주민건강센터, 종합재가센터 등 통합 돌봄 인프라를 구축하는 것을 목표로 하고 있다.

　지역사회 통합 돌봄 정책에서는 보건의료와 돌봄 간의 연계를 강조하고 있다. 이에 병원 내 지역 연계실을 설치하여 병원과 지역 간의 협력을 통해 퇴원 이후 지역사회 자원연계를 지원하고 의료급여 퇴원환자에 대한 재가급여 등을 지원하는 것을 추진하고 있다. 이와 같은 지역사회 통합 돌봄 정책은 대상자 중심의 서비스 제공 기반을 마련하면서 서비스 전달체계 개편을 통해 지역사회 중심의 보건의료체계를 강화시킬 수 있을 것으로 보인다.

(6) ICT 활용 맞춤형 보건복지서비스 지원

　4차 산업혁명 등 미래 환경변화에 선제적으로 대응하기 위해 정부에서는 ICT 활용 맞춤형 보건복지서비스를 지원하고 있다. 우선, 차세대 사회보장정보시스템 구축을 통해 스마트 복지구현을 목표로 국민편의를 제고하고, 지자체 업무 부담을 경감시킬 수 있는 방안을 마련하고 있다. 또한, ICT 기술을 활용한 맞춤형 보건복지 서비스 지원을 통해 빅데이터, 지리정보시스템 등 ICT 기술을 활용한 지역별 자원, 수요를 고려한 맞춤형 보건복지서비스 제공 기반을 마련하기 위해 노력하고 있다. 이는 복지사각지대를 발굴함으로써 효율적이고 효과적인 서비스 제공이 이루어질 수 있을 것으로 기대한다.

2) 보건 환경 및 건강서비스의 변화

　미래 의료사회복지를 전망할 때 병원을 포함한 보건 환경이 어떻게 변화되고 있는지 확인하는 것은 중요하다. 병원 환경의 변화는 건강관리 전달체계의 변화를 야기하며 동시에 건강서비스의 변화를 예측할 수 있다.

(1) 보건 환경의 변화

① 인구 구조의 변화

보건의료의 주요 외적 환경 분야에서 가장 큰 변화는 급속한 저출산과 고령화의 진행이다. 2019년 기준 가임여성들의 합계출산율은 0.88명이고, 65세 이상의 노인인구는 15%를 넘어서 우리나라는 현재 고령사회에 진입하였다. 또한, 평균수명의 증가로 의료비 지출이 많은 75세 이상의 후기 노령인구가 급증하고 있다. 이와 같은 인구구조의 변화는 건강보험 재정에 심각한 타격을 줄 것으로 예상되며, 고령 인구 증가에 따른 질병 구조도 변화될 것으로 보인다.

② 의료기술의 향상

의료기술의 개발과 신약 개발, 신 의료기기의 개발 등 보건의료산업 분야는 상당히 많은 발전을 해 왔다. 보건의료산업의 발달은 환자의 치료 효과를 높이고, 의료비를 절감하며, 국가 경제에 많은 도움을 줄 수 있다. 특히 우리나라의 경우 의사당 환자 수가 많아 진료시간이 매우 짧은 편이다. 이와 같은 인력의 부족은 효율성이 높은 고가 첨단 장비의 사용 및 의료진의 기술력 등으로 보완할 수 있을 것으로 보인다. 이를 위해서는 신기술과 신약의 효과적인 사용 및 개발 등과 관련된 규정을 명확히 하고, 관련 산업을 지속적으로 육성하는 것이 중요한 과제가 될 것이다.

③ 의료 공급의 확대

우리나라의 의료 접근성은 과거에 비해 상당히 좋아졌다. 대형병원을 중심으로 한 시설 및 투자, 보건의료정책 변화에 따른 의료 공급의 확대, 진단 및 치료기술의 발전 등으로 의료 시장 규모가 지속적으로 확대되고 있다. 하지만 500병상 이상의 종합병원이 서울 및 경기 지역에 집중되는 등 병상의 지역별 불균형 분포는 지속되고 있다. 또한, 장기요양환자가 증가함에 따라 대형병원 중심의 병상 이용에서 최근에는 중소병원 및 요양병원의 수가 증가하고 있다. 이와 같은 의료 공급의 확대는 병원 간에 심한 편차를 야기하기도 하고, 경제규모를 갖지 못하는 병원도 생겨나는 결과를 가져다 주었다. 이에 따라 의료서비스 수준에 대한 기대상승과 의료의 질에 대한 관심이 높아진 반면, 병원 간 경쟁과 중소병원 경영 위기가 심화되는 부작용을 야기하기도 하였다.

④ 건강관리 서비스의 수요 및 행태의 변화

최근에는 암과 심·뇌혈관 질환, 자살, 고혈압, 고지혈증, 폐쇄성폐질환, 우울증 등은 매년 크게 증가하고 있다. 또한, 앞에서 언급했던 인구구조의 변화로 인해 만성질환자의 수가 급격하게 증가하면서 요양서비스, 방문서비스, 지역사회 돌봄에 대한 요구가 지속적으로 증가하고 있다. 이와 같은 질병의 변화에 따라 건강관리 서비스에 대한 수요 변화도 있지만, 건강관리 서비스를 활용하는 소비자의 의식 및 정보의 변화에 따른 수요도 나타나고 있다. 가령, TV 건강 프로그램의 증가, 인터넷 및 SNS 기술의 발달 등으로 건강 정보에 대한 접근이 증가하면서 본인의 권리 의식을 내세우는 등 건강관리 서비스의 수요에서도 변화가 나타나고 있다.

⑤ 기타 보건 환경의 변화

최근 보건 환경과 관련해서 많이 대두되고 있는 논의는 원격진료, 해외시장 개척, 해외 의료기관 설립, 외국인 의료면허 인정, 영리 병원제 허용 등 매우 다양하다. 이와 같은 논의는 앞에서 언급했던 인구구조의 변화, 수요 및 공급 행태의 변화, 4차 산업혁명의 도래 등과 밀접한 관련이 있는 것으로 보인다. 아직까지도 명확한 해결 방법을 찾지 못하고 있는 상황에서 어떤 해결책이 현재의 변화를 원활하게 풀어 나갈 수 있을 것인지를 우리 모두 고민해야 한다. 예를 들면, 의료수준을 향상 시키는 것에 초점을 둘 것인가? 아님 저소득층을 포함한 모든 사람들이 의료 서비스를 받을 수 있도록 공공의료의 책임성 강화에 초점을 둘 것인가? 의료기관의 수익성을 강화하도록 하는 것이 좋을까? 중소병원의 도산 위험을 방지함으로써 의료 형평성을 높이는 것이 좋을까? 다양한 변화 속에서 최적의 해결책을 이끌어내기 위해서는 지속적인 논의와 토론이 필요할 것이다.

(2) 건강서비스의 변화

최근 건강서비스의 양이 증가하면서 건강서비스의 질은 보건의료에서 중요한 아젠다가 되고 있다. 이와 같은 건강서비스의 변화는 보건환경의 변화와도 밀접한 관계가 있으며, 병원을 이용하는 수요자(환자) 및 공급자(의료진)의 변화와도 관련있다. 즉, 건강서비스는 기존 방식을 유지하기보다는 수요자의 변화와 환경의 변화를 함께 고려하면서 변화 방향을 모색하고, 적응해 나가야 된다.

① 급성질환에서 만성질환으로의 변화

박테리아나 바이러스성 감염은 공공보건정책을 통해 많이 제어되면서 급성질환의 상당부분은 퇴치되었다. 또한 의학기술의 발달은 당뇨병, 간질, 심장병, 고혈압과 같은 많은 만성질환의 급성시기를 단축시켰다. 하지만 고령사회의 도래와 함께 병원 외부에서 보호관리가 필요한 만성질환자의 수가 증가되면서, 이들의 관리를 위한 병원과 지역사회 간의 연계 및 소통의 중요성이 강조되고 있다.

② 팀 접근의 강조

최근 병원에서는 여러 전문직 간의 연계 및 협력에 기반한 팀 접근이 강조되고 있다. 예를 들면, 진단과 치료에 관련된 전문의 3~7인 이상이 동시에 진료에 참여해 진단 및 치료계획을 위해 학제 간의 다양한 의견을 모아 문제에 대한 해결책을 도출하는 다학제 통합협진 등의 치료 방법이 사용되고 있다. 또한 호스피스에서도 협진체계를 강조하면서 팀 접근에 기반한 수가가 책정되기도 한다.

③ 사례관리 중심의 실천

만성질환자의 관리는 적절한 식이요법, 운동, 투약조절, 필요한 서비스에 대해 활용 가능한 사회적·정서적·물리적 환경의 원조가 필요하다. 사례관리는 환자의 상태를 모니터링하고 대인적 지지를 요청하기 위해 지속적으로 접촉하는 것뿐 아니라 여러 기관의 서비스 제공자와 비공식 지지자들을 조정, 연계하는 것을 초점으로 둔다. 만성질환자의 수가 증가하면서 병원에서도 환자의 퇴원 후 사후관리 등 사례관리 중심의 실천에 많은 관심을 갖고 있다.

④ 신체적 건강손상을 가져오는 심리적 문제의 증가

우울증, 자살 및 타살, 가정폭력, 아동학대, 식이장애, 알코올 및 약물 남용, 성격장애, 교통사고 등과 같은 많은 심리사회적 문제는 의료 영역에서도 중요한 이슈가 된다. 특히 응급실에서는 이러한 문제를 가진 사람을 쉽게 접할 수 있으며, 필요할 경우 사회복지사는 위기개입을 하게 된다.

⑤ 건강관리 결정에 대중의 참여 증가

질병치료와 관리에 많은 사람들이 대체요법을 선택하면서 자신의 건강관리 결정에 적극적으로 참여하고 있다. 예를 들어, 처방이 필요 없는 약, 허브 치료, 마사지치료, 이완치료, 자기최면, 아로마 치료, 극도의 다이어트, 기도, 명상, 요가, 노래, 드럼, 운동기구 사용, 사우나 등을 이용한다. 이렇게 개인의 건강에 대해 관심이 증가한 이유는 TV 건강 프로그램의 증가, 인터넷 및 SNS 기술의 발달 등 건강 정보를 쉽게 접할 수 있게 되었기 때문이다.

⑥ 외래와 지역사회중심의 건강서비스 증가

의료기관의 수익률 증가 및 제한된 의료자원의 공유란 측면에서 환자의 재원기간을 단축하고자 하는 병원이 늘고 있다. 이와 같은 움직임은 실제 환자들의 평균 입원기간을 예전에 비해 상당히 단축시켰다. 따라서 환자를 위한 사회복지 관련 서비스는 단기화될 수밖에 없으며, 입원보다는 외래 중심의 활동을 활성화시키는 경향이 있다. 또한, 환자가 지니는 문제에 따라 외래 중심의 중장기적 서비스가 시행되기도 하며, 지역사회 중심의 서비스가 제공되기도 한다. 외래재활센터, 지역사회기관의 환자 가족 지지모임, 방문가정간호와 호스피스서비스, 간병인이 제공하는 가정간호서비스, 만성정신장애인을 위한 사례관리, 치매노인이나 에이즈환자 등 정신적, 신체적 장애를 가진 사람들을 위한 그룹홈, 보조생활시설 등이 그 예가 될 수 있다.

⑦ 질병예방과 지역사회 건강증진의 중요성 증대

국민의 건강증진을 위해 질환을 일으키는 사회적, 환경적 유발요인과 예방을 위한 효과적인 개입 방안에 대한 관심이 증가하고 있으며, 관련 기금과 프로그램도 증가하고 있다. 이와 같은 질병예방과 건강증진은 체계적이고 지속적으로 늘어나는 영유아 검진 및 성인 암 검진을 통해서도 확인될 수 있다.

⑧ 다문화 및 국제 진료 수요의 증가

최근 우리나라는 이주 노동자와 국제결혼이 증가하면서 다문화 가정의 수가 많아지고 있고, 이에 따라 다문화 외국인의 병원 이용률도 점차 높아지고 있다. 이와 더불어, 정부는 2016년「해외진출 및 외국인 환자 유치 지원에 관한 법률」을 제정함에 따라 각 병원에서는 해외 환자를 적극적으로 유치하기 위한 사업을 시행하고 있다. 이에 외국인 환자 유치 기관들과의 협력 강화, 외국인 환자에 대한 심리·정서적 지원, 해외 환자 유치 및 관리, 해외 진료봉사 등 국제적 활동뿐만 아니라 다문화 외국인에 대한 개입 또한 활발하게 이루어지고 있다.

2. 의료사회복지의 과제

보건의료정책 및 보건 환경의 변화에 따라 건강서비스는 지속적으로 변화되고 있다. 의료기관들은 보건의료정책 및 보건 환경의 변화를 고려하면서 의료 기술을 지속적으로 발전시키고 있으며 보건 관리 체계 및 성장 전략을 변화시키고 있다. 또한, 사회적 요구가 반영되는 서비스의 변화 속에서 수요자의 만족을 최대한 끌어내기 위해 다양한 양적·질적 서비스를 제공하기 위해 노력하고 있다. 이와 같은 의료 기관의 변화를 고려하면서 의료사회복지 활동도 다양한 과제를 안고 있다. 정책 및 환경의 변화 흐름에 맞추어 의료사회복지가 미래 사회의 핵심 영역이 되기 위해 준비해야 되는 과제에 대해 검토하고자 한다.

1) 클라이언트에 대한 포괄적 이해

의료사회복지사는 병원에서 다양한 클라이언트를 만나게 되며, 이들이 가지고 있는 문제를 해결하기 위해 전문 사회복지 이론 및 기법에 근거해 접근을 하게 된다. 이와 같이 클라이언트의 문제를 해결하기 위해 가장 기본이 되어야 하는 것은 의료사회복지의 가치이며, 이와 같은 가치가 유지될 때 전문 영역으로서의 의료사회복지가 실현될 수 있다. 특히 보건정책 및 환경의 변화에 따라 의료사회복지사의 역할 및 업무가 변화된다고 할지라도 의료사회복지의 기본 가치는 변화되어서는 안 된다.

이와 같은 기본 가치 하에 클라이언트가 가지고 있는 문제를 해결하기 위해서는 그들이 현재 가지고 있는 문제들에 대한 포괄적 이해가 요구된다. 사회생태학적 모델에 따르면 클라이언트의 지역사회, 심리사회적·사회경제적·환경적·문화적 요인은 모두 건강에 영향을 주는 중요한 결정 요인이기 때문에 이에 대한 면밀한 조사가 필요하다고 한다. 이와 같은 조사를 통해서 환자를 충분히 이해하고, 그들이 지니고 있는 주요 문제에 대한 해결책을 마련할 수 있을 것이다.

최근 몇몇 의료사회복지사는 경제적 문제를 호소하는 환자에 대해서 경제적 문제에 한해 사정하고, 계획하며, 문제를 해결하고 종료하는 경우가 있다. 물론 업무 과중으로 인해 주요한 문제에 대한 빠른 해결책을 모색하는 것도 좋지만, 환자에 대한 포괄적인 이해 속에서 그들에 대한 접근이 이루어질 필요가 있다. 단순한 문제 해결은 환자를 포괄적으로 이해하지 못함으로써 단편적이고 일시적인 서비스를 제공하는 데 머무를 것이다. 따라서 사회생태학적 모델에 기반해서 환자에 대한 포괄적 이해와 함께 통합적이고 연속적이며, 체계적인 서비스를 제공하기 위해 노력해야 할 것이다.

이를 위해서는 환자의 심리적, 사회적, 환경적, 문화적 상태에 대한 포괄적 이해를 돕는 교육과정이 도입될 필요가 있다. 또한, 사회생태학적 모델에 대한 개발과 실험이 요구되며, 사회생태학적 모델을 기반으로 한 한국형 도구의 개발 및 적용도 필요할 것이다. 의료사회복지 관련 업무 종사자에게는 사회생태학적 모델의 적용에 대한 교육뿐만 아니라 심리사회적 문제에 대한 훈련, 즉 카운슬링 기법, 동기강화상담, 성찰적 실무 등에 대한 교육 및 훈련이 필요할 것이다.

2) 건강 불평등을 해결하기 위한 노력

일반적으로 모든 국가의 보건의료정책의 궁극적 목표는 특정 개인이나 집단에 대한 건강증진이라기보다는 국민 전체의 건강보호와 증진에 있다. 이는 모든 국민의 생존과 삶의 질 향상을 위해 기초가 되는 건강을 유지하기 위해서는 보건 의료서비스에 대한 접근이 공평하게 보장될 필요가 있음을 의미한다. 보건의료에 있어서 서비스 접근에 대한 형평성이 매우 중요한 가치임에도 불구하고 사회경제적 수준이 높은 사람들은 그렇지 못한 사람들에 비해더 나은 서비스를 받고 있는 것으로 나타났다. 또한, 사회경제적 수준이 낮은사람들은 양질의 보건 의료 혜택을 제대로 받지 못하고 있는 것으로 보고되고 있다(이진희, 2016).

우리나라에서는 국민건강보험제도와 국민기초생활보장제도가 전 국민의건강증진을 위한 제도로 자리 잡고 있으나 암, 희귀난치성질환자의 증가와고액의 진료비 및 높은 비급여로 인해 저소득층은 여전히 많은 어려움을 겪고 있다. 이와 같은 어려움을 해결하고자 정부에서는 건강보험 보장성 강화와 공공의료 인프라 확충 등을 통해 저소득층에 대한 지원을 강화하고 있지만 비급여 진료비용이 높은 질환의 경우에는 적용되지 않고 있는 실정이다.또한, 최근 무상의료서비스나 포괄수가제 등 의료의 형평성을 위한 여러 가지 논의가 이루어지고 있으나 아직은 체계적으로 정비되지 않아 많은 논란이있다.

의료사회복지는 심리사회적 문제뿐만 아니라 경제적으로 어려움을 가지고있는 환자에 대한 전문적이고 포괄적인 서비스를 제공한다는 점에서 건강불평등을 해결하기 위한 선두주자가 될 필요가 있다. 경제적인 문제 외에 건강불평등을 야기할 수 있는 요인은 매우 다양하다. 이와 같은 요인에 대한 충분한 검토와 논의를 통해 모든 국민이 공평한 건강 서비스를 제공받을 수 있는방안을 모색할 필요가 있을 것이다. 이와 더불어 체계적이고 질 높은 건강서비스가 이루어질 수 있도록 제도적인 정비도 동시에 이루어질 필요가 있다.

3) 지역 연계 기능 강화를 위한 역할 모색

앞에서 언급한 바와 같이, 최근 정부는 지역사회 통합 돌봄, 즉 커뮤니티 케어 정책을 추진하고 있다. 이와 같은 정책은 사회적 입원을 하고 있거나 돌봄 서비스를 필요로 하는 사람 그리고 사각지대에 있는 대상자를 중심으로 다양한 프로그램과 돌봄을 지역사회에서 스스로 할 수 있도록 한다는 점에서 지역사회의 관심과 역량을 강화하고, 지역의 책임성을 높이는 것이라고 할 수 있다. 현재 우리나라는 고령사회로써 65세 이상의 고령인구 비율이 상당히 많이 증가하였으며, 노인의 51%는 만성질환을 3개 이상 가지고 있는 것으로 나타났다(정경희 외, 2017). 이는 노인 돌봄과 질환은 서로 밀접한 관계가 있으며, 노인의 돌봄 문제를 고민하면서 의료적 전문성이 함께 결합되어 지역사회 만성질환 관리 및 지역사회와의 연계 방안에 대한 고민과 노력이 필요하다.

환자가 퇴원한 후 지속적인 사후관리를 위해서는 통합적 사례관리가 요구된다. 따라서 사례관리는 지역 연계와도 관련이 있음을 알 수 있다. 통합적 사례관리가 필요한 환자 군으로는 암환자, 외상환자, 자살기도환자, 호스피스 등이 있다. 의료사회복지사는 이들에 대해 다른 직역의 전문가와 함께 팀 접근에 근거한 사례관리를 할 필요가 있을 것이다. 또한, 경제사회적 취약계층을 위한 지역사회자원 개발 및 연계, 당뇨병 등 생활습관 관리 질환 환자에 대한 만성질환자 관리계획 등 다양한 역할이 필요할 것으로 보인다. 특히, 지역사회 통합 돌봄이 필요한 환자의 퇴원계획에 참여함으로써 통합 돌봄을 위한 지역사회 네트워킹 전담 전문가로서의 역할을 할 필요가 있다.

지역사회 연계를 활성화시키기 위해서는 사회복귀 및 재활을 위해 필요한 지역사회 내 활용 가능한 공적 자원과 민간 자원에 대한 정보가 축적되어야 한다. 축적된 정보를 바탕으로 병원과 지역사회 기관이 서로 협력 네트워크를 구축하면서 신뢰와 책임성을 확보하고, 환자 및 가족에게 적합한 자원에 대한 충분한 정보를 제공할 필요가 있다. 이와 같은 다양한 역할과 함께 의료사회복지는 지역 연계 기능을 강화할 수 있고, 지역사회 통합 돌봄을 위한 전문가로서 활동할 수 있을 것이다.

4) 의료사회복지 국가자격 전환에 따른 대처

2018년 11월 23일 「사회복지사업법」이 국회 본회를 통과하면서, 전문 사회복지사 제도가 도입되었다. 전문 사회복지사 제도는 다양화, 전문화되는 사회복지 욕구에 능동적으로 대응할 수 있도록 정신건강, 의료, 학교 등의 직무 영역별 사회복지사를 신설한다는 내용을 주요 골자로 한다. 1973년 병원에서의 사회복지가 법적으로 규정된 지 약 46년 만에 의료사회복지가 전문 자격인 국가자격으로 전환된 것이다.

2020년 10월부터 의료사회복지사가 국가자격으로 전환됨에 따라 대한의료사회복지사협회에서는 많은 움직임을 보이고 있다. 즉, 수련 및 보수교육 체계에 대한 정비, 병원 내 의료사회복지사의 적정 수 확보, 수가 인정 등이 국가자격과 관련된 주요 골자가 될 것이다.

첫째, 수련 및 보수교육 체계를 재정비하고 있다. 대한의료사회복지사협회에서는 2009년부터 교육부에서 인정한 학사학위 소지자로 사회복지학을 전공한 학사 이상이거나 사회복지사 1급 자격증 소지자에게 1년 동안 병원에서의 수련을 마치고 자격시험을 통과하면 의료사회복지사 민간자격증을 부여하였다. 이와 같은 민간 자격증이 국가 자격증으로 전환됨에 따라 양질의 의료사회복지사를 양성하기 위한 준비가 필요하다. 예를 들면, 의료사회복지에 관심이 있는 학생들이 졸업 후 수련을 할 수 있도록 수련 기관의 수를 확대하고, 수련기관에서 표준화된 이론 및 실습 교육을 제공할 수 있는 수련 지침서를 개발하는 등 대학 교육 이상의 실질적이고 표준화된 교육이 제공될 필요가 있다. 특히, 현재 소수의 병원에서만 이루어지고 있는 수련 및 보수교육체계에 대한 구조적 정비를 통해 적정 수의 훈련된 의료사회복지사를 배출되고 유지될 수 있는 방안을 논의할 필요가 있다.

둘째, 최근 몇 년간 병원에 적정 수의 의료사회복지사가 확보되어야 한다고 주장하면서 의료법 개정에 대한 논의가 지속적으로 이루어지고 있다. 현재 우리나라 병원에서 근무하는 의료사회복지사의 평균 수는 약 3명인 것으로 나타났다(임정원, 김민영, 2017). 물론 종합병원이나 대학병원 등의 대형 병원에서는 10명이 넘는 의료사회복지사가 근무하고 있지만, 병상 수가 작은 중형병원이나 서울 및 경기 이외의 지역 병원에서는 1~2명의 의료사회복지사가 근무하는 경우도 태반이다. 전문 의료사회복지사가 수련을 통해 표준화된 교육을 받고, 이들이 실천 현장에서 활동하기 위해서는 기본적인 인프라가 구성되어야 하고, 그중 하나가 인력 인프라이다. 인력이 확보되지 않은 상태에서는 전문 의료사회복지사로서의 역할을 수행할 수 없다. 적정 수의 훈련된 의료사회복지사가 지속적으로 배출되기 위해서는 병원에 일정한 수(예: 100병상당 1명)의 의료사회복지사가 확보될 필요가 있다. 병원이라는 공간은 의료사회복지사를 위한 2차 세팅이기 때문에 병원 수익 구조에 따라 많은 수의 의료사회복지사를 고용하는 데 한계가 있다. 따라서 이와 같은 문제를 해결하기 위해서는 정부의 정책적 지원이 절대적으로 필요하다. 이와 더불어 병원에서 의료사회복지사의 역할과 중요성에 대한 인식 확산과 충분한 공감대가 이루어질 필요가 있다.

셋째, 1973년에 시행된 「의료법」은 의료사회복지사가 병원에서 활동할 수 있는 근거를 마련해 주었다. 또한, 의료사회복지사가 병원에서 일할 수 있는 근거를 마련해 준 다른 하나는 재활의료사회사업 및 정신의학적 사회사업 부문에서 적용되는 의료보험수가이다. 하지만 이와 같은 수가 적용은 1980년대에 이루어진 이래 보건 의료 환경의 변화에도 불구하고 전혀 바뀌지 않고 있다. 최근 병원에 있는 많은 의료진은 의료사회복지사의 역할의 중요성을 인지하고, 팀 접근을 추진하고 있다. 또한, 재활의학과나 정신건강의학과 이외의 타 진료과에서도 의료사회복지사에게 경제적·심리사회적, 퇴원 문제 등과 관련해서 의뢰를 하고 있다. 하지만 특정 진료과에 한해서만 수가가 적용되기 때문에 이와 같은 사회복지사의 역할은 무상 서비스를 제공하는 것과 같다(임정원, 김민영, 2017). 의료사회복지사의 국가 자격증 전환은 전문성을 강화한다는 의미이다. 또한, 병원에서 의료사회복지사의 전문성 확보는 보험 수가 인정 등을 통한 적절한 보상 체계의 구축과도 관계가 있다. 이와 같은 보험 수가 인정 등을 통한 전문 의료사회복지사의 활동은 병원에서 일정 수의 의료사회복지사를 확보하는 것과도 연관성이 있을 것이다.

5) 보건의료정책 변화에 대한 민감성 향상

사회복지사는 인간과 환경을 고려하면서 통합적인 서비스를 제공해야 되기 때문에 항상 환경에 관심을 가져야 된다. 의료사회복지사의 경우에는, 병원 및 보건 현장에서 업무를 수행하기 때문에 보건의료정책에 민감할 필요가 있다. 현재 우리나라의 보건의료정책에 가장 영향을 주는 요인은 앞에서 언급했던 바와 같이 인구구조의 변화, 즉 고령화, 저출산, 다문화 가정의 유입 등이다. 또한, 지역사회 통합 서비스에 대한 관심의 증가이다. 이와 같은 보건의료정책 변화에 대한 소식을 지속적으로 접하면서 이에 대한 많은 관심과 함께 민감성을 향상시킬 필요가 있다.

예를 들면, 인구 고령화가 진행됨에 따라 건강과 질병에 대한 국민들의 관심과 중요성도 나날이 커지고 있다. 노인의 경우 신체적 · 심리적 · 사회적으로 지속적인 퇴행의 경험을 하게 되는데, 노인인구비율이 증가함에 따라 이들에 대한 건강서비스는 앞으로 더 적극적으로 이루어져야 할 것이다. 최근 의료현장에서는 노인인구의 증가와 함께 연명치료거부가 화두가 되었고, 2016년에 「호스피스 · 완화의료 및 임종과정에 있는 환자의 연명의료결정에 관한 법률」(이하 「호스피스 완화의료법」)이 국회를 통과하게 되었다. 즉, 오랜 기간 투병생활을 한 희귀난치성질환자, 소생가망이 없는 환자들의 경우 스스로의 선택으로 심정지 시 심폐소생술을 하지 않거나 약물을 투여해서 생명을 억지로 연장하지 않는 '연명치료거부'를 선택할 수 있게 되었다. 또한 「호스피스 완화의료법」에 따라 의료사회복지사의 역할이 강화되기도 하고 있다.

우리나라는 최근 인구 고령화와 더불어 저출산으로 인한 심각한 문제를 겪고 있다. 2018년을 기준으로 합계 출산율을 살펴보면 우리나라가 0.98명으로 일본 1.41명, 미국 1.87명, 이탈리아 1.34명과 비교할 때 우리 나라는 OECD 국가 중 최저 수준임을 알 수 있다. 저출산율 그 자체로도 중요한 사회문제이지만, 우리나라의 경우 고령사회로 진입함에 따라 더욱 큰 사회적 문제가 대두되고 있다. 노동생산성이 저하되고, 인구 1명당 노인부양부담이 커지며 더 나아가 저출산으로 인하여 세금부담, 저축비율이 감소하고 노인인구에 대한 공공지출이 커져 국가에도 큰 부담을 주게 된다는 점이다. 이와 같은 문제로 현재 우리나라에서는 다양한 출산장려정책을 시행하고 있으며 증가하고 있는 불임 및 난임 부부를 위한 인공수정 및 체외수정 비용을 정부에서 지원해 주는 등 출산을 장려하고 있다. 따라서 이와 같은 저출산으로 인해 나타나는 다양한 정책을 확인하고 이와 관련된 보건 서비스를 지원하기 위한 준비를 해야 될 것이다.

최근 외국인 노동자의 유입과 이민, 다문화가정의 증가로 인해 이들을 위한 의료복지서비스의 필요성 또한 크게 대두되고 있다. 대부분의 외국인 노동자의 경우 의료보험이 적용되지 않아 의료서비스를 받는 것이 어려우며 다문화 가정의 경우 의료서비스 도중 의사소통문제, 정보습득의 취약성, 의료비 부담에서 큰 어려움을 겪고 있다. 특히 결혼이주여성들은 한국과 한국어에 대한 지식 없이 입국하여 임신을 하고 자녀를 양육하게 되는데, 이 과정에서 많은 어려움을 겪는다. 이와 같은 문제를 해결하기 위해서 정부에서는 통역서비스나 병원동행서비스를 제공하고 다문화 가족지원정책 안내 등의 활동을 하고 있다. 하지만 다문화 가정, 외국인 노동자, 북한이탈주민 등은 자신들이 이용할 수 있는 의료서비스 정보에 접근하는 것 자체가 어려우며, 이 서비스 또한 수도권이나 대도시에서 주로 시행되고 있다는 문제점이 있다. 앞으로 외국인 노동자의 유입과 이민, 북한이탈주민 및 다문화가정의 숫자는 지속적으로 증가할 것으로 보인다. 따라서 이제는 의료사회복지 실천현장에서 새로운 의료소외계층으로 나타나는 이들을 위한 좀 더 적극적이고 실질적인 서비스가 필요할 것으로 보인다.

시대나 상황 그리고 환경에 따라서 질병들이 다양하게 변화하며 사망원인 또한 달라지고 있다. 오래전 많은 유럽 사람들의 목숨을 앗아간 흑사병이나 콜레라, 천연두도 최근 선진국에서는 거의 나타나지 않으며, 우리나라의 경우도 한 시대의 주요 질병이었던 결핵 등은 현재 많이 나타나고 있지 않다. 그럼에도 불구하고 아직 백신이 개발되지 않은 코로나 19와 같은 신종 바이러스가 나타나는 등 또 다른 전염병이 유행하기도 한다. 또한, 최근 우리나라에서는 암, 뇌질환, 당뇨, 간경화, 심장질환과 같은 질병들이 사망원인의 높은 순위를 차지하는 주요 질병이 되었다. 이처럼 주요 질병들은 지속적으로 변화하고 있으며, 의료현장에서는 이러한 분야에 좀 더 민감하게 반응하여 질병구조의 변화에 적합한 건강서비스를 제공할 필요가 있으며, 의료사회복지도 이에 대해 충분히 대처할 준비를 해야 된다.

3. 의료사회복지사의 대응

의료 환경의 변화와 의료사회복지의 방향에 대한 논의가 사회복지 실천에 주는 시사점은 크다. 학자들은 의료 환경의 변화에서 요구되는 사회복지사에게 필요한 기술을 다음의 세 가지로 언급하였다(Volland, Berkman, Stein & Vaghy, 2000).

① 기본기술(basic skills): 인터뷰와 심리사회적 사정기술, 자료와 목표달성 성과를 평가하는 능력, 측정과 자료 분석 능력
② 특정집단과 관련된 개입기술(population-specific skills): 특정질환이나 대상에 대한 문화적 특성 이해, 개입모델에 대한 지식, 특정질환이나 대상

에 대한 관련 용어, 의료정책 및 규정, 서비스 접근방법 등에 대한 기술
③ 자율성확립기술(autonomy-building skills): 기금이나 다른 경제적 자원 확
　보 능력, 윤리적 결정을 위한 훈련, 프로그램 및 재정 관리에 대한 지식,
　팀 접근에 대한 훈련, 갈등조정, 권익옹호에 관한 훈련에 필요한 기술

이상 세 가지 기술은 의료사회복지사에게 반드시 필요한 기술로서 학교교
육과 임상현장에서 그 중요성이 인식되어야 한다. 주목되는 것은 측정과 자
료 분석 능력 등의 조사연구 능력이 기본기술로 제시되어 있으므로, 임상 및
행정업무 이외에 의료사회복지서비스의 효율성 입증을 위해 의료사회복지
사의 연구능력 강화가 더욱 강조된다.

뉴먼(Neuman, 2003)은 사회복지사가 다방면에 뛰어난 사례관리자가 됨으
로써 의료 환경의 변화를 견뎌 내야 한다고 하였다. 급변하는 현시대에 의료
사회복지의 발전을 위해 임상현장의 사회복지사와 대학이 준비해야 할 것은
다음과 같다.

첫째, 대학원 교육의 강화와 의료사회복지 관련 교과목의 개설이 필요하
다. 팀 접근을 중심으로 하는 의료사회복지실천의 특성상 대학원 수준에서
전문 사회복지사 양성을 위한 교육을 강화해야 할 것이다. 또한 현재 대부분
의 대학에서 개설되어 있는 의료사회복지론 외에 의료보장체계, 보건과 복
지, 만성질환과 사회복지실천 등 심화과목의 개설이 필요하다.

둘째, 의료현장에서 필요한 살아 있는 지식 습득이 요구된다. 의료사회복
지사의 업무에 필요한 보건의료체계에 대한 지식, 즉 건강보험, 의료급여, 국
민연금 등의 사회보장이 어떻게 운영되고 누가 수혜를 받을 수 있는지 등에
대해 알아야 한다. 또한 의료사회복지사들은 현장과 이론의 조화, 사례관리
에 대한 교육, 윤리적 결정에 대한 훈련, 컴퓨터 사용기록에 대한 훈련 등 실
제로 의료현장에서 적용 가능한 지식을 습득해야 한다.

셋째, 특정질환 및 집단에 대한 특화된 지식 습득이다. 고령시대에 의료현

장에서 더 많이 만나게 되는 노인환자를 비롯하여 외상, 암, 치매, 만성질환 등 다양한 질환에 대한 이해뿐만 아니라 팀 접근을 위해 필요한 치료방법, 전문용어, 관련법규에 대한 이해가 필요하다.

넷째, 슈퍼비전 시스템의 강화다. 의료현장에 있는 사회복지사들은 슈퍼비전 기회가 없는 경우가 많은 것이 현실이다. 하지만 실제로 임상업무뿐 아니라 지역사회자원 네트워킹, 기금확보, 재정관리방법, 팀 접근에서 갈등조정, 권익옹호 등 다양한 사회복지 업무에서 슈퍼비전의 제공이 필요하다. 이를 위해 동료 슈퍼비전을 비롯하여 협회 및 학교 차원의 슈퍼비전 프로그램의 강화가 요구된다.

다섯째, 실험설계디자인 등 연구방법론 교육이 필요하다. 의료사회복지실천의 효과성을 증명하기 위해 이상적으로는 무작위할당과 통제집단이 설정된 실험설계디자인을 활용한 연구방법론 등에 대한 교육이 필요할 것이다.

여섯째, 의료사회복지 실천현장의 확대를 위해 다양한 의료현장에서의 실습을 제안한다. 병원뿐 아니라 공공보건기관, 요양병원, 요양원, 가정간호기관, 호스피스 프로그램, 낮병원, 특정 의료문제를 가진 환자를 위한 기관 등 다양한 현장에서의 경험이 특정 욕구를 가지고 있는 대상에 대한 개입의 확대를 가져올 것이다.

부록

의학 용어[1]

1. 의학용어의 학습 목표

   1) 의료진과의 원활한 의사소통

   2) 환자의 진단, 치료목표와 계획, 치료과정과 경과 및 예후에 대한
      정확한 이해 도모

   3) 전인적 인간으로서의 환자의 의료적 상태에 대한 확인

2. 의학용어 구성

   1) 기본 구성

   접두사 + 어근 + 접미사

   anemia = a(without) + n(모음간 결합형 연결자음) + em(blood) + ia(증상)
           접두사   어근   접미사

      뜻: 빈혈

   hypoglycemia = hypo(under) + glyc(sugar) + em(blood) + ia(증상)
                  접두사   어근   어근   접미사

      뜻: 저혈당증

   dentalgia: dent(teeth) + algia(pain)
          어근   접미사

      뜻: 치통

---

1) 이상진(2016). 수련생을 위한 의학용어 교육. 대한의료사회복지사협회.

apnea: a (without) + pnea (호흡)

뜻: 무호흡

2) 어근

주로 라틴어와 그리스어에 그 근원을 두고 있음.

라틴어 어근 −신체의 구조를 명명하거나 설명함.

cauda −꼬리 라는 의미의 라틴어 caudal

oris −입 이라는 의미의 라틴어 oral

그리스어 어근 −질병, 상태, 진단, 치료를 주로 명명하고 설명함.

lithos −돌 이라는 의미의 그리스어 lithiasis

psyche −정신 이라는 의미의 그리스어 psychology

3) 동일한 의미의 두 어근

aqua −물과 관련한 라틴어 어근

aquaphobia (물공포증)

cerebral aquaduct (중뇌수도)

hydro −물과 관련한 그리스어 어근

hydrocepalus (수두증)

4) 결합형(combining form): 어근과 결합형 모음으로 구성

3. 결합형 예시

Aden/o	Adeno는 gland 선, 샘 −oma는 tomor(종양), mass(응어리) −itis는 imflammation(염증)	Adenoma Adenitis	선종 선염
Angio−	Vessel otomy: incision, cutting	Angiotomy	혈관절개술
Arthr/o	Arthro는 joint 관절	Arthritis arthroscopy	관절염 관절경 검사

Bi/o	Bio는 life 생명
	−opsy의 뜻은 process of viewing으로
	  몸으로부터 절제한 생체조직을 현미경으로
	  보는 것
		Biology
		Biopsy
			생명학
			생검

Carcin/o	Cancerous, cancer 암 Carcinoma는 신체외부와 인체내의 장기, 강(cavity), 관(tube)을 덮고 있는 상피세포 (epithelial cell)에서 유래함.	Carcinoma	암종
Cardi/o	heart 심장 −ology는 study of	Cardiology	심장학
Cephal/o	Head 머리 −ic는 형용사형으로 pertaining to(에 관한)의 뜻	Cephalic cerebrospinal	머리의 뇌척수의
Cerebr/o	Cerebrum 대뇌 −al은 pertaining to	Cerebral	뇌의
Cerv−	Neck	Cervical cervicitis	경부의 자궁경부염
Cheil−	Lip	Cheilitis cheiloplasty	구순염 구순성형술
Chole−	Bile	Cholecyst Cholangitis	담낭 담관염
Chondro	Cartilage	Chondrectomy Chondroma	연골절제술 연골종
Cis/o	To cut 절개 접두사 In−은 into(안으로) 접미사 −ion은 process(과정) 접두사 ex−는 out(외부로)	Incision Excision	절개 절제

Crani—	Skull	Cranial Craniectomy	두개의 두개골절제술
Crin/o	Secret 분비, 형성해서 내보냄 Endo—는 within(—내의) Exo—는 외부로	Endocrine glands Exocrineglands	내분비샘 외분비샘
Cyt/o	Cell 세포	Cytology Erythrocyte	세포학 적혈구
Cysto—	Bladder, sac	Cystography Cystoscope	방광조영술 방광경
Dacryo—	Tear	Dacryocyst	누낭
Derm/o Dermat/o	Skin피부 Hypo—는 아래의(under)	Dermatitis Hypodermic	피부염 피하의
Electr/o	Electricity 전기 Gram은 기록(record)	Electrocardiogram (EKG,ECG)	심전도
Encephal/o	Brain 뇌	Electroencephalo- gram(EEG) Encephalitis	뇌전도 뇌염
Enter/o	Intestine 장	Enteritis gastroenteritis	장염 위장염
Erythr/o	Red 붉은 —cyte 는 cell(세포)	Erythrocyte	적혈구
Gastr/o	Stomach 위 —ectomy는 절제(excision or removal) —tomy는 절개(incision or cutting into)	Gastrectomy Gastrointestinal(GI)	위절제술 위장의
Glyco—	Sweet emia: blood uria: urine	Glycocemia Glycosuria	혈당증 당뇨
Gnos/o	Knowledge 지식 Dia—는 complete —sis는 state of(—상태) pro—는 before(이전)	Diagnosis Prognosis	진단 예후
Gynec/o	Woman, female 여성	Gynecology	부인학
Hem/o Hemat/o	Blood 혈액	Hematology Hematoma	혈액학 혈종

Hepat/o	Liver 간	Hepatitis hepatoma	간염 간암
Hyster–	Uterus	Hysterectomy hysteria	자궁적출술 히스테리
Ile–	Ileum Stomy: creation of an opening	Ileitis ileostomy	회장염 회장누공설치술
Ili–	Ilium	Iliofemoral Iliosacral	장대퇴골의 장천골의
Iatr/o	Treatment 치료 –genic은 –에 의해 생성되는	Iatrogenic	치료에 기인한
Leuk/o	White 흰색	Leukemia Leukopenia	백혈병 백혈구감소증
Lip–	Fat	Lipoma	지방종
Lith–	Stone –iasis: presence of –tomy: incision, cutting	Lithiasis Lithotomy	결석증 절석술
Mening–	Membrane	Meningeal Meningitis Meningioma	뇌막의 뇌막염 뇌막종
Metr–	Uterus	Metritis Metrorrhagia metrorrhexis	자궁염 자궁출혈 자궁파열
Myel–	Marrow, spinal cord	Myelitis Myelogenous Myelosarcoma	골수염 골수성의 골수육종
My–	Muscle	Myositis Myocardium Myometrium	근육염 심근 자궁근층
Nephr/o	Kidney 신장	Nephritis	신염
Neur/o	nerve 신경	Neurology	신경학
Onc/o	Tumor 종양	Oncology	종양학
Ophthalm/o	Eye 눈 –scope는 검사기구	Ophthalmology	안과학
Oste/o	Bone 골	Osteoporosis osteoarthritis	골다공증 골관절염

Path/o	Disease 질병	Pathology pathologist	병리학 병리학자
Ped/o	Child 어린이	Pediatric	소아과의
Pneum—	Lung, air —ia: disease of —thorax: chest	Pneumonia Pneumothorax	폐렴 기흉
Proct—	Rectum, anus	Proctology Proctopexy	직장항문학 직장고정술
Psych/o	Mind 마음, 정신	Psychiatry Psychosis	정신병학 정신병
Pyel—	Pelvis 신우	Pyelitis Pyelography	신우염 신우조영술
Pyloro=	Pylorus 유문	Pyloromyotomy	유문근절개술
Pyo—	Pus	Pyogenic	화농의
Radi/o	X—rays 방사선	Radiology radiotherapy	방사선학 방사선요법
Ren/o	Kidney 신장 Reno(라틴어원)와 nephro(그리스어원)는 모두 신장을 뜻한다.	Renal	신장의
Rhin/o	Nose 코	Rhinitis	비염
Sarc/o	Flesh 육, 살	Sarcoma *근육, 골, 지방과 같은 육성 결합조직 의 세포에서 자라는 악성종양	육종
Sect/o	To cut 자름	Resection	절제
Spondyl—	Vertebra 척추	Spondylitis Spondylolisthesis	척추염 척추골전전위
Thromb/o	Clot, clotting 응고	Thrombocyte	혈전구
Tubercul—	Tubercle	Tuberculosis	결핵
Ur/o	Urinary tract 뇨관 Urine뇨	Urology	비뇨기과학

4. 접미사 예시

−ac	Pertaining to −의	Cardiac	심장의
−al	Pertaining to −의	Neural	신경의
−algia	Pain 통증	Arthralgia neuralgia	관절통 신경통
−cele	Hernia, tumor, protrusion Gastro−: stomach Hydro: water Myelo: spinal cord	Cystocele Gastrocele Hydrocele myelocele	방광낭류 위허니아 음낭수종 척수류
−centesis	Puncture(천자) Para: beside	Paracentesis Thoracentesis	천자술 흉강천자술
−cyte	Cell 세포	Leukocyte erythrocyte	백혈구 적혈구
−desis	Binding, fixation	Arthrodesis Spondylosyndesis tenodesis	관절고정술 척추고정술 건고정술
−ectasis	Expansion, dilitation	Angiectasis Atelectasis bronchiectasis	혈관확장증 무기폐 기관지확장증
−ectomy	Excision, removal 절제	Nephrectomy Myomectomy oophorectomy	신절제술 근종절제술 난소절제술
−emia	Blood condition 혈액상태 Hyper: excessive Glyc: sugar An: not,without	Leukemia Hyperglycemia Hyperglycosemia anemia	백혈병 고혈당 빈혈
−genic	Origin Producing or produced by 생성의	Carcinogenic Pathogenic Bronchogenic	발암성의 병원성의 기관지원성
−gram	Record 기록	Electroencepha-logram	뇌전도
−iasis	Condition, formation, presence of Chole: bile Lith: stone,calculus Nephr: kidney	Lithiasis Cholelithiasis nephrolithiasis	결석증 담석증 신석증

-ic, -ical	Pertaining to -의	Gastric Neurological	위의 신경학의
-ion	Process 과정	Excision	절제
-ist	Specialist 전문가	Gynecologist	부인과전문의
-it is	Inflammation 염증	Cystitis	방광염
-lithotomy	Incision for removal of stones	Cholelithotomy Sialolithotomy	담석절개술 타석절개술
-logy	Study of 학문	Endocrinology	내분비학
-lysis	Dissolution, breaking down, freeing	Hemolysis bandlysis	용혈 유착박리
-malacia	Softening Encephal: brain	Encephalomalacia osteomalacia	뇌연화증 골연화증
-megaly	Enlargement Acro: extreme Mega: large Hepat: liver Spleen: spleen	Acromegaly Hepatomegaly splenomegaly	말단비대증 간종대 비종대
-oid	Like, resembling	Fibroid Sigmoid lymphoid	유섬유의 S자 상의 림프양의
-oma	Tumor 종양, mass 응어리 Swelling 종창, 팽윤, 부기	Hepatoma	간암
-opsy	Process of viewing 보는 과정	Biopsy	생검
-osis	Condition 상태 (보통 비정상적 상태를 뜻한다) disease, increase	Nephrosis Leukocytosis Arteriosclerosis Dermatosis sclerosis	신증 백혈구증가증 동맥경화증 피부병증 경화증
-pathy	Disease condition 질병상태	Myopathy Adenopathy	근병증 선병증
-pexy	Suspension, fixation	Orchiopexy	고환고정술
-penia	Deficiency, decrease	Leukopenia	백혈구감소증
-plasty	Surgical correction, plastic repair	Arthroplasty	관절형성술

-ptosis	Falling	Blepharoptosis Gastroptosis nephroptosis	안검하수 위하수 신하수
-rhaphy	Suture	Perineorrhaphy staphylorrhaphy	회음봉합술 연구개봉합술
-rhexis	Rupture	Angiorrhexis Cardiorrhexis	혈관파열 심장파열
-scope	Instrument to visually examination 보며 조사하는 기구	Gastroscope	위경
-scopy	Process of visually examing 보며 조사하는 과정	Gastroscopy bronchoscopy	위경검사 기관지경검사
-spasm	Involuntary contractions	Gastrospasm enterospasm	위경련 장경련
-stomy	Creation of an opening	Colostomy cystostomy	결장조루술 방광조루술
-tomy	Process of cutting, incision 절개과정	Hysterotomy thoracotomy	자궁절개술 개흉술
-tripsy	Crushing, friction Extra: outside Corp: body	Lithotripsy Extracorporeal Shock Wave Lithotripsy(ESWL)	쇄석술 체외충격파 쇄석술
-y	Process, condition 상태	Gastroenterology	위장학

5. 접두사 예시

a−, an−	No, not, without 부정의 뜻 −esthesia: sensation −tresia: opening, perforation	Anemia Anesthesia Atresia	빈혈 마취 폐쇄증
Ab−	From, away from −ductor: leadaway	Abductor muscle Abnormal	외전근 비정상
Ad−	Adherence, near, toward Ren: kidney Hesion: to stick	Adductor muscle Adrenalgland adhesion	내전근 부신 유착
Ante−	Before Natal: birth	Antenatal	산전의
Anti−	Against	Antibiotic Anticonvulsant	항생제 항경련약
Auto−	Self 자기	Autopsy	부검
Bi−	Two, both Lateral: side	Bilateral	양측의
Co−, con−	Together, with Genit: born	Congenital defect	선천성 결함
Contra−	Against, opposite Concipere: to conceive 임신 Indicare: to point out Lateral: side	Contraception Contraindication Contralateral	피임 금기 대측성의
Dia−	Through, complete 통하여	Diagnosis	진단
Dys−	Bad, painful, difficult Enter: intestine	Dysentery Dyspepsia Dysphagia Dysphasia Dyspnea Dysuria	이질 소화불량 연하곤란 부전실어증 호흡곤란 배뇨곤란
Ec−	Out Trop: turn	Ectropion of eyelid	안검외반
Ecto−	Outside Topis: place	Ectopic pregnancy	자궁 외 임신

Em−, en−	In	Empyema Entropion of eyelid	농흉 안검 내반
Endo−	Within −내의	Endocrinologist Endoscopy	내분비학자 내시경검사
Epi−	Above, upon −위의	Epigastric Epidermis	상복부의 표피
Ex−	Out−−, away from, over	Excision Exophthalmicgoiter	절제 안구돌출성 갑상 선종
Exo−	Out	Exocrine glands	외분비선
Hemi−	Half	Hemiplegia	반신불수
Hyper−	Excessive, above 정상 이상의 Glyco−는 sugar(당)	Hyperglycemia Hyperemesis gravidarum hypertension	고혈당증 임신오조 고혈압
Hypo−	Deficient, below 정상 이하의	Hypogastric hypotension	하복부의 저혈압
In−	Into, in	Incision	절개
Para−, par−	Beside, around near, abnormal Centesis: puncture Para: beside Ot: ear	Paracentesis Paranoia Parathyroid parotitis	천자 편집증 부갑상선 이하선염
Peri−	Surronding −주위의 −um은 구조를 의미	Pericardium	심낭막
pre−	Before, in front of Eclampsia: majortoxemiain pregnancy(임신중독증)	Premature Preeclampsia	미성숙 저간전증
Pro−	Before Gnosis: knowing	Prognosis prolapse	예후 탈출
Re−	Back	Resection	절제
Retro−	Backward, Behind Flexion: abending Version: aturning	Retroflexion Retroperitoneal retroversion	후굴 후복막의 후경

Semi-	Half Coma: lethargy(혼수상태)	Semicoma	반혼수
Sub-	Below, under	Subhepatic Subclavicular Subcostal Subcutaneous Subtotal Subacute	간 하부의 쇄골하의 늑골하의 피하의 아전의 아급성
Super-, supra-	Above, beyond	Suprarenal	신장위의
Sym-, syn-	Together Physis: growing Pubis: pubicbone Dactyl: finger,toe Syndrome: runningtogether	Symphysis of pubis Syndactyly syndrome	치골결합 합지증 증후군
Trans-	Across, over Fusion: pouring Ferre: to carry	Transfusion Transfer	수혈 이전, 전이
Ultra-	Beyond Sone: sound Graph: write	Ultrasonography	초음파검사법

6. 임상과목

internal medicine	내과	MED
gastrointestinal medicine	소화기내과	GIMD
cardiology	순환기내과	CAMD
pulmonary medicine	호흡기내과	PIMD
endocrinology	내분비내과	EDMD
nephrology	신장내과	NEMD
hematology	혈액내과	HEMD
oncology	종양내과	ONMD
	종양혈액내과	HOMD
allergic medicine	앨러지내과	ALMD
pediatrics	소아청소년과	PED
neurology	신경과	NEUR
psychiatry	정신과	PSY
dermatology	피부과	DERM
general surgery	일반외과	GS
cardiosurgery	흉부외과	CS
orthopedic surgery	정형외과	OS
neurosurgery	신경외과	NS
plastic surgery	성형외과	PS
obstetrics	산과	OB
gynecology	부인과	GYN
	산부인과	OBGY
ophthalmology	안과	OPTH
otorhinolaryngology	이비인후과	ENT
urology	비뇨기과	URO
rehabilitational medicine	재활의학과	RM
therapeutic radiology	방사선종양학과	TR

diagnostic radiology	영상의학과	DR
industrial medicine	산업의학과	INDM
dentistry	치과	DENT
emergency medicine	응급의학과	ERMD
clinical pathology	임상병리과	CPAT
anatomic pathology	병리과	APAT

7. 약어 목록

A

A	anterior	~의 앞쪽(에)
a	before (Latin: ante)	~하기 전, 이전
A & O	Alert and Oriented	(정신상태가) 명료하고 지남력이 있는
a.c.	before meals (Latin: ante cibum)	식전
AA	aplastic anemia	재생불량성 빈혈
ab	abortion	낙태
Ab	antibody	항체
abd.	abdomen	복부
ABP	arterial blood pressure	동맥혈압
ABR	absolute bed rest	완전 침상 안정 (상태)
ACU	acute care unit	급성기 집중치료실
ADE	acute disseminated encephalitis	급성 파종성 뇌염
ADL	activities of daily living	일상생활동작
adm.	admission ⟷ discharge	입원 ⟷ 퇴원
AE	above elbow	완골부위 이하
AFT	acute follicular tonsillitis	급성 여포성 편도염
AGE	acute gastroenteritis	급성 장염
AGC	advanced gastric cancer	진행된 위암

cf. EGC	early gastric carcinoma	초기 위암
AK	above knee (amputation)	슬관절이상 부위 (절단술)
ALD	alcoholic liver disease	알코올성 간 질환
ALL	acute lymphocytic leukemia	급성 임파구성 백혈병
AM	before noon	오전
AMI	acute myocardial infarction	급성 심근 경색
AML	acute myelogenous leukemia	급성 골수성 백혈병
amp.	amputation	절단(술)
anes.	anesthesia	마취
angio.	angiogram	혈관촬영술
ANS	autonomic nervous system	자율신경계
ant.	anterior	~의 앞쪽에, ~의 전면부
AODM	adult onset diabetes mellitus	성인성 당뇨병
A−P	anterior–posterior	앞에서 뒤로
	(방사선촬영시 방사선 조사 방향)	
AP	anteroposterior	
appl.	applied, application	(의료장비나 보장구를) 장착, 장착한 상태
ARF	acute renal failure	급성 신부전증
AS	aortic stenosis =aortic valve stenosis	대동맥판협착(증)
ASAP	as soon as possible	가능한 최대한 빨리
ASD	atrial septal defect	심방중격결손
AV	aortic valve	대동맥판
A−V	arteriovenous	동맥−정맥
AVF	arterio–venous fistula	동정맥루
AVR	aortic valve replacement	대동맥판 교체술

B

b.i.d.	twice a day (Latin: bis in die)	일일 2회

cf. tid qid

B/I	bladder irrigation	방광관주
Ba	barium	바륨
BA	bronchial asthma	기관지 천식
Ba.E	barium enema	바륨 관장
BBT	basal body temperature	기초체온
BCP	birth control pills	피임약
BE	barium enema	바륨 관장
bilat	bilateral	양(좌,우) 측면의
BK	below knee	무릎 관절 아래
BKA	below knee amputation	무릎 관절 아래 절단(술)
BM	basal metabolism,	기초 신진대사(율)
	bone marrow	골수
	bowel movement	장 운동
BMT	bone marrow transplantation	골수이식술
BP	blood pressure	혈압
BRH	benign recurrent hematuria	양성 재발성 혈뇨
BST	blood sugar test	혈당검사
BUN	blood urea nitrogen	혈액요소질소
BW	birth weight	체중
Bx.	biopsy	생검

C

CABG	Coronary artery bypass graft	관상동맥 우회로 이식술
C. Cath	cardiac catherterization	심도관 삽입(술)
C.section	caesarean section	제왕절개

C/S	caesarean section	
C/C	chief complaint	주요 호소 내용
C/O	osteoplastic craniotomy	두개골 성형 개두술
Ca.	cancer	암, 종양
CAD	coronary artery disease	관상동맥 질환
cath.	catheterization	도관, 도관삽입(술)
CBC	complete blood count	전혈구 계산, 전혈구수
cbll	cerebellum	소뇌
Cbr	cerebrum	대뇌
CBR	complete bed rest	완전 침상 안정(상태, 유지)
CCU	coronary care unit	심혈관집중치료실, 심장혈관관계집중치료실
CD	cadaver donor	사체기증
CFT	chronic follicular tosillitis	만성여포성 편도염
CHF	congestive heart failure	울혈성 심장질환
chr.	chronic	만성
CHVD	chronic hypertensive vascular disease	만성고혈압성 혈관질환
CI	cerebral infarction	뇌경색
CLD	chronic liver disease	만성 간 질환
CLL	chronic lymphocytic leukemia	만성 임파구성 백혈병
CML	chronic myelogenous leukemia	만성 골수성 백혈병
CNS	central nervous system	중추신경계
CO	craniotomy	개두술
COD	cause of death	사망원인
COM	chronic otitis media	만성중이염
COPD	chronic obstructive pulmonary disease	만성폐쇄성 폐질환
CP	cerebral palsy	뇌성마비
CPA	cardiopulmonary arrest	심폐(기능) 정지
CPR	cardiopulmonary resuscitation	심폐소생술

CR	craniectomy	두개골 절제술
CRD	chronic renal disease	만성 신부전증
CRF	chronic renal failure	만성 신부전증
CS(=CSF)	cerebrospinal(fluid)	뇌척수액
CT	computer-assisted tomography	컴퓨터 단층 촬영
CVA	cerevrovascular accident	뇌혈관 사고(중풍, 뇌졸중)
CVD	cardiovascular disease	심혈관 질환
cx.	complication	합병증
CXR	chest x-ray	흉부 X 선 촬영

D

d	duration	기간
D & C	dilation and curettage	확장 후 소파술
D/C	discontinue	(처방의) 중단
D/L	dislocation	탈골
DAA (DAMA)	discharge against (medical) advice	의료적 충고를 반하는 임의퇴원
DDx.	differential diagnosis	감별진단
Dent.	dentistry	치과
DERM	dermatology	피부과
DF	dead fetus	사산아
DI	drug intoxication	약물중독
DM	diabetes mellitus	당뇨
DNR	Do not resuscitation	심폐소생술 포기(거부)
DOA	dead on arrival	도착 즉시 사망
DOD	date of death	사망일
DPT	diphtheria, pertussis, tetanus	디프테리아, 백일해, 파상풍
DR	delivery room	분만실
DTP	diphtheria, tetanus pertussis	

E

ECG	electrocardiogram	심전도
ECHO	echocardiogram	심초음파
ECMO	extra-corporeal membrane oxygenation	체외막 산소화장치
ECS	electrocerebral silence (brain death)	뇌사상태
EDH	epidural hemorrhage	경막외 출혈 (뇌출혈)
EENT	eyes, ears, nose, and throat	눈, 귀, 코, 인후
EGD	Esophagogastroduodenoscopy	식도위십이지장 내시경
EGG	electrogastrography	위근전도
EH	essential hypertension	본태성 고혈압
EKG	electrocardiogram	심전도
EMG	electromyogram	근전도
ENMD	endocrinology medicine	내분비학(내분비대사내과)
ENT	ears, nose, and throat	이비인후과
EPC	epilepsy	간질
ER	emergency room	응급실
esoph.	esphagus	식도
ESRD	End stage renal disease	말기 신질환
EST	electroshock therapy	전기치료
ESWL	extracorporeal shock wave lithotripsy	체외 충격파 쇄석술
EVD	External ventricular drainage	체외 뇌실배액
ex.	examined	검사한
exam.	examination	검사

F

F	female	여성
F.C.C.D.	fracture compound, communited, depressed	복합 분쇄 함몰 골절
F.cath.	foley catheter	요관(요관 삽입)

F.Hx.	family history	가족력
f/u	follow up	추후 관찰
F−Angio	fluorescent angiogram	형광물질 투여 후 혈관촬영술
FBS	fasting blood sugar	식전 혈당
FD	fatal dose	(약물의) 치사량
Fe def.	iron deficiency	철 결핍성 (빈혈)
FFP	fresh frozen plasma	신선 동결 혈장
FH	family history	가족력
F Hx.	family history	
fl.(=fld)	fluid	수액
FUO	fever of unknown origin	원인미상의 발열
Fx.	fracture	골절

G

G.I.	series gastrointestinal series	(방사선촬영)위−장 촬영
G.P.L.D.A.	(gravida, para, living, dead, abortion)	임신, 출산, 생산, 사산, 낙태
G/T	group therapy	집단치료
GA	general anesthesia	전신마취
GB	gall bladder	담낭
GB(S)	Guillain−Barre (syndrome)	길레인바레 신드롬
GCS	glasgow coma scale	글래스고우 혼수 상태 척도
GEA	geneal anesthesia	전신마취
GI	gastrointestinal	위−장 (소화기계)
GIMD	gastrointestinal medicine	소화기내과(학)
GIT	gastrointestinal tract	소화기관
GS	general surgery	일반외과
GTI	genital tract infection	생식기계 감염
GU	gastric ulcer	위궤양

GUS	genitourinary system	비뇨생식기계
GVHD	graft versus host disease	이식편 대 숙주 질환

H

H & N	head and neck	두경부
HAV	hepatitis A virus	A 형 바이러스 간염
HBP	high blood pressure	고혈압
HBV	hepatitis B virus	B형 간염
HCC	hepato cellular carcinoma	간세포함
HD	hemodialysis	혈액 투석
HOD	Hospitalization Date	입원일 이후 기간
cf. POD (Post Operative Date)		수술일 이후 기간
HEENT	head, eyes, ears, nose, throat	머리, 눈, 귀, 코, 인후
Hematol.	hematology	혈액(학) 혈액내과
Hgb.	hemoglobin	헤모글로빈
HiBP	high blood pressure	고혈압
HLA	human lymphocyte antigen	사람백혈구항원
HLD	herniated lumbar disc	추간판 이탈
HR	heart rate	심장박동수
ht.	height	신장
HTN	hypertension	고혈압
Hx.	history	과거력, 병력

I

I & D	incision and drainage	절개 후 배액
I & O	intake and output	섭취량 배설량
ICH	intracerebral hemorrhage	뇌내출혈
ICU	intensive care unit	집중치료실

ID	identification	신원확인, 신원 판별
IDA	iron deficiency anemia	철 결핍성 빈혈
IDD	insulin-dependent diabetes	인슐린 의존형 당뇨
IDDM	insulin-dependent diabetes mellitus	
IM	intramuscular(injection site)	근육내 주사
immun.	immunology	면역(면역학)
imp.	impression	소견
ing	inguinal	서혜부
inj.	inject (injection)	주사
IU	intrauterine	자궁 내
IUD	intrauterine death, intrauterine device	(태아의) 자궁 내 사망, 자궁내 피임장치
IUFD	intrauterine fetal death	태아의 자궁 내 사산
IUP	intrauterine pregnancy	자궁 내 임신
IV	intravascular, intravenous	혈관주사, 정맥주사
IVP	Intra Venous uretero-pyelo graphy	경정맥 신우조영술
IVH	intraventricular hemorrhage	뇌실(내) 출혈

J

| jaund. | jaundice | 황달 |
| JBE | japanese bacterial encephalitis | 일본 뇌염 |

K

| KUB | kidney, ureter, bladder | 신장, 뇨관, 방광(방사선촬영시) |

L

L	lumbar	요추 부위
L & D	labor and delievery	출산 및 분만
L(=Lt)	left	좌측

L1,L2,…	lumbar vertebrae 1, 2, …	요추 1번, 요추 2번…
lac.	laceration	열상
lat.	lateral	측면
LBP	low back pain	요통
LBW	low birth weight	저체중 출산아
LC	liver cirrhosis	간경화
LD50	median lethal dose	반수치사량
LE	lower extremity	하지
leuko.	leukocytes	백혈구
LFT	liver function test	간 기능 검사
LIH	left inguinal hernia	좌측 서혜부 탈장
LLE	left lower extremity	좌측 하지
LLQ	left lower quadrant	좌하 복부
LMP	last menstrual period	최종 월경일
LNMP	last normal menstrual period	
LOC	loss of consciousness	의식불명
LOM	limitation of motion	신체동작의 제한
LOWBI	low birth weight infant	저체중 출생아
LS	lumbosacral	요천추부
LU	left upper	좌상
LUE	left upper extremity	좌상지
LUQ	lower upper quadrant	좌상 복부
LV	left ventricular	좌심실
LVE	left ventricular enlargement	좌심실 비대증
LVF	left ventricular failure	좌심실 부전증

M

| M/S | mental status | 의식상태, 정신상태 |

malig.	malignant	악성의
mand.	mandible	악골
MDD	major depression disorder	주요 우울증
MG	myasthenia gravis	중증 근무력증
MI	myocardial infarction	심근경색
MM	multiple myeloma	다발성 골수종
MMT	manual muscle test	도수근력검사
MR	mental retardation	정신지체
MR	mitral valve regurgitation	승모판 역류
MRI	magnetic resonance imaging	자기공명 영상
MS	mitral stenosis, mitral valve stenosis	승모판 협착
MVR	mitral valve replacement	승모판 치환술

N

N & V	nausea and vomiting	오심과 구토
N / V	nausea and vomiting	
NCU	neurosurgical care unit	신경계 집중치료실
NE(=N/E)	neurologic examination	신경학적 검사
Neuro.	neurology	신경학
NG	nasogasric tube	비-위장 튜브
NPO	non per os (nothing by mouth)	금식
NS	neurosurgery	신경외과
NT	nasotracheal (tube)	비-기관 튜브
NVD	nausea, vomiting, diarrhea	오심, 구토, 설사

O

O & A	observation and assessment	관찰 및 사정
OB-Gyn.	obstetrics-gynecology	산과 부인과

OHS	open heart surgery	개심술
OM	otitis media	중이염
OMI	old myocardial infarction	기왕이 있는 심근경색
op.	operation	수술
OPD	outpatient department	외래
Ophth.	opthalmology	안과
OR	operating room	수술실
OS	orthopedic surgery	정형외과
OT	Occupational Therapy	작업치료

P

P	after	～ 후에
PACS	picture archiving communication system	의료영상저장전송 시스템
p.c.	after food	식후
PCI	percutaneous transluminal coronary intervention	경피적 관상동맥 중재술
PET−CT	positron emission tomography	양전자 방출 단층촬영
P.Hx.	past history	과거력
p.o.	by mouth	경구
p.r.n.	whenever necessary	필요시마다
P/E	Physical Exam.	이학적 검사
PA	posterior–anterior	뒤에서 앞으로
palp.	palpable	촉진할 수 있는
Pap.	papanicolaou smear	자궁경부암 세포 도말 검사
para.	paraplegia	하지마비
Path.	pathology	병리
PD	peritoneal dialysis	복막 투석
PE	physical examination	이학적(신체) 검사
Ped	pediatrics	소아과

PH	past history	과거력
PI	present illness	현재 나타난 질병(상태)
PIMD	pulmonary medicine	호흡기내과
pneumo.	pneumothorax	기흉
pnx.	pneumothorax	
PO	postoperative	수술 후(상태)
POD	postoperative day	수술 후 경과일(수)
PODx.	preoperative diagnosis	수술 전 진단
polio	poliomtelitis	소아마비
POMR	problem-oriented medical record	문제지향식 기록방법
post.	positive	양성
PRN	according to need	필요시
PRBC	packed red blood cells	적혈구 농축액
PS	plastic surgery	성형외과
Psy.	psychiatry	정신건강의학과
PT	physical therapy	물리치료
PTA	percutaneous transluminal angiography	경피적 혈관 성형술
pulm.	pulmonary	호흡기

Q

q.h.	every hour	매시간
q.i.d.	four times a day (Latin: quater in die)	일일 4회
q.n.	every night	매일밤

R

R/O	rule out	~ 의증(가진단), ~을 진단에서 배제시키다.
RBC	red blood cell	적혈구
RCC	renal cell carcinoma	신세포 암종

rehab.	rehabilitation	재활
RHD	rheumatic heart disease	류머티스성 심장질한
RIH	right inguinal hernia	우측 서혜부 탈장
RM	rehabilitational medicine	재활의학(과)
ROM	range-of-motion	관절 가동 범위
ROS	review of system	계통별 전 신체 검사
RR	recovery room	회복실
Rt(=rt)	right	우측
rt.lat.	right lateral	우측면
RUE	right upper extremity	우상지
RUQ	right upper quadrant	우상 복부
Rx.	drugs, medication	약 처방, 복용, 투약

S

S & S	signs and symptoms	신호와 증상
S/P	status post (no change as before)	~한 이후의 상태
S1,S2...	first sacral vertebrae, ...	천추 1번, 천추 2번
SAH	subarachnoid hemorrhage	지주막하 출혈
SAS	sleep apnea syndrome	수면 중 무호흡 증후(군)
SCI	spinal cord injury	척수손상
SDH	subdural hemorrhage	경막하 출혈
SIDS	sudden infant death syndrome	소아 돌연사
SLE	systemic lupus erythematosus	전신성 홍반성 낭창
SOAP	subjective, objective, assessment, plan	주관적, 객관적, 사정, 계획
SOB	short of breath	호흡곤란
STD	sexually transmitted diseases	성병
Sx.	symptoms	증상
synd.	syndorme	증후(군)

| Sz. | seizure | 발작 |

T

TACE	Transarterial chemoembolization	간동맥 화학색전술
T & A	tonsillectomy and adenoidectomy	편도절제술 및 인두편도 절제술
t.i.d.	three times a day	일일 3회
T1, T2,···	first thoracic vertebra,···	흉추1번
TA	traffic accident	교통사고
TAH	total abdominal hysterectomy	전체 자궁 적출술
TB=Tbc.	tuberculosis	결핵
TBI	traumatic brain injury	외상성 뇌손상
TBW	total body weight	체중
TCD	Transcranial doppler	도플러 뇌혈류 검사
TIA	transient ischemic attack	일시적 허혈성 심장마비
TOF	tetralogy of Fallot	팔로씨 4징후
TPR	tempurature, pulse, respirations	체온, 맥박, 호흡
TR	therapeutic radiology	치료방사선과(학)
TTS	tilt table standing	틸트테이블
Tx.	therapy, treatment	치료

U

UA	urinary analysis	소변검사, 요검사
UGI	upper gastrointestinal (series)	상부 위장관 촬영
UK	urokinase	혈전용해제
URI	upper respiratory infection	상기도 염증
US	ultrasonic, ultrasonography	초음파, 초음파 검사
UTI	urinary tract infection	비뇨기계 감염
UV	ultraviolet, urine volume	자외선, 소변 배출량

V

V/S	vital sign	활력징후
vac.	vaccum	진공흡입
vacc.	vaccinate(vaccination)	흡입술
VD	vaginal delievery, venereal disease	질식분만
VH	vaginal hysterectomy	질식 자궁적출
VHD	valvular heart disease	심장판막 질환
VRE	Vancomycin resistant enterococcus	반코마이신 내성 장구균
vs	versus	대(對)
VSD	ventricular septal defect	심실중격 결손

W

WBC	white blood cell, white blood count	백혈구수, 백혈구수 계산
wds.	wounds	상처
WNL	within normal limits	정상범주내
wt.	weight	체중

참고문헌

강홍구(1995). 의료환경의 변화와 의료사회사업의 과제. 사회복지, 봄호, 127-143.

강홍구(2004). 의료사회복지실천론. 경기: 정민사.

강홍구(2007). 의료사회복지실천론(2판). 경기: 정민사.

강홍구(2014). 의료사회복지실천론(3판). 경기: 정민사.

건강보험심사평가원, 대한당뇨병학회(2007). 당뇨병기초통계연구보고서.

구미정, 김진희, 김수민, 박훈희, 서소라, 유빈, 유지연, 이지선, 정보람, 홍희경(2018). 재활의 정석: 재활의료사를 위한 임상 업무 매뉴얼. 서울: 대한의료사회복지사협회 재활의료사회복지사연구회.

국가치매지식정보포털(2012). 치매에 대한 이해.

국립암센터(2004). 암정보. 경기: 국립암센터.

국립암센터(2019). 완화의료 팀원을 위한 호스피스완화의료 개론. 경기: 국립암센터.

국립암센터(2020). 호스피스완화의료에 대한 이해.

국립재활원(2008). 중증장애인 자립생활지원 가이드.

국민건강보험(2019). 요양병원 퇴원환자 지역사회 연계 업무 안내서.

국민건강보험(2020). 요양병원 퇴원환자지원 제도 안내서.

권영우(2008). 당뇨병교육자의 활동. 제21차 대한당뇨병학회 춘계학술대회 자료집, 145-149.

권자영(2003). 당뇨교육집단프로그램. 의료와 사회복지, 2, 180-198.

권중돈(2010). 노인복지론(4판). 서울: 학지사.

권중돈(2012). 노인복지론(5판). 서울: 학지사.

권진숙, 윤명숙(1999). 21세기 사회복지와 사회복지사단체의 역할: 한국정신보건사회사업학회를 중심으로. 한국사회복지학회 학술대회 자료집. 4, 71-87.

길명숙, 이용미(2019). 안면화상환자의 대인관계 경험: 현상학적 연구. *Journal of Korean Academy of Nursing, 49*(3); 263-273.

김경숙(2011). 의료기관인증제 추진경과, 성과 및 당면 과제. 한국약료경영학회지, 3(1), 31-33.

김규수(1999). 의료사회사업 실천론. 서울: 형설출판사.

김금순, 최명애, 하양숙, 이명선, 김복자, 김성렬, 김경희, 권소희, 황영란(2007). 파킨슨병 환자 가족의 우울과 삶의 질. 재활간호학회지, 10(2), 90-98.

김나경(2009). 후천성면역결핍증(AIDS)의 문제구조와 법 정책. 저스티스, 109, 316-341.

김덕준(1976). 의료사회사업연구. 사회복지연구, 10, 1-20.

김동민, 서소라, 김경아(2002). 척수손상. 서울: 나눔의 집.

김서원, 최경애(2002). 신장질환. 서울: 나눔의 집.

김성재(2006). 건강신념모델에 의한 간암검진 미수검자들의 건강의식: 부산지역 국민건강보험 지역 가입자들을 대상으로. 고신대학교 보건대학원 석사학위논문.

김소영, 이진석, 박수경, 김용익(2008). 일반인의 에이즈에 대한 지식 및 태도. 보건교육 · 건강증진학회지, 25(4), 13-28.

김승연, 권혜영(2018). 해외사례와의 비교를 통한 한국형 커뮤니티 케어 개념 정립 필요성 및 추진 방향. 2018년 『보건사회연구』 콜로키움 커뮤니티 케어와 보건복지서비스의 재편.

김승연, 장익현, 김진우, 권혜영(2018). (해외사례와의 비교를 통한) 한국형 커뮤니티 케어 개념정립 및 추진방향. 세종: 보건복지부.

김연수, 김경희, 박지영, 최명민(2017). 의료사회복지의 이해와 실제. 서울: 나눔의 집.

김완희(1996). 척수손상 환자의 성 경험에 관한 사례 연구. 임상간호연구, 2, 219-250.

김은경, 김유미, 박성희, 최윤경, 황정해(2014). 전문가 직접 쓴 최신 의료 질 관리론. 서울: 군자출판사.

김정주(2012). 의료전문직의 의료사회복지사에 대한 역할인식과 기대, 수행정도에 영향을 미치는 요인에 관한 연구: 의료기관 유형 및 의료전문직 직종을 중심으로. 서강대학교 공공정책대학원 석사학위논문.

김종해 외(2013) 사회복지사 인권실태 조사 국가인권위원회

김준명(1992). 후천성면역결핍증. 대한산부인과학회지, 35(11), 1572-1576.

김진희(2003) 만성신부전증 환자에 대한 지원방안 연구: 한국, 미국, 일본의 사례비교를 중심으로. 단국대학교 대학원 석사학위논문.

김태연(2005). 의료사회복지사의 사회적 지지가 뇌졸중 노인가족의 부양부담 완화에 미치는 영향에 관한 연구. 임상사회사업연구, 2(3), 135-162.

대한뇌졸중학회(2018). Stroke Fact Sheet in Korea 2018.

대한당뇨병학회(2012). 한국인당뇨병보고서.

대한당뇨병학회(2018). Diabetes Fact Sheet in Korea 2018.

대한병원협회(2017). 수련병원실태조사 및 병원신임평가 요강, 수련환경평가본부.

대한신장학회(2018). 숫자로 보는 우리나라 말기신부전.

대한에이즈예방협회(2012). 국내외 감염현황.

대한의료감정학회(2010). 장애평가와 의무기록감정.

대한의료사회복지사협회(1999). 의료사회사업의 전문성 확립을 위한 제도적 방안 모색. 제18차 대한의료사회사업가협회 워크숍 자료집.

문재우(2004). 보건 · 의료 · 복지의 통합에 관한 일고찰. 보건과 사회과학, 15, 5-33.

문창진(1990). 보건의료 사회학. 서울: 신광출판사.

박병준(2009). 특발성 파킨슨병 · 파킨슨증후군 환자 7사례의 치료경과사례 고찰. 동의신경정신과학회지, 20(3), 283-295.

박소영, 오원희, 장효진(2003) 화상환자에 대한 의료사회복지사의 심리사회적 개입의 필요성, 대한화상학회지, 6(1), 9-17.

박소영, 최경애, 장효진, 오석준, 장영철, 이종욱(2003). 퇴원 후 화상 환자의 건강상태에 미치는 영향요인, 대한화상학회지, 6(2), 86-98.

박은숙(1999). 사례 8: 노인집단지도−치매노인; 치매노인 재가관리 프로그램 사례연구. 사회복지관 사례연구, 14, 149-176.

박은정(2003). 제1차 의료기관의 의료서비스 만족도에 관한 연구. 단국대학교 대학원 석사학위논문.

박재산(2004). 국립대학병원 입원환자가 느끼는 의료서비스 질, 만족도, 고객충성도 간의 관련성 분석. 병원경영학회지, 9(4), 45-69.

배진형(2020). 사회복지사의 자아 인식과 기능적 활용에 대한 탐색 연구, 사회복지 실천과 연구, 17(2), 41-90.

변재관, 강혜규(1999). 지역복지 전달체계의 현황 및 개선방안: 시범보건복지사무소 평가 및 읍·면·동 기능전환을 중심으로. 한국사회복지행정학, 1, 39-68.

보건복지부(2000). 희귀난치성질환자 및 가족모임 관계자 회의자료.

보건복지부(2012). 제2차 국가치매관리 종합계획.

보건복지부(2018). 어르신이 살던 곳에서 건강한 노후를 보낸다. 「지역사회 통합 돌봄 기본계획(1단계: 노인 커뮤니티케어)」발표. 복지정책과 보도자료. https://www.mohw.go.kr/react/al/sal0301vw.jsp?PAR_MENU_ID=04&MENU_ID=0403&CONT_SEQ=346683.

보건복지부(2018). 지역사회 통합 돌봄 기본계획. 보건복지부 보도자료. http://www.mohw.go.kr/react/al/sal0301vw.jsp?PAR_MENU_ID=04&MENU_ID=0403&CONT_SEQ=346683&page=1.

보건복지부(2019). 지역사회 통합 돌봄 모델, 지역이 만들어간다. 「지역사회 통합 돌봄(커뮤니티케어) 선도사업 추진계획」발표. 복지정책과 보도자료. https://www.mohw.go.kr/react/al/sal0301vw.jsp?PAR_MENU_ID=04&MENU_ID=0403&page=1&CONT_SEQ=347345.

보건복지부, 중앙치매센터(2018) 대한민국 치매현황 2018.

서경필(1992). 흉부외과학. 서울: 고려의학.

서문자, 강현숙, 임난영, 김금순, 노국희(2000). 통합적 재활간호. 서울: 신광출판사.

서민희, 최스미(2010). 뇌졸중 환자 삶의 질 구조모형, 대학간호학회지, 40(4), 533-541.

서울의대 재활의학교실(1994). 재활의학. 서울: 삼화출판사.

성기원(2004). 의료사회복지사의 역할에 대한 의료전문직의 인식에 관한 연구. 이화여자대학교 사회복지대학원 석사학위논문.

성헌주(2005). 지역사회에 기반한 당뇨병관리 프로그램 사례 소개. 제4회 당뇨병교육사회복지사연구회 워크숍 자료집.

송인자(1996). QA 현황과 실제: 세브란스병원 간호부. 간호학탐구, 5(2), 48-59.

송자경(1997). 의료사회사업활동보고서 제1집. 연세대학교 원주의과대학 원주기독병원 사회사업과.

송효석(2005). 한국 의료사회복지활동의 최신 동향. 24차 대한의료사회복지사협회 워크숍 자료집, 45-76.

신영전(2009). 의료안전망의 재구성과 정책. 보건복지포럼, 155, 17-28.

안덕선, 오영인(2019). 통합돌봄(Integrated care) I: 커뮤니티 케어, 그 근원은 어디인 가?, 의료정책연구소 Working paper 2019-1.

안채윤, 오미경(2013). 성인용 자기성찰지능 척도 개발연구, 인간발달연구, 20(1) 51-78.

안효섭, 김순기(2005). 소아암: 환자와 가족을 위한 정보. 서울: 대한교과서주식회사.

연합뉴스(2007. 12. 5.). 요양병원에 치매로 오인된 파킨슨병 환자 많다.

오원희, 윤현숙, 최숙, 김헌두, 박소영, 장효진, 김혜선(2003). 화상 환자의 삶의 질에 관한 연구: 의료사회복지서비스 욕구조사를 통해. 대한화상학회지, 6(2), 99-110.

왕경희(1998). 소아암 환자 부모의 스트레스와 대응에 관한 연구. 동아대학교 교육대학원 석사학위논문.

유광수(2001). 노인성 치매 환자를 간호하는 가족의 부담감에 대한 연구. 한국보건간호학회지, 15(1), 125-147.

유미영(1986). 응급실 환자의 불안에 관한 연구. 이화여자대학교 석사학위논문.

유양숙(2001). 척수손상인 부부의 문제와 부부관계증진 프로그램의 적용에 관한 연구. 숭실대학교 대학원 박사학위논문.

유수현(1999). 의료사회사업. 신학과 선교, 24, 123-185.

윤건일(1991). 혈액투석환자에서의 생존율 및 사망에 관한 연구. Ewha Medical Journal, 14(3), 211-216.

윤성철, 조인호, 이상일, 김용익, 신영수(1998). 우리나라 만성신부전환자 중 혈액투석이용 환자 수 예측에 관한 연구. 대한신장학회지, 7(2), 359-364.

윤현숙(1998). 통합의료보험수가에 대한 실무방안. 18차 대한의료사회사업가협회 워크숍 자료집, 1-47.

윤현숙, 김기환, 김성천, 이영분, 이은주, 최현미, 홍금자(2001). 사회복지실천기술론. 서울: 동인.

윤현숙, 김연옥, 황숙연 (2011). 의료사회복지실천론. 서울: 나남.

의료기관평가인증원(2019a). https://www.koiha.or.kr/web/kr/assessment/accditation.do. 2021. 1. 26에 인출

의료기관평가인증원(2019b). https://www.koiha.or.kr/web/kr/assessment/

accStandard.do. 2021. 1. 26에 인출

의료기관평가인증원(2019c). 3주기 요양병원 인증기준.

의약뉴스(2019. 1. 30) 요양병원 퇴원환자 82.3% 재입원.

이광재(2002). 의료사회사업원론. 서울: 인간과 복지.

이광재(2003). 호스피스사회사업. 서울: 인간과 복지.

이상진(1998). 장기재원 환자를 위한 퇴원계획 진행. 대한의료사회복지사협회 월례집
　　담회.

이상진(2016). 수련생을 위한 의학용어교육. 대한의료사회복지사협회.

이선미, 김동인(2000). 교통사고 후 신체 손상 환자의 만성 외상후스트레스장애: 발생
　　빈도, 증상변화, 예측인자에 대한 전향적 연구. 신경정신의학, 158, 797-808.

이선혜(1998). 정신보건 서비스비용에 영향을 미치는 요인에 대한 분석: 정신질환과
　　약물장애의 통합치료를 중심으로. 한국사회복지학, 34, 95-119.

이성아(2015). 대학 교육에서의 자기성찰 수업평가도구 개발 및 효과연구. 경희대학
　　교 박사학위 논문.

이순교, 김복남, 김윤숙, 정연이, 허영희, 황지인(2018). 현장 전문가가 쓴 질 향상 및 환자
　　안전 실무가이드. 서울: 현문사.

이영숙(1997). 응급실 사회사업가의 위기개입 적용에 관한 연구. 이화여자대학교 석
　　사학위논문.

이영숙, 김진숙, 손지현, 이인정(2002). '암' 대한의료사회복지사협회 임상시리즈. 서울: 나
　　눔의 집.

이용재(2008). 지역 간 건강보험이용의 형평성 분석. 한국사회정책, 15(1), 5-38.

이인정(2009). 부부관계 맥락에서 유방암의 심리사회적 영향. 사회복지연구, 40(1), 37-61.

이인정(2010). 암환자 배우자의 돌봄부담에 영향을 미치는 요인에 관한 연구. 한국가
　　족복지학, 30, 197-224.

이인정(2012). 암환자 배우자의 돌봄부담이 부부적응에 미치는 영향: 사회적 지지의
　　조절효과를 중심으로. 사회복지연구, 43(3), 125-150.

이재민(2010) 화상환자와 가족을 위한 의료사회복지사의 역할, 대한화상학회지, 13(1),
　　10-13.

이정훈(1999). 만성신부전환자를 위한 사례관리 모형 연구. 가톨릭대학교 사회복지대

학원 석사학위논문.

이정훈(2000). 장기이식과 의료사회사업개입 활성화 방안. 가톨릭대학교 사회복지연구소 제37회 월례세미나 자료집.

이주연(2007). 초기 파킨슨병 환자의 식이형태 및 영양 상태에 관한 연구. 경희대학교 동서의학대학원 석사학위논문.

이중의(2010). 화상의 일차처치, 대한의사협회지, 53(4), 331-340.

이진연(2004). 장기요양보호 노인전문시설에 종사하는 사회복지사들의 Burnout에 관한 연구. 이화여자대학교 사회복지대학원 석사학위논문.

이진희(2016). 지역적 건강불평등과 개인 및 지역수준의 건강결정요인. 보건사회연구, 36(2), 345-384.

이채원(2003). 당뇨병에 대한 사회사업적 개입. 제2차 당뇨병개입사회복지사연구회 워크숍 자료집.

이철수(2013). 사회복지학 사전. 경기: 혜민북스.

이효순, 권지현, 양정빈, 천덕희, 추정인, 한수연(2016). 의료사회복지론. 서울: 학지사.

임승규(2000). 의료사회복지 실습교육의 표준화 방안. 의료사회복지사 수퍼바이저 교육자료집, 109-126.

임승규, 양정빈(2007). 노인요양시설 사회복지사의 직무표준화를 위한 직무분류. 한국지역사회복지학, 23, 191-208.

임정원, 김민영(2017). 의료사회복지사의 직무 실태와 활동 수가 현황. 한국사회복지조사연구, 54, 167-184.

임정원, 유형준, 최경애, 임성희, 정유선, 서승오, 최철수, 김현규, 유재명, 김두만, 최문기, 박성우, 조영중(2001). 당뇨병 환자의 생활사건과 관련된 스트레스의 양과 당뇨병 관리의 연관성. 당뇨병, 25(3), 240-248

임정원, 장수미, 유조안, 김민영(2019). 종합병원 의료사회복지사의 퇴원계획 모델 개발과 수가적용방안, 한국사회복지학, 71(4), 31-65

장기이식관리센터.(2019). "장기기증과 장기이식이란." Retrieved 12.19, 2019, from https://www.konos.go.kr/konosis/common/bizlogic.jsp.

장수미(2007). 노인당뇨병환자의 우울에 영향을 미치는 요인: 병원군과 복지관군의 비교. 사회복지연구, 34, 181-202.

장수미(2012). 재활의료병동에서의 의료사회복지사의 역할과 팀 협력. 한국사회과학연구, 34(1), 129-145.

장수미, 권자영, 최경애, 김준영(2002). 성인당뇨병. 서울: 나눔의 집.

장수미 최정숙, 박형원(2017). 사회복지실천기술론. 서울: 학지사.

장수미, 한인영(2004). 남성 당뇨병환자의 당뇨병자기관리에 영향을 미치는 심리사회적 요인. 대한임상건강증진학회지, 4(4), 223-232.

장수미, 황영옥(2007). Q방법론을 활용한 의료사회복지사의 역할인식에 대한 탐색적 연구. 한국사회복지학, 59(2), 223-249.

장종환(2012). 치매환자를 위한 사회복지 정보. 대한당뇨병학회지, 13(3), 157-161.

전세일(1998). 재활의학개론. 계측문화사.

전수연, 심은정, 황준원, 함봉진(2006). 유방암 환자에서의 디스트레스의 유병률 및 디스트레스가 삶의 질에 미치는 영향. 정신신체의학, 18(2), 72-81.

정경희, 오영희, 강은나, 김경래, 이윤경, 오미애, 황남희, 김세진, 이선희, 이석구, 홍송이(2017). (2017년도) 노인실태조사. 세종: 보건복지부ㆍ보건사회연구원.

정무성(2005). 사회복지프로그램 개발론. 경기: 학현사.

정윤희, 조상식(2012). 2011년 HIV 감염인 발견 신고 현황 분석. 주간 건강과 질병, 5(43), 813-818.

정효선(2002). 국립재활원 성 재활 프로그램 및 상담. 척수장애인을 위한 성 재활 강좌 자료집, 27-56.

정희선, 김지현(2017). 상담자 자기성찰 척도 개발 및 타당화, 상담학연구, 18(1), 87-109.

조경희(2018). 지역사회중심 퇴원관리모형 설계. 지역복귀를 위한 퇴원지원과 돌봄연계 심포지엄 자료집, 7-19.

조선일보(2012. 11. 10.). "당뇨병, 한국뿐만 아니라 아시아에 쓰나미처럼 몰려오고 있다."

조성상, 추정인, 송효석(2002). 이식. 서울: 나눔의 집.

조희숙, 김춘배, 이희원, 정헌재(2004). 건강신념 모형을 적용한 한국인 건강관련행동 연구에 대한 메타분석. 한국심리학회지 건강, 9(1), 69-84.

최경애(2000). 의료사회사업 실무 핸드북: 뇌졸중 프로그램 만들기. 서울: 나눔의 집.

최경애(2003). 성인당뇨병환자 개입사례. 제2차 당뇨병 개입 사회복지사 연구회 워크숍 자료집.

최경애(2012). 화상 환자에 대한 의료사회복지 개입. 수련의료사회복지사 교육 교재, 175-213.

최경애, 장수미, 남홍우(2008). 노인 당뇨병환자의 자기관리 실태 및 방해요인. 대한당뇨학회지, 32(3), 280-289.

최권호(2015). 보건사회복지 개념과 역할 재구성: 병원을 넘어. 비판사회정책, 368-403.

최나홍(2011). 건강신념모델에 기초한 성인의 라이프스타일에 따른 건강신념 수준과 건강행동 실천 비교. 성신대학교 대학원 박사학위논문.

최성혜(2012). 치매의 임상적 진단. 대한당뇨학회지, 13(3), 133-139.

최윤정, 김형방, 김문규, 심명숙, 이준상, 김미진, 정춘희(2002). 노인 당뇨병환자의 가족지지와 삶의 질. 임상당뇨병, 3(3), 270-279.

추정인(1998). 여성 신장이식환자의 스트레스 대처를 위한 집단프로그램 적용에 관한 연구. 이화여자대학교 사회복지대학원 석사학위논문.

추정인(2003). 여성 신장이식환자의 스트레스 관리 집단프로그램. 의료와 사회복지, 2, 154-179.

통계청(2012). 2011년 사망원인 통계.

한국보건복지인력개발원(2020). 제2기 지역사회통합돌봄상담실무자교육 2020.

한국보건의료연구원(2016) 말기신부전환자의 투석방법에 따른 성과연구.

한국장애인개발원(2010). 한국척수센터 설립 및 운영방안 연구.

한국정신보건사회복지협회(2012). 정신보건사회복지사 수련지침서.

한국척수장애인협회(2009). 한국척수센터 설립 및 운영방안 계획안.

한국척수장애인협회, 대한척수손상학회, 대한재활의학회(2017) 척수장애, 아는 만큼 행복한 삶: 척수손상환자와 가족을 위한 길라잡이.

한대흠(2010). 성인암과 의료사회사업. 2010년 수련의료사회복지사 2차 이론교육, 185-208. 대한의료사회복지사협회.

한인영, 최현미, 장수미, 임정원, 이인정, 이영선 (2013). 의료현장과 사회복지실천. 서울: 학지사.

현경자, 유송자, 김정화(2006). 보건의료복지 통합서비스를 이용하는 전진상복지관/의원의 저소득층 가족사례연구. 한국가족복지학, 11(3), 5-31.

홍영수(2000). 의료사회사업의 질관리 활동을 위한 고찰에 대한 토론. 대한의료사회복지사협회 워크숍 자료집, 19, 73-79.

홍창의(1993). 소아과학. 서울: 대한교과서.

황영옥(2005). 심장이식수혜자의 대처행동 연구. 이화여자대학교대학원 박사학위논문.

Ahn, E., D. Shin, Choi, S. Park, S., Won, Y. J., & Yun, Y. H. (2010). Suicide rates and risk factors among Korean cancer patients. *Cancer Epidemiology Biomarkers & Prevention, 19*(8), 2097-2105.

Ajzen, I., & Madden, T. J. (1986). Prediction of goal-directed behavior attitudes, intentions, and perceived behavior control. *Journal of Experimental Social Psychology, 22,* 453-474.

Alzheimer's Disease International (2009). *World Alzheimer Report 2009.* London: Scientific Group. Institute of Psychiatry, King's College London.

Andersen, R. M. (1995). Revisiting the Behavioral Model and Access to Medical Care: Does it matter? *Journal of Health and Social Behavior, 36,* 1-10.

Atkatz, J. (1995). Discharge planning for homeless patients. *Dissertation Abstracts International, 55*(11), 363A.

Auslander, G., & Cohen, M. (1992). The role of computerized information systems in quality assurance in hospital social work departments. *Social Work in Health Care, 18*(1), 71-91.

Badger, K., Royse, D., & Craig, C. (2008). Hospital social workers and indirect trauma exposure: An exploratory study of contributing factors. *Health & Social Work, 33*(1), 63-71.

Bandura, A. (1977). Self-efficacy: Toward a unifying theory of behavioral change. *Psychological Review, 84*(2), 191-215.

Becker, M. H. (1974). The health belief model and personal health behavior. *Health Education Monographs 2,* 324-473.

Beder, J. (2006). *Hospital Social Work: The interface of medicine and caring.* NY: Routledge.

Beirne, N., Pattoerson, M., Galie, M., & Goodman, P. (1995). Effects of a fast-tract colsing on a nursing facility population. *Health and Social Work, 20*(2), 117-123.

Ben-Zur, H., O. Gilbar, & Lev. S. (2001). Coping with breast cancer: Patient, spouse, and dyad models. *Psychosomatic Medicine, 63*(1), 32-39.

Berger, C., & Mizrahi, T. (2001). An evolving paradigm of supervision within a changing health care environment. *Social Work in Health Care, 32*(4), 1-18.

Blackmon, A. & Hardy, T (2020). Soial Work Blog http://www.socialworkblog.org/practice-and-professional-development/2020/04/the-art-of-self-care-for-social-workers/

Blazyk, S., & Canavan, M. (1985). Therapeutic aspects of discharge planning. *Social Work, 30*(5), 489-496.

Bloom, M., Fischer, J., & Orme, J. (2009). *Evaluating practice: Guidelines for the accountable professional* (6th ed). Boston: Allyn and Bacon.

Boehm, A., & Cnaan, R. A. (2012). Towards a Practice-based model for community practice: Linking theory and practice. *Journal of Sociology & Social Welfare, 39*(1), 141-168.

Brewer, N. T., Chapman, G. B., Gibbons, F. W., Gerrad, M., McCaul, K. D., & Weinstein N. D. (2007). Meta-analysis of the relationship between risk perception and health behavior: The example of vaccination. *Health Psychology, 26,* 136-145.

Brody, E. (1985). Parent care as a normative family stress. *The Gerontologist, 25*(1), 19-29.

Bureau of Labor Statistics (2012). http://www.bls.gov/oes/current/oes211022.htm.

Bureau of Labor Statistics (2013). *U. S. Department of Labor, Occupational Outlook Handbook,* 2012-2013 Edition, Social Workers. on the Internet at http://www.bls.gov/ooh/community-and-social-service/social-workers.html (visited January 27, 2013).

Butler, L. D., Field, N. P., Busch, A. L., Seplaki, J. E., Hastings, T. A., & Spiegel, J. E. (2005). Anticipating loss and other temporal stressors predict traumatic stress symptoms among partners of metastatic/recurrent breast cancer patients. *Psychooncology, 14*(6), 492–502.

Carlton, T. (1984). *Clinical Social Work in Health Settings: A Guide to Professional Practice with Exemplars.* NY: Springer Publishing Company.

Carlton, T. (1989). Discharge planning and other matters. *Health and Social Work, 14*(1), 3–5.

Caronna, C.A. (2004). The misalignment of institutional pillars: Consequences for the U.S. health care field. *Journal of Health and Social Behavior, 45*(extra issue), 45–58.

Charles Frost MSW@USC Blog https://msw.usc.edu/mswusc-blog/the-path-to-self-awareness/

Choi-Kwon, S., Han, S., Kwon, S., & Kim, J. (2005). Poststroke fatigue: Characteristics and related factors. *Cerebrovascular Disease, 19*, 84–90.

Claiborne, N., & Vandenburgh, H. (2001). Social workers' role in disease management . *Health & Social Work, 26*, 217–225.

Colleen, A., Redding, J. S., Rossi, S., Rossi, R, Velicer, W. F., & Prochaska, J. O. (2000). Health behavior models. *The International Electronic Journal of Health Education, 3*, 180–193.

Cowles, L. (2003). *Social work in the Health Field: A Care Perspective* (2nd ed). The Haworth Social Work Practices Press.

Csikai, L., & Sales, E. (1998). The emerging social work role on hospital ethics committees: A comparison of social worker and chair perspectives. *National Association of Social Workers, 43*(3), 233–242.

Degeneffe, C. (2001). Family caregiving and traumatic brain injury. *Health and Social Work, 26*(4), 257–268.

Dhooper, S. S. (2011). *Social Work in Health Care: Its past and future.* LA: SAGE.

Dhooper, S. S. (2012). *Social Work in Health Care: Its past and future(second edition).* LA: SAGE.

Dhooper, S. S., Green, M., Huff, B., & Austin-Murphy, J. (1993). Efficacy of a group approach to reducing depression in nursing home residents. *Journal of Gerontological Social Work, 20*(3/4), 87-100.

Dobrof, J. (1991). DRG's and the social worker's role in discharge planning. *Social Work in Health Care, 16*(2), 37-54.

Donnelly, J. (1992). A frame for defining social work in a hospital setting. *Social Work in Health Care, 18*(1), 107-119.

Egan, M., & Kadushin, G. (1995). Competitive allies: Rural nurses and social workers perceptions of the social work role in the hospital setting. *Social Work in Health Care, 20*(3), 1-23.

Elisabeth Kübler-Ross (1973). *On death and dying.* London: Routledge.

Ferri, C. P., Prince, M., Brayne, C., Brodaty, H., Laura, F., Ganguli, M., Hall, K., Hasegawa, K., Hendrie, H., Huang, Y., Jorm, A., Mathers, C., Menezes, P. R., Rimmer, E., Scazufca, M., & Alzheimer's Disease International. (2005). Global prevalence of dementia: A Delphi consensus study. *Lancet, 366,* 2112-2117.

Fitch, M. & Allard, M. (2007). Perspectives of husbands of women with breast cancer: Impact and response. *Cancer and Oncology Nursing Journal, 17*(2), 66-78.

Flaherty, S. (2004) *The role of the social worker in a physical medicine and rehabilitation setting.* East Meadow. NY: Nassau City Medical Center.

Gardner, H. *Multiple Intelligence*, 유경재, 문용진 역(2007). 다중기능. 서울:웅진씽크빅

Gehlert, S., & Browne, T. (2019). *Handbook of Health Social Work.* New Jersey: Wiley

Goldberg, E. M., & Neill, J. E. (1972). *Social work in general practice.* Allen and Unwin.

Goodwin, R. D., Marusic, A., Hoven, C. W. (2003). Suicide attempts in the United States: The role of physical illness. *Social Science & Medicine, 56*(8), 1783-1788.

Grant, J., Elliot, T., Newman-Giber, J., & Bartolucci, A. (2001). Social problem-solving abilities, social support, and adjustment among family caregivers of individuals with a stroke. *Rehabilitation Psychology, 46*(1), 44-57.

Gregorian, C. (2005). A career in hospital social work: Do you have what it takes?. *Social Work in Health Care, 40*(3), 1-14.

Hagedoorn, M., Buunk, B. P., Kuijer, R. G., Wobbes, T., & Sanderman, R. (2000). Couples dealing with cancer: Role and gender differences regarding psychological distress and quality of life. *Psychooncology, 9*(3), 232-242.

Hampton, N. (2004). Subjective well-being among people with spinal cord injuries: The role of self-efficacy, perceived social support, and perceived health. *Rehabilitation Counseling Bulletin, 48*(1), 31-38.

Harkness, D. (1995). The art of helping in supervised practice: Skills, relationships, and outcomes. *The Clinical Supervisor, 9*(2), 31-42.

Haynes, R. B., Devereaux, P., & Guyatt, G. H. (2002). Clinical expertise in the era of evidence-based medicine and patient choice. *ACP Journal Club, 136*, A11-A14.

Hochbaum, G. M. (1958). *Public participation in medical screening programs: a socio-psychological study(Public Health Service Publication No. 57*(2). Washington, DC Google Scholar: United States Government Printing Office.

Holliman, C., Dziegielewski, S., & Datta, P. (2001). Discharge planning and social work practice. *Social Work in Health Care, 32*(3), 1-19.

Holliman, C., Dziegielewski, S., & Teare, R. (2003). Differences and similarities between social work and nurse discharge planners. *Health & Social work, 28*(3), 224-231.

Hong, GRS., & Kim, H. J. (2008). Family caregiver burden by relationship to care recipient with dementia in Korea. *Geriatric Nursing, 29*(4), 267-274.

Janis, I., & Mann, L. (1977). *Decision making: A psychological analysis of conflict, choice, and commitment.* NY: The Free Press.

Janz, N. K., & Becker, M. H. (1984). The Health belief model: A decade later. *Health Education Quarterly, 11*(1), 1-47.

Jorm, A. F. (2000). Is depression a risk factor for dementia or cognitive decline?. *Gerontology, 46*, 219-227.

Judd, R.G., & Sheffield, S. (2010). Hospital social work: Contemporary roles and professional activities. *Social Work in Health Care, 49,* 856-871.

Julian, D. A. (2006). Defining community psychology practice: Meeting the needs and realizing the dreams of the community. *The Community Psychologist, 34,* 66-70.

Kim, J. (2005). Post-stroke depression, anxiety, emotional incontinence, anger proness and fatigue. *Journal of Korean Neurological Association, 23,* 1-8.

Lawton, R., Conner, M., & Parker, D. (2007). Beyond cognition: Predicting health risk behaviors from instrumental and affective beliefs. *Health Psychology 26,* 259-267.

Lee, J. J., & Miller, S. E. (2013). A self-care framework for social workers: Building a strong foundation for practice. *Families in Society, 94*(2), 96-103

Livneh, H., & Antonak, R. (1997). *Psychosocial adaptation to chronic illness and disability.* Austin, TX: PRO-ED.

Magnarelli, F. (2005). What One Facility Learned from the Tracer Methodology. *Biomedical Instrumentation and Technology, 39*(3), 202-203.

Meade, M., Talyor, L., Kreutzer, J., Marwitz, J., & Vera, T. (2004). A preliminary study of acute family needs after spinal cord injury: Analysis and implications. *Rehabilitation Psychology, 49*(2), 150-155.

Mintzberg, H. (1983). The power game and the players. *Classics of organization theory, 4,* 412-419.

Mizrahi, T., & Berger, S. (2001). Effect of a changing health care environment on social work leaders: Obstacles and opportunities in hospital social work. *Social Work, 46*(2), 170-182.

Mosher-Ashley, M., Turner, F., & O'Neill, D. (1991). Attitudes of nursing and rest home administrators toward deinstitutionalized elders with psychiatric disorders. *Community Mental Health Journal, 27*(4), 241-253.

Mosley, A. M. (1998). Community partnerships in neighborhood-based health care: A response to diminishing resources. *Health & Social Work, 23*(3), 231-235.

Moss, H., & Tsu, V. (1997). The Crisis of Physical Illness: An Overview. In H. Moos (Ed.), *Coping with Physical Illness*. NY: Plenum.

Mullen, P. D., Hersey, J., & Iverson, D. C. (1987). Health behavior models compared. *Social Science and Medicine, 24*, 973-981.

Murphy-Knoll, L. (2006). Nurses and the Joint Commission Tracer Methodology, *Journal of Nursing Care Quality, 21*(1), 5-7.

Nation Association of Ssocial Workers (2013). Guideline for social work safety in the workplace.

National Associaltion of Social Workers(2004). NASW Standards of Palliative & End of Life Care.

National Cancer Institute (2012). Managing Emotional Effects-Depression. http://www.cancer.gov/cancertopics에서 2012. 10. 31. 인출.

National Health Insurance Service (2017). *2016 National Health Insurance Statistical yearbook*. Wanju: NHIS.

Neuman, K. (2003). The effect of organizational reengineering on job satisfaction for staff in hospital social work departments. *Social Work in Health Care, 36*(4), 19-33.

Newhouse, R. P., Dearholt, S. L., Poe, S. S., Pugh, L. C., & White, K. M. (2007). *Johns Hopkins Nursing Evidence-based Practice Model and Guidelines*. Indianapolis, IN: Sigma Theta Tau International.

Palmer, S., & Glass, T. (2003). Family function and stroke recovery: A review. *Rehabilitation Psychology, 48*(4), 255-265.

Pockett R. (2003). Staying in Hospital Social Work, *Social work in health care*, 1-24.

Prochaska, J., & DiClemente, C. (1983). Stages and processes of self-change of smoking: Toward and integrative model of change. *Journal of Consulting and Clinical Psychology, 51*(3), 390-395.

Prochaska, J., & Velicer, W. (1997). The transtheoretical model of health behavior change. *American Journal of Health Promotion, 12*(1), 38-48.

Prochaska, J., DiClemente, C., & Norcross, J. (1992). In search of how people change: Applications to addictive behaviors. *American Psychologist, 47*(9), 1002-1114.

Quam, K., & Whitford, S. (1992). Educational needs of nursing home social workers at the baccalaureate level. *Journal of Gerontological Social Work, 18*(3/4), 143-156.

Rauch, B., & Schreiber, H. (1985). Discharge planning as a teaching mechanism. *Health and Social Work, 10*(3), 208-216.

Regehr, C., Stern, S., & Shlonsky, A. (2007). Operationalizing evidence-based practice: The development of an institute for evidence-based social work. *Research on Social Work Practice, 17*(3), 408-416.

Rehr, H., Rosenberg, G., & Blumenfield, S. (1998). *Creative Social Work in Health Care: Clients, the Community, and your organization.* NY: Spinger publishing company.

Reisch, M. (2012). The challenges of health care reform for hospital social work in the United States. *Social work in Health Care, 51*(10), 873-893.

Rodgers, W., Courneya, K., & Bayduza, A. (2001). Examination of the transtheoretical model and exercise in 3 populations. American Journal of *Health Behavior, 25*(1), 33-41.

Rosenstock, I. M., Strecher, V. J., & Becker, M. H. (1988). Social learning theory and the health belief model. *Health Education Quarterly, 15*(2), 175-183.

Ross, W. (1993). Redefining hospital social work: An embattled professional domain. *Health and Social Work, 18*(4), 243-246.

Rothman, J. (1968) *Three models of community organization practice in Social Work Practice 1968.* NY: Columbia University Press.

Rundell, J. R., Kyle, K. M., Brown, G. R., & Thomason, J. L. (1992). Risk factor for suicide attempts in a human immunodeficiency virus screening program. *Psychosomatics, 33*, 24-27.

Salvatore, P. (1988). Issues in collaboration and teamwork: A sociological perspective on the role definition of social work in primary health care.

Research in the Sociology of Health Care, 7, 199-239.

Satterfield, J. M., Spring, B., Brownson, R. C., Mullen, E. J., Newhouse, R. P., Walker, B. B., & Whitlock, E. P. (2009). Toward a transdisciplinary model of evidence-based practice. *The Milbank Quarterly, 87*(2), 368-390.

Stern, M., Hurting, H., & Lee, Y. (2000). *Parkinson's disease and Parkinson syndromes.* Seoul: Koonja Publishing.

Sutton, S. A. (2000). Critical Review of the Transtheoretical Model Applied to Smoking Cessation. In P. Norman, C. Abraham & M. Conner (Eds.), *Understanding and Changing Health Behaviour: From Health Beliefs to Self-Regulation.* 207-225.

Taylor, S. (2009). *Health Psychology.* Boston: Higher Education.

Tsui, T., & Ho, W. (1997). In search of a comprehensive model of social work supervision. *The Clinical supervisor, 16*(2), 181-205.

Tuzman, L., & Cohen, A. (1992). Clinical decision making for discharge planning in a changing psychiatric environment. *Health and Social Work, 17*(4), 299-307.

Upham, F., & Mary, J. D. (1951). "A Dynamic Approach to Illness: A social work guide." *AJN The American Journal of Nursing, 51*(1), 65.

Urdang, E. (2010). Awareness of self: A critical tool. *Social Work Education, 29*(5). 523-538.

US department of labor (2012). Occupational Outlook Handbook. Bureau of Labor Statistics.(http://www. bls. gov/oco/ocos007. htm 2012. 10. 22. 인출)

Volland, J. (1996). Social work practice in health care: Looking to the future with a different leans. *Social Work in Health Care, 24*(1/2), 35-51.

Volland, J., Berkman, B., Phillips, M., & Stein, G. (2003). Social work education for health care: Addressing practice competencies. *Social Work in Health Care, 37*(4), 1-17.

Volland, J., Berkman, B., Stein, G., & Vaghy, A. (2000). *Social work education for practice in health care: Final report* (2nd ed.). NY: The New York Academy of Medicine.

Vourlekis, B., Gelfand, D., & Greene, R. (1992). Psychosocial needs and care in nursing homes: Comparison of views of social workers and home administrators. *The Gerontologist, 32*, 113-119.

Waldrop, D., Fabiano, J., Davis, E., Goldberg, L., & Nochajski, T. (2004). Coexistent concerns: Assessing the social and health needs of dental clinic patients. *Social Work in Health Care, 40*(1), 33-51.

WHO(2020). https://www.who.int/news-room/fact-sheets/detail/palliative-care 2020.2.2.

Wissow L. (2006). Diabetes, poverty, and Latin America. *Patient Education and Counseling, 61*, 169-170.

Zastrow, C. (2010). Introduction to social work and social welfare, 10th edition, CA: Brooks/Cole Belmont

건강보험심사평가원 (www.hira.or.kr)

대한당뇨병학회 홈페이지 (http://www.diabetes.or.kr)

대한병원협회 홈페이지 (http://www.kha.or.kr)

대한의료사회복지사협회 (www.kamsw.or.kr)

보건복지부 장애인정책과 홈페이지(http://www.mw.go.kr/front_new/jc_m/ sjcm0101ls.jsp?PAR_MENU_ID=06&MENU_ID=06231001)

보건복지부 홈페이지 (http://www.mw.go.kr)

복지로 (bokjiro.go.kr)

분당서울대병원 홈페이지 (http://www.snubh.org)

삼성서울병원 홈페이지 (http://www.samsunghospital.com)

정신건강사회복지사협회 홈페이지 (http://www.kamhsw.or.kr)

통계청 홈페이지 (http://kostat.go.kr)

찾아보기

인명

저자 소개

장수미(Jang, Soo Mi)
이화여자대학교 대학원 사회복지학과(문학박사)
전 연희신경정신과 정신건강사회복지사
    서울적십자병원 사회사업실장
현 청주대학교 사회복지학과 교수

이영선(Rhee, Yung Seon)
이화여자대학교 대학원 사회복지학과(문학박사)
전 여의도성모병원 수련사회복지사
    국립암센터 삶의질향상연구과 연구원
    대전성모병원 의료사회복지파트 파트장
    국립암센터 사회복지사
현 조선대학교 행정복지학부 교수

이인정(Lee, In Jeong)
이화여자대학교 대학원 사회복지학과(문학박사)
전 국립암센터 사회사업실장
현 호서대학교 사회복지학부 부교수

임정원(Lim, Jung Won)

University of Southern California 사회복지학 박사

전 한강성심병원 의료사회복지사

    City of Hope National Medical Center 연구원

    Case Western Reserve University 조교수

현 강남대학교 사회복지학부 교수

최경애(Choi, Gyong Ae)

이화여자대학교 대학원 사회복지학과(문학박사)

전 대한의료사회복지사협회장

현 한림대학교강남성심병원 사회사업팀장

한인영(Han, In Young)

Case Western Reserve University 사회복지학 박사

전 서울복지재단 이사장

    Mental Health Clinic 정신분석상담가

    Flushing Hospital 정신분석상담가

    Metro General Hospital 임상사회복지사

현 이화여자대학교 사회복지학과 명예교수

의료사회복지론
Social Work in Health Care

2021년 3월 25일 1판 1쇄 발행
2022년 8월 10일 1판 3쇄 발행

지은이 • 장수미 · 이영선 · 이인정 · 임정원 · 최경애 · 한인영
펴낸이 • 김 진 환
펴낸곳 • (주) **학 지 사**
　　　　 04031 서울특별시 마포구 양화로 15길 20 마인드월드빌딩 5층
대표전화 • 02) 330-5114　　팩스 • 02) 324-2345
등록번호 • 제313-2006-000265호

홈페이지 • http://www.hakjisa.co.kr
페이스북 • https://www.facebook.com/hakjisabook

ISBN 978-89-997-2362-9 93330

정가 **18,000**원

출판미디어기업 **학 지 사**

간호보건의학출판 **학지사메디컬** www.hakjisamd.co.kr
심리검사연구소 **인싸이트** www.inpsyt.co.kr
학술논문서비스 **뉴논문** www.newnonmun.com
원격교육연수원 **카운피아** www.counpia.com